원전의 세계 1 ● 최봉수 옮김

팔리경전이 들려주는

고타마 붓다

불광출판부

원전의 세계 １
팔리경전이 들려주는

고타마 붓다

프롤로그

"나모 다쓰 다타갓다쓰 아라핫도 삼마삼부다쓰."
(Namo tassa Tathāgatassa Arahato Sammasambuddhassa)

이것은 팔리어(Pāli)로 된 귀의문(歸依文)이다. "그렇게 오셨으며(Tathāgata) 동등하시며(Arahant) 바르고 원만하게 깨달으신(Sammasambuddha) 저 붓다께 절하옵니다."라는 내용이다. 한문으로 하자면 "南無 如來 應供 正等覺者."에 해당할 것이다.

우리는 붓다께 절하면서 불교를 시작한다. 붓다에 대한 절…. 붓다는 과연 어떤 인물일까. 또 어떤 인물이기에 우리는 그분께 절하고 또 절할까. 위의 귀의문은 우리의 소박하면서도 근원적인 이 의문에 대해 단 한 문장으로 답해 준다. 그분은 그렇게 오셨으며 동등하시며 바르고 원만하게 깨달으신 분이라고. 또 그런 분이기에 절할 만하다고.

그런데 그렇게 오셨다니 그것은 어떻게 오신 것을 말함인가. 동등하시다니 무엇과 동등하다는 것이며, 바르고 원만히 깨달으셨다니 무엇이 바른 것이며 무엇이 원만한 것이며 무엇을 깨달으셨다는 것일까. 이쯤되면 우리의 의문은 주체할 수가 없다.

여기서 우리는 가능하다면 이들 의문을 감히 붓다께 직접 여쭙고 싶다. 그리하여 붓다로부터 직접 그 답을 듣고 싶어 한다면 그것은 꿈에 불과한 것일까.

그렇지는 않은 듯하다. 경전이 있지 않는가. 경전은 붓다의 말씀이므로 경전 속으로 여행을 떠난다면 2,600여년 전 인도 대륙을 한 떨기 하얀 연꽃으로 화하게 하셨던 붓다 그분을 만날 수 있지 않을까 한다. 그리하여 그분의 사자후를 우리의 두 귀로 똑똑히 들을 수 있지 않을까 한다. 더욱이 팔리어로 된 원시불교 경전인 5 니카야(Pañca—Nikāya)라는 원전들에 의존하여 탐구해간다면, 더욱 뚜렷하고 때묻지 않은 붓다의 모습과 원음에 흠뻑 젖을 수 있을 것이다.

이 책은 이러한 우리의 의문에 대한 답을 바로 팔리경전 속에서 찾고자 시도되었다. 방대한 팔리경전에서 붓다의 답을 적절히 담고 있는 적정 수의 경전들을 가려내어 소개하였으며 선별된 팔리경전들을 직접 한글 옮김하여 한글 언중(言衆)들과의 만남을 성취시키기에 노력하였다.

따라서 우리는 "그렇게 오셨다니 어떻게 오신 것일까."에 대한 답을 이 책의 제1 불종성 경과 제2 대불전 경과 제3 삼십이상 경 및 제8 대반열반 경의 완전한 진리의 세계에서 더듬을 수 있을 것이다.

"동등하시다니 무엇과 동등하다는 것이며, 바르고 원만하게 깨달으셨다니 무엇이 바른 것이며, 무엇이 원만한 것이며, 무엇을 깨달으셨다는 것일까." 이에 대한 답을 제4 파사라시 경과 제5

보리왕자 경과 제6 깨달음 경과 제7 전법륜 경 및 제8 대반열반 경의 진리의 설파에서 음미할 수 있을 것이다.

　아울러 이 경들의 배열 속에서 고타마 붓다라는 위대한 스승의 수기(授記)와 전생과 탄생과 수행과 성도와 전법(傳法)과 열반(涅槃)을 유유히 흐르는 강물처럼 볼 수 있게 된다.

　여기에 더하여 팔리경전은 과거의 붓다들과 미래의 멧테야 붓다에 대한 소식도 전하고 있다. 그리하여 제9 대불전 경에서는 과거칠불로 알려진 일곱 붓다의 거룩한 삶을, 제10 정법통치왕 경에서는 미륵불로 알려진 멧테야 붓다의 위대한 모습을 우리에게 보여줄 것이다.

　경전의 이해는 경륜을 반영한다. 우리의 경륜은 아마 경전의 완전한 이해를 성취케 하는 정도는 못되는 쪽일 것이다. 아직 붓다가 되지 못한 상황이기에 결코 완전한 이해가 없을 것이기 때문이다. 따라서 이 책의 아홉 개 경전을 통해서 붓다에 대한 완전한 이해를 기대한다는 것은 어리석은 일인줄 모른다. 이러한 사실을 우리는 미리 솔직하게 인지해야 할 것이다.

　그러나 그럼에도 불구하고 붓다를 이해하기 위해, 팔리경전이 들려주는 붓다의 원음에 의존한다는 것은 가장 곧 바르고 온당한 노력임에 틀림없다. 궁극적으로 우리의 수준을 붓다의 경지로 상승시키는 가장 큰 힘을 지니는 것은 경전이라고 믿기 때문이다. 따라서 우리는 우리의 수준에 대한 솔직함과 경전의 힘에 대한 믿음을 바탕으로 인천(人天)의 스승이신 붓다의 소식을 한 단락 한 단락 접해 나가도록 하자.

　필자는 지난 해에 불광 출판부와 인연을 맺었다. 그것은 『원시불교 원전의 이해』라는 저서의 출판을 서로 약속했기 때문이다. 그 인연은 분명 선(善) 인연이라고 감히 생각한다. 그 선 인연이 더욱 증장되어 불광 출판부에서는 기획코너로서 '원전의 세계'라는 영역을 새로이 출범시켰다. 원시불교와 대승불교의 경전과 율전(律典) 그리고 논전(論典)들 중 범어(Sanskrit)나 팔리어 등의 원어로 된 우수한 원전을 한글 옮김하여 한글 언중들과 직접 만나게 하려는 터전으로 계획된 것이다. 그러한 터전에 이 책이 최초로 실리게 됨을 필자는 무어라고 감사해야 할 지 모르겠다. 불광의 법주이신 광덕 큰스님께 삼배 올리며 아울러 출판부 주간 송암 스님과 편집장 남동화 씨께 감사한다.

그리고 이 책의 편찬에 있어 필자는 수기(授記)사상을 부각하려는 노력을 절실하게 기울였다. 제1 불종성 경의 한글 옮김은 그러한 노력에 기인한 것이다. 팔리경전에 국한하여 이 책이 수기사상을 이만큼 선양한 것은 평가되어야 한다고 감히 생각한다. 이처럼 수기사상을 부각하려 한 것은 은사이신 병고(丙古) 고익진(高翊晋) 박사님의 법화에 말미암은 것이다. 병고 선생님께 머리숙여 절합니다.

끝으로 나로 하여금 별 염려없이 저술과 수행에 매진케 해준 최순도·신춘자·윤정희 님께 감사하고, 특히 다음 생에도 보살의 길을 함께 걷고 싶은 송영숙 법우님께 고마움을 표하고 싶다.

불기 2537(1993)년 1월
불교원전번역연구소 이천 도량에서
최 봉 수 합장

차례

프롤로그 　　　　　　　　　　　　　　　　　　3

1. 불종성 경 　　　　　　　　　　　　　　　13
　1. 보배 위에서 거니시는 품 　　　　　　　13
　2. 수메다의 희구 　　　　　　　　　　　　15

2. 대불전 경(1) 　　　　　　　　　　　　　38
　1. 과거의 삶에 관련된 이야기 　　　　　　38

3. 삼십이상 경 　　　　　　　　　　　　　　45
　1. 32가지 위대한 사람의 특징 　　　　　　46
　2. 원인으로서의 업과 결과로서의 특징 　　49

4. 파사라시 경 　　　　　　　　　　　　　　85
　1. 라마카 사제의 암자 　　　　　　　　　86
　2. 두 가지 추구 　　　　　　　　　　　　88
　3. 구도자의 추구 　　　　　　　　　　　　91
　4. 바르고 원만하게 깨달으신 붓다 　　　　97
　5. 법의 바퀴를 굴림 　　　　　　　　　　101
　6. 덫의 비유 　　　　　　　　　　　　　107

5. 보리 왕자 경 ·· 111
  1. 왕자의 누각으로 붓다께서 초청받음   111
  2. 구도자의 수행   114
  3. 범신의 권청   126
  4. 법의 바퀴를 굴림   126
  5. 다섯 가지 노력할 만한 것   127
  6. 보리 왕자가 신자 됨   129

6. 깨달음 경 ·· 131

7. 전법륜 경 ·· 135

8. 대반열반 경 ·· 141
  1. 밧지 국민들의 일곱 가지 쇠퇴할 수 없는 법   141
  2. 제자들의 일곱 가지 쇠퇴할 수 없는 법   148
  3. 제자들의 여섯 가지 쇠퇴할 수 없는 법   153
  4. 사리풋타의 사자후   156
  5. 파탈리가마 마을 사람들에 대한 붓다의 교화   159
  6. 도시 파탈리풋타의 건축   162

7. 법의 거울이라는 법문	167
8. 창녀 암바팔리	175
9. 벨루가마카에서 우안거에 드심	179
10. 차팔라 사당에서 목숨의 결합을 끊으심	183
11. 대지 진동의 여덟 인연	191
12. 여덟 모임	193
13. 여덟 가지 정복하여 가는 곳	194
14. 여덟 가지 해탈	196
15. 마신이 청하는 이야기	197
16. 아난다의 청하는 이야기	201
17. 마하바나에서의 설법	207
18. 네 가지 큰 근거	211
19. 금세공업자 춘다의 이야기	215
20. 그렇게 오신 붓다의 신통	218
21. 푹쿠사 말라풋타의 이야기	220
22. 똑 같은 결과를 지닌 두 가지 공양	226
23. 진리계에 들기 위해 침대에 누우신 붓다	228
24. 붓다의 유해를 공양함	255
25. 마하카싸파 장로의 이야기	259
26. 뼈 (등)의 유해를 (여러) 계층(으로) 나눔	262

9. 대불전 경(2) — 269
1. 전생에 관련된 이야기 269
2. 과거의 붓다들 271
3. 그렇게 오신 붓다의 필연적인 것들 278
4. 위대한 사람의 32가지 특징 284
5. 구도자 비파씨 290
6. 바르고 원만하게 깨달으신 비파씨 붓다 310

10. 정법통치왕 경 — 333
5. 상카라는 정법통치왕이 나타나다 334
6. 멧테야 붓다의 출현 336

에필로그 — 341

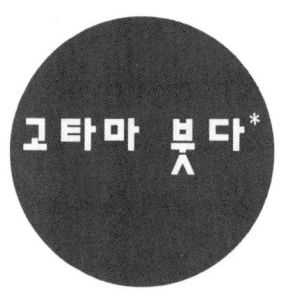

고타마 붓다[*]

저 동등하시며
바르고 원만하게 깨달으신 붓다께
절하옵니다.

● ● ● ● ● ● ● ● ● ● ●

[*] 우리가 석가모니(Śakyamuni) 부처님으로 부르는 그분을 원전에서는 성(姓, family name)을 따서 고타마(Gotama) 붓다라고 호칭한다. 가섭 부처님의 가섭(Kassapa)도 그분의 성씨인 것이다. 그리고 '부처님'이라고 하지 않고 붓다(Buddha)라고 음사한 것은 이 말 만큼은 세계 공통으로 통용되는 단어이므로 변화없이 수용하기로 한 것이다.

1. 불종성 경[1]
붓다가 될 것임을 선언함[2]

1. 보배 위에서 거니시는 품

1 세상의 주인인 사함파티라는 범신이 비할 데 없는 분께 합장을 하며 청하였다. "세상에는 진리의 눈에 먼지가 덜 덮인 좋은 자질의 중생들이 있습니다. 그들을 동정하시어 법을 설하십시오."
2 밝힘에서의 행진을 완성하셨으며 빛을 지니셨으며 최후의 몸

●●●●●●●●●●
1) 『佛種姓經(Buddha-Vamsa)』은 N.D.P.판 소니카야(Khuddaka-Nikāya) Vol Ⅶ. 에 소속되어 있다.
2) 팔리원전에서 『불종성경』은 중요한 의미를 지닌다. 그것은 소위 수기(授記, Vyākaraṇa) 사상이 실려있기 때문이다. 『법화경』과 같은 대승경전의 주요사상에 속하는 수기 사상이 팔리경장을 중심으로한 원시불교 원전에는 적극적으로 나타나는 곳이 드물다. 그러나 『불종성경』에는 디팡카라(Dīpaṅkara, 燃燈) 붓다로부터, 붓다가 될 것임을 선언받는 구도자(보살, Bodhisatta) 고타마의 모습을 잘 볼 수 있는 것이다. 그리고 경 이름 밑에 부연된 내용은 필자가 임의로 부여한 것이다.

에 도달하셨으며 대적할 자가 없으며 그렇게 오신 (붓다)께서는 모든 중생들에 대해 슬픈 마음을 일으키셨다.

(3~73)[3]

74 사리풋타는 큰 지혜를 지녔으며, 명상과 선정이 무엇인지를 알고 있으며, 지혜로 피안에 도달한 자이다. 그는 세상의 지도자인 붓다께 여쭈었다.

75 "큰 곰과 같은 분이시여, 사람으로서 가장 높으신 분이시여, 붓다를 이루겠다라는 결의는 어떠하였습니까. 붓다시여, 그리고 언제 붓다께서는 최상의 깨달음을 희구하셨습니까.

76 보시, 계율, (애욕에서의) 벗어남, 지혜, 정진 등은 무엇입니까. 인욕, 진리, 결의, 우정, 담담히 바라봄은 또 무엇입니까.[4]

77 현자시여, 세상의 지도자시여, 당신께서는 10바라밀을 어떻게 (수행하셨습니까.) 또한 바라밀의 보조 수행법은 어떻게 완수하셨으며, 최상의 이익을 갖춘 바라밀은 어떻게 성취하셨습니까."

●●●●●●●●●●●●●

3) 『불종성경』은 게송으로 일관되어 있다. 원래 『불종성경』은 과거 스물다섯(여덟) 붓다에 대한 계보를 설하는 경이다. 그중 첫번째인 디팡카라 붓다의 소개속에 구도자 고타마의 수기가 나타나서 주목된 것이다. 이 경은 처음에 보다시피 '1. 보배 위에서 거니시는 품(ratana caṅkamana kaṇḍa)'으로 시작한다. 이 품은 일종의 서분에 해당한다. 이 서분은 모두 81수의 게송으로 되어 있는데 본서의 목적상 모두 소개할 필요는 없는 듯하여 서두와 말미를 발췌하였다. 서두와 말미만으로도 이 경의 인연을 충분히 알 수 있으리라 생각한다. 따라서 제3게송부터 제73게송까지는 생략한 것이다.
4) 팔리원전은 대승의 6바라밀 중 다섯에 더하여 벗어남(離, nekkhamma), 진리(諦, sacca), 결의(決意, 受持, adhiṭṭhāna), 우정(慈, metta), 담담히 바라봄(捨, upekkhā)의 바라밀이 더해진다. 그리하여 10바라밀이 된다. 단지 대승의 6바라밀 중 선정바라밀이 빠진다. 10바라밀의 수행은 팔리경장 중 소니카야의 소행장(所行藏, Cariyāpiṭaka)에 자세히 설해진다.

78 사리풋타가 여쭙자, 가슴을 맑게 하고 천신들을 기쁘게 하고자 가릉빈가의 꿀 같은 음성을 지니신 붓다께서는 설명하셨다.

79 "과거에 깨달으셨으며 승리자이셨던 붓다들의 가르침은, 놀이처럼 즐겁게⁵⁾ 한 붓다로부터 다음 붓다에게로 전달된 것이다. (나는) 과거의 거주처에 관련된 깨달음을 통하여 그것을 밝히겠다. 천신을 포함한 세상의 이익을 위하여.

80 희열과 기쁨이 일어나면 슬픔의 화살은 제거된다. 얻어야 하고 성취해야 하는 모든 것을 생각하면서 나의 (말)을 듣도록 하라.

81 미혹함을 깨뜨리고, 슬픔을 부수고, 윤회를 벗어 던지고, 모든 괴로움을 소멸시키는 길이 있다. 공경하는 (마음으로 그 길에) 들어라."

2. 수메다⁶⁾의 희구

1 네 번의 무량 겁과 십만 겁 전에 아름답고 유쾌한 도시가 있

●●●●●●●●●●●●●

5) nikīlitaṁ의 번역이다. 일본의 남전장경(제41권 p. 218)에서는 '遊戲三昧에 의하여' 라고 의역하고 있다. P.T.S. 사전의 의미는 'engrossed in play(놀이에 열중한)'이다.
6) 디팡카라 붓다의 시대에 살았던 고타마 붓다의 전신이다. 善慧라는 의미를 지닌 이름이다. 『修行本起經』〔大正藏 3, p.461下〕에는 無垢光이라는 이름으로 나타난다. 그리고 무구광은 나이어린 사제계급(바라문)의 동자로 나타나는데 선혜는 사제계급의 어른으로 묘사된다. 또 무구광은 산중에 은거하다 세상을 유력하면서 재화를 모으는데 선혜는 명망높은 사제로서 많은 재산을 모은 것으로 나타난다.

었는데 그 이름은 아마라[7]였다.

2 열 가지 소리가 끊이지 않았고 음식이 풍족하였다. 코끼리 소리, 말 소리, 북 소리, 나팔 소리, 차 소리, 먹으시오 마시시오 하는 소리 그리고 음식때문에 나는 소리가 끊이지 않았다.

3 그 도시는 모든 것이 구비되어 있었고 모든 직업이 갖추어져 있었다. 일곱 보배가 구비되었고 여러 사람들이 무리지어서 복된 일을 하며 살았으니, 마치 천신의 도시처럼 번성하였다.

4 아마라바티라는 그 도시에는 수메다라는 사제가 살았다. 수억의 (돈)을 쌓아 놓았고 재산과 곡식도 매우 많았다.

5 연구에 종사했으며 주문을 지녔으며 세 가지 베다에 정통했으며 관상학과 역사학과 바른 법에 통달하였다.

6 나는[8] 그때 홀로 고요히 앉아 이와 같이 생각하였다. '재생이란 실로 괴로움이다. 육신의 부서짐도 역시 괴로움이다.'

7 (누구나와 같이) 태어난 자로서 나는 반드시 늙고 병들 것이다. 나는 이제 늙지 않고 죽지 않는 안온한 진리의 세계[9]를 찾아야겠다.

8 죽은 것으로 가득 찬 썩은 이 몸을 버리고, 바라는 것도 없고

---

7) 『수행본기경』에서는 나라 이름이 제화위국이다. 아마도 Devavatī의 음사가 아닌가 한다. 그에 비해 여기서는 不死라는 뜻을 지닌 아마라가 도시명이다. 또는 람마바티(Rammavatī)가 도시명이 되기도 한다.
8) '나'는 고타마 붓다의 전생의 몸인 수메다를 일컫는다.
9) 열반과 같은 어원을 지닌 nibbuti를 본서에서는 '진리의 세계'라고 옮겨 본다. 흔히 열반은 열반계(nibbāha-dhātu)로 쓰이어 열반의 세계라는 관념을 지니게 한다. 여기서 열반은 불교의 '진리'를 대변하는 가장 핵심적인 단어이므로 '진리의 세계'로 옮겨 보았다.

원하는 것도 없이 (나아)가겠다.

9 그러한 길은 있다. 있어야만 한다. 없을 수가 없다. 나는 그 길을 찾아야겠다. (재생으로 귀결) 되는 것[10]으로부터 완전히 벗어나기 위하여.

10 괴로움이 존재하면 즐거움 역시 실로 존재한다. 그와 같이 (재생으로 귀결)되는 것이 존재한다면 (재생을 차단하게) 되는 것[11]도 기대할 만하다.

11 뜨거움이 존재하면 차가움 역시 달리 존재한다. 그와 같이 세 가지 불[12]이 존재한다면 (그 불이) 불어 꺼진 (진리의 세계)도 기대할 만하다.

12 악이 존재하면 선도 또한 존재한다. 그와 같이 탄생이 존재한다면 태어나지 않는 것도 기대할 만하다.

13 똥 속에 빠진 자가 (물로) 가득찬 못을 보고도 그 못을 필요로 하지 않는다면 그것은 못의 잘못이 아니다.

14 그와 같이 번뇌를 씻어 줄 불사의 못이 있는데도 그 못을 필요로 하지 않는다면 그것은 불사의 못의 잘못이 아니다.

15 적들에 의해 포위당한 자가 나아갈 길을 발견했는데 (그 길로) 도망가지 않는다면, 그것은 길의 잘못이 아니다.

16 그와 같이 번뇌에 의해 포위당한 자가 안온한 길을 발견했

●●●●●●●●●●●●●

10) bhava를 옮긴 것이다. bhava는 단순한 생존이 아니다. 오히려 생존의 원인에 해당한다. 그리하여 12연기설에서도 이 bhava(有)를 연하여 생(生, jāti)이 있다고 설한다. 즉, 생존이나 재생으로 귀결되고마는 원인들이 bhava이다. 어원적인 뜻도 '됨, 되는 것'이다.
11) 재생을 차단하게(vi)-되는 것(bhava) vibhava의 역어이다.
12) 탐착(rāga), 진에(dosa), 치암(moha)을 세 가지 불에 비유한 것이다.

는데 (그 길을) 필요로 하지 않는다면, 그것은 안온한 길의 잘못이 아니다.

17 병에 걸린 사람이 의사를 발견했는데도 그 병의 치유를 의사에게 맡기지 않는다면 그것은 의사의 잘못이 아니다.

18 그와 같이 번뇌의 병에 의해 괴로워하고 번민하는 자가 스승을 구하지 않는다면 그것은 지도자의 잘못이 아니다.

19 자신의 목에 시체가 걸려 있다면 그것을 혐오하여 벗어 버리고 갈 것이다. 그러면 그는 즐겁고 자유롭고 자재로울 수 있다.

20 그와 같이 여러 가지 죽은 것이 모여 있는 이 썩은 몸을 버리고, 바라는 것도 없고 원하는 것도 없이 (나아)가겠다.

21 남녀가 쓰레기장에 오물을 버리고, 바라는 것도 없고 원하는 것도 없이 (나아)간다.

22 그와 같이 여러 가지 죽은 것으로 가득 찬 이 몸을 버리고, 바라는 것도 없고 원하는 것도 없이 (나아)가겠다.

23 오래 되고 파손되어 물이 새는 배를 (배) 주인은 바라는 것도 없고 원하는 것도 없이 버리고 간다.

24 그와 같이 아홉 구멍으로 점액이 흐르는 이 몸을 나는 버리고 가겠다. 마치 늙은 배의 주인과 같이.

25 물건을 휴대한 사람이 도적과 함께 (길을) 가게 되면 (스스로) 물건을 잃을까 두려워하여[13] 도적을 (보내)버리고 나아간다.

26 그와 같이 이 몸은 큰 도적과 같은 것이어서 선함을 잃을까 두렵다. 그러므로 나는 이 몸을 버리고 가야겠다.

• • • • • • • • • • • • •

13) 원문에는 bharda-ccheda-maya이나 여기서 maya는 bhaya(두려움)의 오식으로 보인다.

27 나는 이상과 같이 생각하여 수백억의 재산을 연고가 있는 자 및 연고가 없는 자에게 주어 버리고 설산으로 들어갔다.

28 설산 가까이에 담미카[14]라는 산이 있었다. 그곳에 나는 암자를 잘 지었으니 나무 잎으로 집을 잘 꾸몄던 것이다.

29 그곳에서 나는 다섯 가지 허물이 제거되고 여덟 가지 공덕[15]이 갖추어진 경행처를 시설하였다. 그리하여 신통[16]의 힘을 획득하였다.

30 그곳에서 나는 아홉 가지 허물이 있는 세속의 옷을 버리고 열두 가지 공덕을 갖춘 나무껍질 옷을 입었다.

31 (그리고 다시) 여덟 가지 허물로 가득찬 나뭇잎 집을 버리고 열 가지 (공덕을) 갖춘 나무뿌리 (위)로 갔다.

32 씨 뿌려 길러서 얻은 곡식은 남김없이 버리고 여러 가지 공덕을 갖춘 나무 열매(만)을 취하였다.

33 그곳에서 앉고 서고 경행하며 노력 정진하던 나는 7일이 지나지 않아 신통의 힘을 얻었다.

34 이와 같이 내가 완성에 이르고 가르침에서 자재하게 되었을

●●●●●●●●●●●●

14) Dhammika의 음사이다. '如法한'의 의미를 지닌다.
15) 다섯 가지 허물 : 다섯 덮개 곧 욕망, 분노, 흥분, 걱정, 의혹의 덮개.
    여덟 가지 공덕 : 8정도(八正道)인 듯하다.
16) 神通의 원어는 abhiññā(增智)이다. 어원적인 분석을 해보면 '잘 앎', '수승한 앎'의 의미를 지닌다. 그것은 신통이란 ①신족신통(神足神通, iddhi-pada-abhiññā) 및 ②천이통(天耳通, dibba-sota-abhiññā)) 보다는 ⑥누진통(āsavakhaya-abhiññā)이 본질적인 것이므로, 신비한 행위 보다는 출중한 '앎'이 더 강조되는 것이다.
    이외도 신통에는 ③타심신통(他心神通) ④숙명신통(宿命神通) ⑤천안신통(天眼神通)이 있어 모두 6신통을 이룬다. 그러나 이 경우는 아직 ⑥누진통을 얻었다고 봐서는 아니 된다.

때, 승리자이시며 세상의 지도자이신 디팡카라 (붓다)께서 출현하시었다.[17]

35 재생하시고, 탄생하시고, 깨달으시고, 법을 설하시는 데도 나는 선정을 즐기며 빠져 있었기 때문에 그 네 가지 모습을 보지 못했다.

36 변방의 지역으로 붓다를 초청하여 놓고 사람들은 붓다께서 오실 길을 즐거운 마음으로 청소하고 있었다.

37 그때 나는 암자에서 나와서 나무껍질 옷을 벗어든 채 공중으로 날아갔다.

38 감격하고, 만족하고, 기뻐하는 사람들을 보고서 공중에서 내려와 그러한 사람들에게 물었다.

39 "많은 군중들이 만족하고, 기뻐하며, 감격하고 있소. 누구를 위하여 길을 청소하며 도로를 고르고 있으시오."

40 나의 질문을 받은 사람들이 답하였다. "더 높은 이가 없는 붓다께서 세상에 출현하시었소. 승리자이시며 세상의 지도자이신

●●●●●●●●●●●●●

17) 디팡카라 붓다의 출현을 『수행본기경』은 다음과 같이 전하고 있다.
"제화위국이라는 나라가 있었는데 등성치라는 왕이 통치하였다. 그 나라의 백성은 수명이 오래며 인자하고 효심이 깊고 어질고 의로웠다. 그리고 땅은 기름지고 풍성하여 그 세상은 태평스러웠다. 태자가 태어났는데 이름을 디팡카라라고 지었다. 그는 총명하고 지혜로워 세상에서 짝할 자가 없었다. 왕은 그를 사랑하고 매우 기특하게 여겼다. 그리하여 목숨을 마칠 적에 나라를 태자에게 맡기려 하였다. 그러나 태자는 인생이 무상함을 생각하여 나라를 아우에게 전해주고 즉시 출가하여 수행자가 되었다. 수행끝에 도가 이루어져서 붓다가 되셨다. 밤낮 없이 6십2만의 제자들을 거느리고 세상을 노닐고 다니면서 중생들을 교화하시다가 제화위국에 돌아와서 관리들과 백성들을 제도 해탈시키려 하셨다."〔大正藏 3, p.461中〕디팡카라 붓다에 대한 더 자세한 내용은 이 책 '과거의 붓다' 항목을 참조하길 바란다.

디팡카라 (붓다께서 세상에 출현하시었소.) 그분을 위하여 길을 청소하며 도로를 고르고 있는 것이오."

41 붓다라는 말을 듣자 나에게는 곧바로 기쁨이 일어났다. 붓다, 붓다라고 되뇌이면서 나는 안정감을 느꼈다.

42 그곳에 선 채 만족감과 경외감을 느끼면서 나는 생각하였다. '지금 씨앗을 심자. 기회를 헛되이 지나쳐서는 안 되겠다.'

43 만약 여러분이 붓다를 위해 청소한다면 나에게도 작은 장소를 베풀어 주시오. 나 또한 (길을) 청소하며 도로를 고르고자 하오.[18]

44 그때 그들은 나에게 청소하고 고를 만한 장소를 베풀었다. 붓다, 붓다라고 생각하면서 나는 길을 고르며 청소하였다.

45 내가 아직 끝내지도 못하였는데 위대한 성자이신 디팡카라 붓다께서는 나의 길에 도달하셨다. 승자께서는, 여섯 신통을 갖추고 역류하는 번뇌를 다하고 때를 제거한 40만 명의 사람들과 함께 오셨다.

46 (많은 사람들이) 마중하였고 많은 북들을 쳐 울렸다. 사람과 천신들이 환희하며 좋다라고 소리내었다.

47 천신들은 사람을 보고 사람들은 천신을 보면서 양쪽 모두 합장을 한 채 붓다의 뒤를 따르고 있었다.

48 천신들은 하늘의 악기를, 사람들은 인간의 악기를 양쪽 모두

● ● ● ● ● ● ● ● ● ● ● ● ● ●

18) 『수행본기경』에서는 붓다를 공양하는 방법이 꽃과 향과 비단 깃발을 올리는 것으로 되어 있어, 유명한 '다섯 송이 꽃'의 이야기가 전해진다. 그러나 여기서는 그 사건은 나타나지 않는다. 단지 길을 청소하고 땅을 평탄하게 하여 붓다를 맞을 준비를 하거니와, 그것은 『수행본기경』에서도 나타나므로 서로 일치한다.

연주하면서 붓다의 뒤를 따르고 있었다.

49 허공에 올라간 천신들이 하늘의 만다라바 꽃과 연꽃과 파리 찻타카 꽃을 여러 곳으로 흩뿌리고 있었다.

50 허공에 올라간 천신들이 하늘의 찬다나 나무 가루와 온통 고상한 향을 여러 곳으로 흩뿌리고 있었다.

51 땅에 거주하는 사람들이 참파카 나무와 사랄라 나무와 니파 나무와 나가 나무와 푼나가 나무와 케타카 꽃을 여러 곳으로 던지고 있었다.

52 나는 그곳에 머리를 풀었으며 나무 껍질 옷과 가죽을 펼쳤다. 그리고 엎드려 누웠다.[19]

53 붓다께서는 제자들과 함께 저를 밟고 가소서. 진흙일랑 밟지 마소서. 그리하여 저를 이익되게 하소서.

54 땅 위에 엎어져 있는 나에게는 다음의 생각이 일어났다.

'오늘 나는 기원한다.[20] 나의 번뇌가 다 타서 없어지기를.

55 이 상태로 나는 무엇을 할 수 있겠는가. 나는 여기서 달리 법을 증득하여 그것으로 모든 것에 대한 앎을 얻어서 천신을 포함한 세계에서 붓다가 되기를 기원한다.

56 나 혼자만을 겨우 건질 수 있는 인간의 힘을 보인다 한들 그것으로 무엇을 할 수 있겠는가. 나는 모든 것에 대한 앎을 얻어

●●●●●●●●●●●●●●

19) 맡은 길의 청소가 끝나지 않았으므로 붓다의 신체가 더럽혀질까 염려하여, 머리와 옷을 깔고 있다. 이 부분은 『수행본기경』보다 내용연결이 더 의미 있게 이루어져 있는 것이다.

20) 제54게송부터 58게송까지는 일종의 본원(本願, pūrva-praṇidhāna) 사상이 나타나는 곳이다. 한결같이 성불과 중생제도를 염원하고 있다.

서 천신을 포함한 세계를 건지기를 기원한다.

57 가장 높은 사람이 되고자 하는 이러한 나의 결심에 의하여, 모든 것에 대한 앎을 얻어서 많은 사람들을 건지기를 기원한다.

58 윤회의 흐름을 단절시키고 재생으로 귀결되는 세 가지를 소멸시키어 법의 배에 올라타서 천신을 포함한 세계를 건지기를 기원한다.

59 여덟 가지 법이 갖추어져야 (붓다가 되려는) 결심이 완성된다. 인간이어야 하고, 남성이어야 하고, 원인을 갖추어야 하고, 스승을 뵈어야 하고, 출가하여야 하고, 공덕을 갖추어야 하고, 봉사를 해야 하고, 욕구를 지녀야 한다.'

60 세상을 아시고 공양을 받을 자격이 있으신 디팡카라 붓다께서는 나의 머리 옆에 서시더니[21] 다음과 같이 말씀하셨다.

61 "극도의 고행을 실천한 머리 묶은 이 고행자를 보아라. 한량없는 겁이 지난 뒤에 세상에서 붓다가 될 것이다.[22]

● ● ● ● ● ● ● ● ● ● ●

21) 『수행본기경』에서는 붓다께서 머리털을 밟으시는 것으로 나와있다.
22) 여기서 부터 제69게송까지는 붓다의 수기사상이 나타난다. 『수행본기경』의 수기내용은 다음과 같다.
   "너는 지금으로부터 100겁 후에 붓다가 된다. 붓다의 이름은 석가모니 붓다이고, 세월의 이름은 경사스러운(Bhadra) 세월이라 하고, 세계의 이름은 함께 하는(saha) 세계라 불릴 것이다. 아버지 이름은 숫도다나이고 어머니 이름은 마야이고 아내의 이름은 구이이고 아들의 이름은 라훌라이고 시자의 이름은 아난다이고 두 큰제자의 이름은 사리풋타와 목갈라나이다. 세상 사람들은 다섯 가지가 탁하고 흐리다. 그들을 가르쳐 해탈시키는 것이 마치 나와 같을 것이다."
   이러한 디팡카라 붓다의 수기내용 중 겁의 수는 91겁으로 바뀌어 실현된다. 그것은 구도자 고타마의 용맹정진이 9겁을 단축시켰기 때문이다. 그런데 『불종성경』에서는 100겁 또는 91겁이 명시되지 않고 '한량없는 겁'이 지난 뒤라고 되어 있다. 그리고 서두에는 '4무량겁과 10만겁' 이전으로 되어 있다.

62 그 붓다는 카필라라고 하는 즐거운 도시를 벗어나서 열심히 노력하고 하기 힘든 일을 실천할 것이다.

63 그 붓다는 아자팔라 나무의 뿌리 위에 앉아 그곳에서 우유죽을 공양받은 뒤 네란자라 강으로 들어갈 것이다.

64 그 승리자는 네란자라 강에서 올라와서 우유죽을 먹고는, 준비되어진 고귀한 길을 걸어서 보리수의 뿌리를 향해 갈 것이다.

65 더 높은 이가 없고 크나큰 명성을 지닌 그 붓다는 깨달음의 도량에서 오른쪽으로 도는 예를 행한 뒤 아쌋타 나무의 뿌리 위에서 깨달을 것이다.

66 생모의 이름은 마야이고, 아버지의 이름은 숫도다나이다. 그 자신은 고타마라고 불릴 것이다.

67 역류하는 번뇌를 다하였고 탐착을 제거하였고 마음을 고요하게 다스렸고 명상(의 경지)를 얻은 콜리타와 우파티싸[23]가 최고의 제자일 것이다. 그리고 아난다라는 시자가 그 승리자를 모실 것이다.

●●●●●●●●●●●●
  수기(授記)사상이 본격적으로 나타나는 『법화경』을 중심으로 볼 때 수기의 내용은 佛名, 國名, 劫名과 世界名이 반드시 표시되어야 한다. 그것에 비해보면 불종성경의 수기는 겁명과 세계명을 명시하지 않고 있으므로 수기의 초기적 형태를 보여주는 것으로 생각된다.
23) 목갈라나의 세속 이름이 콜리타(Kolita)이고 사리풋타의 세속 이름이 우파티싸(Upatissa)이다. 이 둘은 여러 겁 전의 아노마다씬 붓다(Anomadassin-Buddha, 『불종성경』상의 제7붓다)시절부터 단짝이었다고 한다. 그때는 이름이 시리밧다(Sirivaddha)와 사라다(Sarada)였다. 「영역장로게」 (P.T.S. Psalms of the early Buddhists I, p.340). 이들과 아싸지[馬勝]와의 사건은 「율장 대품」에 실려있듯이 유명하다.

68 케마[24]와 웁팔라반나[25]가 최고의 여제자일 것이다. 이들도 역류하는 번뇌를 다하였고 탐착을 제거하였고 마음을 고요하게 다스렸고 삼매를 얻었다. 그리고 그 붓다의 보리수는 아쌋타라고 불릴 것이다.

69 칫타와 핫탈라바카가 최고의 신자로서 붓다를 모실 것이며, 웃타라와 난다마타가 최고의 여신자로서 붓다를 모실 것이다."

70 비길 데 없는 큰 도사이신 (디팡카라 붓다)의 이러한 말씀을 듣고서 인간과 천신들은 환희하면서, "이 사람은 실로 붓다의 씨앗이다."라고 말하였다.

71 천신들을 포함한 일만의 세계의 사람들이 환호의 소리를 지르고 박수를 치며 (즐거이) 웃으면서 합장하고 예배하였다. (그리고 말하길,)

72 "지금 세상의 주인이신 (디팡카라 붓다)의 가르침에서 만약 우리가 실패한다면, 미래세에는 이 (고타마 붓다)와 함께 하기를 기원한다.

73 강을 건너는 사람이 만약 맞은 편의 나루터를 (보지 못해)

••••••••••

24) 케마(Khema) : 여제자 케마는 제10붓다인 파두뭇타라(Padumuttara)시절에는 다른 사람의 노예였다고 한다. 하루는 수자타라는 여제자를 보고 달콤한 과자 세 개를 공양하고 머리카락을 잘라 바치면서 미래에 붓다의 제자가 되기를 기원하였다. 그는 마가다(Magadha) 국의 사갈라(Sagala) 시에서 태어났다. 왕가의 딸로서 아름답고 지혜로웠다.(위의 책 p.81)

25) 웁팔라반나(Uppala vaṇṇā)는 역시 제10붓다인 파두뭇타라 시절에 서민의 집에서 태어났다고 한다. 그때 붓다와 교단에 7일간 공양을 올렸다고 한다. 고타마 붓다 시절에는 사밧티(Sāvatthi)시에서 보석 장사의 딸로 태어난다. 그의 피부빛깔이 우팔라 연꽃색이어서 웁팔라반나(uppala - vaṇṇā, 蓮華色)라는 이름을 얻었다.(앞의 책 p.111)

실패한다면 아래쪽의 나루터를 사용하여 큰 강을 건넌다.

74 그와 같이 만약 우리 모두는 지금의 승리자이신 (디팡카라 붓다)를 놓치게 된다면, 미래세에는 이 (고타마 붓다)와 함께 하기를 기원한다."

75 세상을 아시고 공양을 받을 자격이 있으신 디팡카라 붓다께서는 나의 행위를 칭찬하신 뒤 오른 발을 드시어 (떠나가셨다.)

76 그곳에 있던 승리자의 아들들은 나에게 오른쪽으로 도는 예를 행하고 떠나갔다. 천신과 인간과 아수라들도 나에게 공손히 절하고는 물러갔다.

77 세상의 지도자와 그분의 교단이 나의 시선에서 멀어졌을 때 나는 자리에서 일어나서 다리를 맺고 앉았다.

78 매우 즐겁고 매우 기뻤으며 희열로 충만된 채 다리를 맺고 앉았다.

79 다리를 맺고 앉은 채 그때 다음의 생각을 하였다. '나는 선정에 임하여 자재로움을 얻었고 신통에 있어서 건너편에 이르렀다.

80 일 천의 세계에서 나와 같은 도사는 없다. 신비한 법에서 나와 동등한 자는 없다. 나는 이러한 즐거움을 획득한 것이다.'

81 내가 다리를 맺고 앉아 있을 때 일 만(의 세계에) 거주하는 자들이 큰 소리로 외쳤다. "당신은 반드시 붓다가 된다."[26]

• • • • • • • • • • • • • •

26) 여기서부터 제114게송까지는 붓다가 된다는 것에 대한 확신을 거듭 밝히고 있다. 원문에는 '된다'의 원어가 'bhavissasi'로서 미래형이다. 즉 '될 것이다'라고 옮겨야 옳을 듯하다. 그러나 붓다되는 것은 가능태(可能態)로서의 선언이 아니고 '당연한 것' '당위성'으로서의 선언이라고 생각된다. 그리하여 '된다'라는 현재형으로 옮겼다. 실제 제109게송부터는 'bhavāmi'의 현재형이 사용되고 있기도 한 것이다.

82 과거의 여러 구도자들이 다리를 맺고 고귀하게 앉아 있을 때도 여러 가지 징조가 나타났는데 오늘 그 징조들이 나타난 것이다.
83 차가움도 사라지고 뜨거움도 멈추었거니와 다음을 (암시하는 징조로써) 오늘 나타난 것이다. 당신은 반드시 붓다가 된다.
84 일 만의 세계가 소리를 죽이고 소란을 멈추었거니와 다음을 (암시하는 징조로써) 오늘 나타난 것이다. 당신은 반드시 붓다가 된다.
85 큰 바람이 불지 않고 하천(의 물)이 흐르지 않았거니와 다음을 (암시하는 징조로써) 오늘 나타난 것이다. 당신은 반드시 붓다가 된다.
86 모든 뭍의 꽃과 물의 꽃이 곧바로 피었거니와 다음을 (암시하는 징조로써) 오늘 모두 꽃 핀 것이다. 당신은 반드시 붓다가 된다.
87 꽃 또는 나무들이 열매를 맺었으니 (다음을 암시하는 징조로써) 오늘 모두 열매 맺은 것이다. 당신은 반드시 붓다가 된다.
88 허공과 땅에 있는 모든 보배들이 곧바로 빛났다. 다음을 (암시하는 징조로써) 오늘 보배들이 빛난 것이다. 당신은 반드시 붓다가 된다.
89 인간과 하늘의 악기들이 곧바로 울렸다. 다음을 (암시하는 징조로써) 오늘 두 가지가 울린 것이다. 당신은 반드시 붓다가 된다.
90 색색의 꽃들이 곧바로 공중에서 (흩어) 내렸거니와, 다음을 (암시하는 징조로써) 오늘 흩어 내린 것이다. 당신은 반드시 붓다가 된다.
91 큰 바다(의 물이) 맺혀지고 일 만(의 세계)가 진동했다. 다

음을 (암시하는 징조로써) 오늘 두 가지가 일어난 것이다. 당신은 반드시 붓다가 된다.
92 일 만의 지옥에서는 (지옥의) 불이 곧바로 꺼져버렸다. 다음을 (암시하는 징조로써) 오늘 불이 꺼진 것이다. 당신은 반드시 붓다가 된다.
93 태양에 때가 사라졌으며 모든 별들이 나타났다. 다음을 (암시하는 징조로써) 오늘 나타난 것이다. 당신은 반드시 붓다가 된다.
94 비는 내리지 않은 채 곧바로 지상에 물이 솟아올랐다. 다음을 (암시하는 징조로써) 오늘 솟아오른 것이다. 당신은 반드시 붓다가 된다.
95 별들의 무리가 빛났고 북두성도 허공의 자리에서 (빛났고) 비사카 별이 달과 합쳐졌다. 당신은 반드시 붓다가 된다.
96 구멍에 살고 동굴에 사는 것이 자신의 거처에서 밖으로 나왔다. 다음을 (암시하는 징조로써) 오늘 거처에서 나온 것이다. 당신은 반드시 붓다가 된다.
97 중생들에게 불쾌함은 사라지고 곧바로 만족하였다. 다음을 (암시하는 징조로써) 오늘 모두 만족한 것이다. 당신은 반드시 붓다가 된다.
98 그때 병이 치유되고 싫증이 사라졌다. 다음을 (암시하는 징조로써) 오늘 나타난 것이다. 당신은 반드시 붓다가 된다.
99 그때 탐착이 엷어지고 분노와 어리석음이 사라졌다. 다음을 (암시하는 징조로써) 오늘 모두 사라진 것이다. 당신은 반드시 붓다가 된다.
100 그때 공포란 존재하지 않는다. 오늘 이것이 나타난 것이다.

이러한 징조로써 우리들은 아노니, 당신은 반드시 붓다가 된다.

101 먼지가 위에 떨어지지 않는다. 오늘 이것이 나타난 것이다. 이러한 징조로써 우리들은 아노니, 당신은 반드시 붓다가 된다.

102 나쁜 냄새는 사라지고 하늘의 향기가 불어온다. 다음을 (암시하는 징조로써) 오늘 (하늘의) 향기가 불어오는 것이다. 당신은 반드시 붓다가 된다.

103 색 아닌 계층의 천신들을 제외하고는 모든 천신들이 나타났다. 다음을 (암시하는 징조로써) 오늘 모든 (천신들이) 나타난 것이다. 당신은 반드시 붓다가 된다.

104 지옥에 이르기까지 곧바로 모든 세계가 나타났다. 다음을 (암시하는 징조로써) 오늘 모두 나타난 것이다. 당신은 반드시 붓다가 된다.

105 벽과 문과 돌 등 장애되는 것은 곧바로 사라졌다. 다음을 (암시하는 징조로써) 오늘 허공과 같이 된 것이다. 당신은 반드시 붓다가 된다.

106 죽고 재생하는 일이 그 순간에는 존재하지 않았다. 다음을 (암시하는 징조로써) 오늘 나타난 것이다. 당신은 반드시 붓다가 된다.

107 굳고 힘있게 정진하여 물러서는 일이 없었다. 이를 통해 우리들은 다음을 식별하노니, 당신은 반드시 붓다가 된다.”

108 붓다의 말씀과 일 만 (세계 천신들)의 말을 모두 들은 뒤 크게 만족하고 환희한 나는 그때 다음과 같이 생각하였다.

109 '붓다는 두 말을 하지 않으신다. 승리자는 빈 말을 하지 않으신다. 붓다에게는 거짓이란 없다. 나는 반드시 붓다가 된다.

110 허공으로 던져진 흙덩이는 반드시 땅으로 떨어진다. 그와

같이 가장 뛰어나신 붓다의 말씀은 틀림없고 영원한 것이다. 붓다에게는 거짓이란 없다. 나는 반드시 붓다가 된다.

111 모든 중생들이 죽게 됨은 틀림없고 영원한 일이다. 그와 같이 가장 뛰어나신 붓다의 말씀은 틀림없고 영원한 것이다. 붓다에게는 거짓이란 없다. 나는 반드시 붓다가 된다.

112 밤이 끝나면 태양은 반드시 떠오른다. 그와 같이 가장 뛰어나신 붓다의 말씀은 틀림없고 영원한 것이다. 붓다에게는 거짓이란 없다. 나는 반드시 붓다가 된다.

113 잠자리에서 일어난 사자가 반드시 울음을 울듯이 그와 같이 가장 뛰어나신 붓다의 말씀은 틀림없고 영원한 것이다. 붓다에게는 거짓이란 없다. 나는 반드시 붓다가 된다.

114 잉태한 중생이 반드시 그 짐을 풀듯이 그와 같이 가장 뛰어나신 붓다의 말씀은 틀림없고 영원한 것이다. 붓다에게는 거짓이란 없다. 나는 반드시 붓다가 된다.'

115 이와 같이 생각한 나는 이제 붓다를 만드는 법을 찾아야 한다. 위, 아래, 시방 세계, 법의 계층에 이르기까지 (샅샅이 찾아야 한다).[27]

116 (법을) 찾던 나는 그때 처음으로 보시의 바라밀을 발견하

● ● ● ● ● ● ● ● ● ● ● ● ●

27) 여기서부터는 과거 전생에 있어서 붓다의 구도자로서의 수행이 열 가지 바라밀(Pāramitā)로 요약 정리되어 설해진다. 본서는 '경전'중심으로 내용을 소개하므로 내용에 입각해서 항목을 나누는 것을 다소 자제하고 있다. 그리하여 큰 항목만 내용에 입각해 나누었으니 '고타마 붓다' '과거의 붓다들' '미래의 붓다' 정도이다. 그외는 경전이 곧 항목을 형성한다. 그러나 만약 내용별로 항목을 부여한다면 여기서부터 새로운 항목으로 잡을 만하다. 즉 '구도자로서의 수행'이라고 제목을 부여할 만 한 것이다.

였다. 그것은 옛날의 위대한 도사들이 따라 거닐었던 큰 길인 것이다.

117 만약 네[28]가 깨달음을 얻길 바란다면 처음으로 보시의 바라밀을 굳게 지니어 완성하도록 하라.

118 물이 가득 찬 물병은 어느쪽으로 기울여도 물이 모두 쏟아진다. 그곳에는 남는 물이란 없다.

119 그와 같이 거지를 보거나, 낮거나, 높거나 가운데인 사람을 보게 되면 남김없이 보시를 베풀어라. 기울어진 물병과 같이.

120 붓다(를 만드는) 법은 오직 이것만이 아니었다. 깨달음을 익게 하는 다른 법을 나는 찾아야 했다.

121 (법을) 찾던 나는 그때 두번째로 계율의 바라밀을 발견하였다. 그것은 옛날의 위대한 도사들이 닦고 실천하던 것이다.

122 만약 네가 깨달음을 얻길 바란다면 두번째로 계율의 바라밀을 굳게 지니어 완성하도록 하라.

123 차라리 소는 꼬리 털에 무언가가 붙게 되면 차라리 그곳에서 죽을지언정 꼬리를 다치게 하지는 않는다.

124 그와 같이 너는 네 가지의 지위에서 계율을 완수해라. 언제든지 계율을 보호해라. 차라리 소가 꼬리를 보호하듯이.

125 붓다(를 만드는) 법은 오직 이것만이 아니었다. 깨달음을 익게 하는 다른 법을 나는 찾아야 했다.

126 (법을) 찾던 나는 그때 세번째로 벗어남의 바라밀을 발견

---

28) 여기서 '네'는 지금 『불종성경』의 설법주인 고타마 붓다와 대화를 나누는 사리풋타를 지칭한다.

하였다. 그것은 옛날의 위대한 도사들이 닦고 실천하던 것이다.

127 만약 네가 깨달음을 얻길 바란다면 세번째로 벗어남의 바라밀을 굳게 지니어 완성하도록 하라.

128 감옥에서 오랫동안 갇히어 괴로움을 받는 자는 그곳에 탐착을 두지 않는다. 오직 벗어나기만을 갈구한다.

129 그와 같이 너는 재생으로 귀결되는 모든 것을 감옥과 같이 보아라. 그리하여 재생으로 귀결되는 것으로부터 해탈하기 위해 벗어남을 향하도록 하라.

130 붓다(를 만드는) 법은 오직 이것만이 아니었다. 깨달음을 익게 하는 다른 법을 나는 찾아야 했다.

131 (법을) 찾던 나는 그때 네번째로 지혜의 바라밀을 발견하였다. 그것은 옛날의 위대한 도사들이 닦고 실천하던 것이다.

132 만약 네가 깨달음을 얻길 바란다면 네번째로 지혜의 바라밀을 굳게 지니어 완성하도록 하라.

133 걸식을 행하는 붓다의 제자는 집의 낮고, 높고, 가운데임을 가리지 않고 모두 빠뜨리지 않은 채 보시물을 얻어간다.

134 그와 같이 너는 모든 기회에 지자에게 묻고 배워서 지혜의 바라밀을 완성하라. 원만한 깨달음을 얻을 것이다.

135 붓다(를 만드는) 법은 오직 이것만이 아니었다. 깨달음을 익게 하는 다른 법을 나는 찾아야 했다.

136 (법을) 찾던 나는 그때 다섯째로 정진의 바라밀을 발견하였다. 그것은 옛날의 위대한 도사들이 닦고 실천하던 것이다.

137 만약 네가 깨달음을 얻길 바란다면 다섯째로 정진의 바라밀을 굳게 지니어 완성하도록 하라.

138 짐승의 왕인 사자는 앉고, 서고, 경행하면서 게으름 없이

정진하니 항상 마음을 놓지 않는다.
139 그와 같이 너는 모든 상태에서 정진력을 굳게 지니어 정진의 바라밀을 완성하라. 원만한 깨달음을 얻을 것이다.
140 붓다(를 만드는) 법은 오직 이것만이 아니었다. 깨달음을 익게 하는 다른 법을 나는 찾아야 했다.
141 (법을) 찾던 나는 그때 여섯째로 인욕의 바라밀을 발견하였다. 그것은 옛날의 위대한 도사들이 닦고 실천하던 것이다.
142 너는 여섯째로 이것을 굳게 지니어라. 여기에서 마음을 둘이 되게 하지 말라. 원만한 깨달음을 얻을 것이다.
143 깨끗한 것이나 더러운 것이나 어떠한 것이 던져지더라도 대지는 모든 것을 참는다. 그것들을 거스르지 않는다.
144 그와 같이 너는 마음에 맞고, 맞지 않는 모든 것을 참아서 인욕의 바라밀을 완성하라. 그리하면 원만한 깨달음을 얻을 것이다.
145 붓다(를 만드는) 법은 오직 이것만이 아니었다. 깨달음을 익게 하는 다른 법을 나는 찾아야 했다.
146 (법을) 찾던 나는 그때 일곱째로 진리의 바라밀을 발견하였다. 그것은 옛날의 위대한 도사들이 닦고 실천하던 것이다.
147 너는 일곱째로 이것을 굳게 지니어라. 여기에서 언행을 둘이 되게 하지 말라. 원만한 깨달음을 얻을 것이다.
148 천신을 포함한 세계에서 비할 데가 없는 샛별은 어느 때 어느 계절에서도 자신의 길을 빗나가지 않는다.
149 그와 같이 너는 여러 가지 진리에서 빗나가지 말아서 진리의 바라밀을 완성하라. 원만한 깨달음을 얻을 것이다.
150 붓다(를 만드는) 법은 오직 이것만이 아니었다. 깨달음을 익게 하는 다른 법을 나는 찾아야 했다.

151 (법을) 찾던 나는 그때 여덟째로 결의의 바라밀을 발견하였다. 그것은 옛날의 위대한 도사들이 닦고 실천하던 것이다.

152 너는 여덟째로 이것을 굳게 지니어라. 여기에서 흔들리지 않도록 하라. 원만한 깨달음을 얻을 것이다.

153 산정의 바위는 흔들리지 않고 잘 정착해 있다. 광폭한 바람이 불어도 움직이지 않고 자기 자리에 서 있다.

154 그와 같이 너는 결의한 것에서 언제라도 흔들리지 말아서 결의의 바라밀을 완성하라. 원만한 깨달음을 얻을 것이다.

155 붓다(를 만드는) 법은 오직 이것만이 아니었다. 깨달음을 익게 하는 다른 법을 나는 찾아야 했다.

156 (법을) 찾던 나는 그때 아홉째로 우정의 바라밀을 발견하였다. 그것은 옛날의 위대한 도사들이 닦고 실천하던 것이다.

157 만약 네가 깨달음을 얻길 바란다면 아홉째로 우정의 바라밀을 굳게 지니어 우정을 지니는데 있어 최상이 되도록 하라.

158 착한 사람이든지 악한 사람이든지, 물은 가리지 않고 시원함을 채워주며 때와 얼룩을 씻어준다.

159 그와 같이 너는 이익이 되든지 손해가 되든지 가리지 말고 우정으로 사귀어서 우정의 바라밀을 완성하라. 원만한 깨달음을 얻을 것이다.

160 붓다(를 만드는) 법은 오직 이것만이 아니었다. 깨달음을 익게 하는 다른 법을 찾아야 했다.

161 (법을) 찾던 나는 그때 열번째로 담담히 바라봄의 바라밀을 발견하였다. 그것은 옛날의 위대한 도사들이 닦고 실천하던 것이다.

162 너는 열번째로 이것을 굳게 지니어라, 비할 데 없이 굳게

지니어라 원만한 깨달음을 얻을 것이다.

163 깨끗한 것이나, 더러운 것이나, 어떠한 것이 던져지더라도 대지는 화내거나 좋아하는 일 없이 그 둘을 담담히 바라본다.

164 그와 같이 너는 즐거움과 괴로움에 언제나 평등하여서 담담히 바라봄의 바라밀을 완성하라. 원만한 깨달음을 얻을 것이다.

165 깨달음을 익게 하는 법은 세상에 오직 이것 뿐이다. 이외는 다시 없다. 여기에서 굳세게 정착하라.

166 미묘한 성질과 스스로의 특징을 지닌 이 법들을 (내가) 바르게 기억하였을 때, 법의 위력에 의하여 대지와 일 만 세계가 진동하였다.[29]

167 사탕수수의 제분기가 작동할 때처럼 대지는 흔들리며 소리를 내었다. 기름 짜는 기계에 달린 바퀴처럼 그와 같이 대지는 진동하였다.

168 붓다를 수행하던 군중들은 대지의 진동으로 정신을 잃고 땅 위에 드러누웠다.

169 도공이 만든 수백 수천의 항아리들이 그곳에서 서로 부딪쳐 깨어져서 가루가 되었다.

170 (대지의 진동으로) 그 마음에 혼동과 번민과 공포와 방황과 질병이 생긴 채 많은 군중들이 디팡카라 붓다에게로 모여들었다.

171 "세상에 무슨 일이 일어났습니까. 좋은 일입니까, 나쁜 일

● ● ● ● ● ● ● ● ● ●

29) 여기서부터는 디팡카라 붓다에 의해 또 한번 더 붓다가 될 것임이 확인되는 내용들이 진행된다. 그리고 그러한 것을 모든 천신과 인간들이 기뻐하며 축하하고 있다. 고타마 붓다의 디팡카라 붓다에 의한 수기의 묘사가 매우 풍부하고도 원초적으로 이루어진 경으로서 『불종성경』의 가치를 유감없이 드러내고 있는 것이다.

입니까. 세상의 모든 사람이 번민하고 있습니다. 눈을 갖추신 분이시여, 그 (번민)을 제거하여 주소서."

172 그때 위대한 성자이신 디팡카라 붓다께서는 그들에게 알려 주셨다. "안심하라. 대지의 진동을 두려워하지 마라.

173 나는 오늘 (이 구도자가) 미래에 붓다가 될 것임을 선언하였다. 그것은 (이 구도자가) 옛날의 승리자들이 실천하였던 법을 바르게 기억하기 때문이다.

174 붓다의 지위에 (오르는) 법을 남김없이 바르게 기억하였기 때문에 천신을 포함한 일 만 세계와 대지가 진동한 것이다."

175 붓다의 말씀을 듣고서 (군중들의) 마음은 곧바로 진정되었다. 모두가 나에게 다가와 또 다시 공손히 절하였다.

176 붓다의 공덕을 받아지녀 마음을 굳세게 한 뒤 디팡카라 붓다께 절하였다. 그리고 자리에서 일어났다.

177 천신과 인간들이 하늘과 인간의 꽃을 가지고 자리에서 일어난 나에게 흩어뿌리었다.

178 천신과 인간 모두는 축하해 마지않았다. "당신의 소망은 위대합니다. 바라는 대로 얻으소서.

179 모든 불행은 사라지고 병과 슬픔은 제거되고 장애는 없어지소서. 최상의 깨달음에 재빨리 이르르소서.

180 때가 되면 꽃 나무의 꽃들이 피는 것처럼, 큰 곰 같은 분이시여, 붓다의 앎으로써 (깨달음을) 여소서.

181 원만히 깨달은 모든 붓다들이 열 가지 바라밀을 충족시켰듯이 큰 곰 같은 분이시여, 열 가지 바라밀을 충족하소서.

182 원만히 깨달은 모든 붓다들이 깨달음의 진수를 깨달으셨듯이 큰 곰 같은 분이시여, 승리자의 깨달음을 깨달으소서.

183 원만히 깨달은 모든 붓다들이 법의 바퀴를 굴리셨듯이 큰 곰 같은 분이시여, 당신도 법의 바퀴를 굴리소서.

184 꽉 차오른 보름 달이 맑게 빛나듯이 당신도 꽉 찬 마음으로 일 만 세계를 비추소서.

185 라후 아수라의 (입에서) 벗어난 태양이 뜨겁게 비추이듯이, 세상에서 벗어나서 존귀하게 비추소서.

186 어떠한 강도 바다로 흘러들 듯이 천신을 포함한 세상의 (중생들)이 모두 당신 곁으로 흘러들게 하소서."

187 (천신과 인간)으로부터 지극히 축복받은 그 (구도자)는 열 가지 법을 지닌 채 그 법들을 완성하기 위해 그때 숲으로 들어갔다.

— 1. 불종성 경, 제2 수메다의 희구 끝 —

2. 대불전 경 (1)
거룩한 탄생[1] I

1. 과거의 삶에 관련된 이야기

1 이와 같이 내가 들었다.

한때에 붓다께서는 사밧티 시 외곽의 제타 숲에 있는 아나타핀디카 장자의 정원에 위치한 카레리 나무집에서 지내셨다. 수많은

●●●●●●●●●●●●
1) 장니카야(Dīgha-Nikāya) 제2권 p.3 및 p.11~14.
    팔리경장과 율장에 고타마 붓다의 탄생을 언급하는 부분은 없다. 지금 번역한 부분도 원래 비파씨(Vipassi)붓다의 탄생을 언급하는 부분이다. 그럼에도 불구하고 이 부분을 옮긴 것은 비파씨 붓다의 다른 기사와 달리, 탄생에 관련된 이 내용들 만큼은 필연적인 것[法性, dhammatā]이라는 단서가 붙어나오기 때문이다. 그것은 모든 붓다들의 탄생에 있어 필연적으로 나타난다는 의미도 되기에, 고타마 붓다의 탄생에 그대로 적용되는 것이다. 따라서 고타마 붓다의 탄생에 대해서 음미해야 할 경우 이 부분은 매우 유용한 것이다.
    그리고 『대불전경(大本經, Mahāpadānasutta)』은 '과거의 붓다들' 항목에서, 이 부분은 제외한 채 全經이 옮겨질 것이다.

제자들이 2)······.

17 "제자들아, 구도자3)는 도솔천 천신의 몸으로 있다 죽은 뒤 기억과 지혜를 갖춘 채 어머니의 태에 들었다.4) 여기서 이것은 필연적인 것이다.

제자들아, 이것이 필연적인 것이다. 구도자가 도솔천 천신의 몸으로 있다 죽은 뒤 어머니 태에 들었을 때 천신과 마신과 범신을 포함한 세상과 사제 및 수행자를 포함한 인간 등 모든 천신과 인간들에게 헤아릴 수 없이 훌륭한 광채가 나타났다. 그런데 이 광채는 천신들의 위엄을 능가하는 것이다. 세상들의 사이에는 밑도 없이 짙은 어둠이 깔린 심연이 있는데, 그토록 큰 신통이 있고 그토록 큰 위엄이 있는 달과 태양도 빛을 잃고마는 곳이다. 이런 곳에까지 헤아릴 수 없이 훌륭한 광채가 나타났으니 천신들

●●●●●●●●●●●

2) 경전의 분위기를 느끼기 위해 번역하여 놓았다. 내용전개에 크게 필요한 것은 물론 아니다. 그리하여 이하의 내용은 줄였다. 원래 모든 경전은 六成就라고 하여 여섯 가지 요건을 구비하며 시작한다. 즉, 信·聞·時·處·主·衆의 성취이다. '이와 같이'가 信의 성취, '내가 들었다'가 聞의 성취, '한때에'가 時의 성취, '붓다께서는'이 說法主의 성취, '카레리 나무집'이 장소[處]의 성취이다. 그리고 설법을 듣는 대중이 衆의 성취이다. 여기서는 '수많은 제자'들이 衆에 해당된다. 이처럼 경전을 시작하는 조건을 갖추려 한 것이다.
3) 구도자는 보살(Bodhisatta)의 역어이다. 원문에는 구도자 비파씨(Vipassi)로 나와 있으나, 고타마 붓다에도 적용되므로 비파씨는 생략했다.
4) 『수행본기경』에서는 다음과 같이 자세히 설한다.
"구도자가 디팡카라 붓다 이래로 91겁 동안에 걸쳐 도와 덕을 닦았다. 그래서 본래의 뜻이 거의 완벽히 이룩되어 거룩한 지혜가 한량없었다. 구도자는 붓다가 되어야할 때가 왔음을 알고 도솔천이라는 하늘에서 이 세상을 굽어보았다.······ 구도자는 자신의 어머니가 될 훌륭한 여인을 실피던 중 마야 부인을 발견하였다. 그리고 마야 부인에게로 흰코끼리를 타고 와서 태 안으로 나아갔다···."

의 위엄을 능가하는 것이다. 또 그 심연에 태어난 중생들은 그 광채로 인해 서로를 알아보게 된다. 여기에 다른 중생도 태어나 있구나라고 알게 된다. 그리고 10만의 세계가 흔들리고 진동한다. 헤아릴 수 없는 훌륭한 광채가 나타나고 이것은 천신들의 위엄을 능가하는 것이니, 여기서 이것은 필연적인 것이다.

제자들아, 이것이 필연적인 것이다. 구도자가 어머니 태에 들어있을 때 천신의 아들 네 명이 사방에서 구도자를 지키러 온다. '사람이든 사람이 아니든 어떤 자도 구도자와 구도자의 어머니를 해칠 수 없다.'라고 하며. 여기서 이것은 필연적인 것이다.

제자들아, 이것이 필연적인 것이다. 구도자가 어머니의 태에 들어있을 때 구도자의 어머니는 자연히 계율을 지키게 되니 살생, 도둑질, 애욕에서의 잘못된 행위 및 거짓말을 멀리하고 곡주, 과일주 등 술에 취해 게으르는 경우를 멀리하게 된다. 여기서 이것은 필연적인 것이다.

제자들아, 이것이 필연적인 것이다. 구도자가 어머니의 태에 들어있을 때 구도자의 어머니는 남자들에 대해 여러 가지 애욕을 동반하는 마음을 일으키지 않는다. 그리고 마음이 더럽혀진 어떤 남자도 구도자의 어머니는 범할 수 없다. 여기서 이것은 필연적인 것이다.

제자들아, 이것이 필연적인 것이다. 구도자가 어머니의 태에 들어있을 때 구도자의 어머니는 다섯 가지 즐거움[5]을 얻게 되니 그것을 소유하고 구비하여 즐긴다. 여기서 이것은 필연적인 것이다.

----

5) 눈·귀·코·혀·몸으로 누리는 색·소리·냄새·맛·촉감의 즐거움.

제자들아, 이것이 필연적인 것이다. 구도자가 어머니의 태에 들어있을 때 구도자의 어머니는 어떤 병에도 걸리지 않는다. 구도자의 어머니는 즐거움을 갖추며 그 몸이 지치지 않는다. 그리고 태 속에 있는 구도자가 크고 작은 부분을 모두 갖추고 있으며 그 감관이 열등하지 않음을 본다. 제자들아, 마치 마니 보석이 있으니 밝고 생산지가 좋고 여덟 각이고 잘 세공되었고 투명하고 맑고 더럽지 않고 모든 특질을 갖추고 있다. 여기에 푸른색, 노란색, 붉은색, 흰색 또는 황백색의 실이 감겨져 있다라고 생각할 수 있다. 그런데 눈이 있는 사람이라면 손으로 그 보석을 들어 보면서, '이 마니 보석은 밝고 그 산지가 좋고 여덟 각이고 잘 세공되었고 투명하고 맑고 더럽지 않고 모든 특질을 갖추고 있는데 여기에 푸른색, 노란색, 붉은색, 흰색, 또는 황백색의 실이 감겨져 있다.'라고 생각할 것이다. 제자들아, 그와 같이 구도자가 어머니의 태에 들어있을 때 구도자의 어머니는 어떤 병에도 걸리지 않고 즐거움을 갖추고 그 몸이 지치지 않으면서 태 속에 있는 구도자를 보되 크고 작은 부분이 모두 갖추어져 있으며 그 감관이 열등하지 않음을 보는 것이다. 여기서 이것은 필연적인 것이다.[6]

● ● ● ● ● ● ● ● ● ● ● ● ● ●

[6] 이 대목은 열 달이 다 되어 태자의 몸이 태아로서 완벽하게 이루어졌음을 말하는 듯 하다. 이하의 대목들은 태자의 탄생에 대한 묘사이거니와 『수행본기경』의 해당부분을 살펴보자.
"열 달이 다 차서 태자의 몸이 이루어지고 4월 8일이 되었다. 부인은 나가서 유랑하며 '근심 없음'이라는 나무 아래를 지났다. 뭇 꽃이 피고 샛별이 돋아날 때에 부인은 산통을 느껴 나뭇가지를 잡았고 문득 오른쪽 겨드랑이로부터 태자가 탄생하였다. 땅에 내리면서 일곱 걸음을 걸어가 손을 들고서 말하였다.

제자들아, 이것이 필연적인 것이다. 구도자가 태어난 지 7일만에 구도자의 어머니는 죽게 되고 도솔천 천신의 몸으로 나게 된다. 여기서 이것은 필연적인 것이다.

제자들아, 이것이 필연적인 것이다. 다른 여인들은 태아를 태 속에서 아홉 달 또는 열 달을 보살핀 뒤에 출산하지만 구도자의 어머니는 구도자를 그렇게 출산하지 않는다. 구도자의 어머니는 구도자를 반드시 열 달 동안 태 속에서 보살핀 뒤에 출산하는 것이다. 여기서 이것은 필연적인 것이다.

제자들아, 이것이 필연적인 것이다. 다른 여인들은 앉거나 누워서 출산하지만 구도자의 어머니는 구도자를 그렇게 출산하지 않는다. 구도자의 어머니는 구도자를 선 채 출산하는 것이다. 여기서 이것은 필연적인 것이다.

제자들아, 이것이 필연적인 것이다. 구도자가 어머니의 태로부터 나올 때 천신들이 먼저 받고 나중에 사람이 받게 된다. 여기서 이것은 필연적인 것이다.

제자들아, 이것이 필연적인 것이다. 구도자가 어머니의 태로부터 나올 때 구도자가 땅에 닿기도 전에 천신의 아들 네 명이 구

• • • • • • • • • • • • •
'하늘 위와 하늘 아래에서 오직 나만이 높도다. 세계가 모두 괴로움이므로 나는 장차 편안하게 하리라.'
바로 그때에 하늘과 땅은 크게 진동하였다. 그리고 온 세계는 환해졌다. 온갖 종류의 천신을 비롯해 그의 부하들인 용·귀신·악신·건달바신·아수라신 등이 모두 와서 모시며 호위하였다. 용왕의 형제 '가라'와 '울가라'는 왼편에서 따스한 물을 뿌려주고 오른편에서는 찬물을 뿌려주었다. 제석과 같은 큰 천신들은 하늘 옷을 가지고 태자를 둘러쌌다. 하늘에서는 꽃과 향을 비내리며 거문고를 뜯고 악기를 울렸다. 그리고 온갖 종류의 향내음들이 허공에 가득 찼다."

도자를 받아서 어머니 앞에 세우고, '왕비시여, 기뻐하소서. 당신으로부터 큰 위력을 갖춘 아들이 태어났습니다.'라고 말한다. 여기서 이것은 필연적인 것이다.

제자들아, 이것이 필연적인 것이다. 구도자가 어머니의 태로부터 나올 때 깨끗하게 나온다. 곧 더러운 물이 묻지 않고, 점액이 묻지 않고, 피가 묻지 않고, 어떤 불결한 것도 묻지 않으니 순결하고 깨끗하게 나온다. 제자들아, 마치 마니 보석이 카시 국에서 난 천 위에 떨어졌을 때 마니 보석도 카시 천을 더럽히지 않으며 카시 천도 마니 보석을 더럽히지 않는다. 왜냐하면 둘 다 순결하기 때문이다. 이와 같이 구도자가 어머니의 태로부터 나올 때 깨끗하게 나온다. 곧 더러운 물이 묻지 않고, 점액이 묻지 않고, 피가 묻지 않고, 어떤 불결한 것도 묻지 않으니 순결하고 깨끗하게 나온다. 여기서 이것은 필연적인 것이다.

제자들아, 이것이 필연적인 것이다. 구도자가 어머니의 태로부터 나올 때 두 가지 물줄기가 허공으로부터 나타난다. 하나는 차고 하나는 더운 물줄기이다. 그 물줄기로 어머니와 시녀들은 구도자에게 목욕을 시킨다. 여기서 이것은 필연적인 것이다.

제자들아, 이것이 필연적인 것이다. 구도자는 태어나자 곧 자신의 발로 굳게 선 뒤 일곱 발걸음을 움직여 흰 우산이 바쳐진 곳으로 간다. 그리고 주위를 빙 둘러보고 황소같이 말한다. '나는 세상에서 제일 높다. 나는 세상에서 제일 어른이다. 나는 세상에서 제일 뛰어나다. 이것은 최후의 탄생이다. 재생으로 귀결되는 상태는 이제 없다.' 여기서 이것은 필연적인 것이다.

제자들아, 이것이 필연적인 것이다. 구도자가 어머니의 태로부터 나올 때 천신과 마신과 인간들에게 헤아릴 수 없이 훌륭한 광채가 나타났다. 그런데 이 광채는 천신들의 위엄을 능가하는 것이다. 세상들 사이에는 밑도 없이 짙은 어둠이 깔린 심연이 있는데, 그토록 큰 신통이 있고 그토록 큰 위엄이 있는 달과 태양도 빛을 잃고마는 곳이다. 이런 곳에까지 헤아릴 수 없이 훌륭한 광채가 나타났으니 천신들의 위엄을 능가하는 것이다. 또 이곳에 태어난 중생들은 그 광채로 인해 서로를 알아보게 된다. 여기에 다른 중생들도 태어나있구나라고 하며. 그리고 10만의 세계가 흔들리고 진동한다. 헤아릴수 없이 훌륭한 광채가 세상에 나타나고 이것은 천신들의 위엄을 능가하는 것이니 여기서 이것은 필연적인 것이다."

— 2. 대불전 경(1), 16가지 필연적인 것 끝 —

3. 삼십이상 경[1]
거룩한 탄생[2] II

1) 『삼십이상경』은 〔N.D.P.〕판 장니카야(Dīgha-Nikāya) 제3권 제7경(Lakkhaṇa-Sutta)의 전경을 번역한 것이다. 이 경은 中阿含 제59경 三十二相經〔大正藏1, p. 493 上〕이 대응 한역경이다.
2) 고타마 붓다의 탄생 모습을 고타마 붓다의 이름 아래 설하는 경에서 발견하기는 어려움이 있음을 앞서도 말한 적이 있다. 그리하여 붓다의 그 유명한 32가지 위대한 사람의 특징〔大人相〕에 대해서도 소재를 발견하기 어렵다. 그런데 『삼십이상경』이 있어 본서의 필요에 매우 적절하게 응한다. 이 경은 바로 고타마 붓다께서 당신의 32가지 특징을 직접 설하시고 나아가 그것의 前生業因과 미래의 과보까지 분석해 주시고 있다. 여기서 32상에 대한 언급도 중요할 뿐만 아니라, 그 전생의 선한 업에 대한 회고도 귀중하기 그지없다. 왜냐하면 고타마 붓다의 과거수행의 모습을 『본생경』 등을 통하지 않고 볼 수 있으며, 더욱이 개별적인 이야기가 아니라 종합적인 덕목과 덕행의 제시이기 때문에 독자들로 하여금 붓다의 탄생이 거룩한 것임을 이해하게 하는데 매우 도움이 될 것이기 때문이다.
그리고 게송의 사이 사이에 관상가들이 갓 태어난 붓다의 32상을 점치는 모습이 나타남으로써 32상에 얽힌 붓다의 모습을 그나마 유추할 수 있게 하는 것이다.
이상의 이유로써 『삼십이상경』을 고타마 붓다의 거룩한 탄생을 알려주는 경으로 고려하여 거룩한 탄생의 항목으로 편입한 것이다.

1. 32가지 위대한 사람의 특징

1 이와 같이 내가 들었다. 한때에 붓다께서는 사밧티 시에 있는 제타 바나 숲의 아나타핀디카 장자의 정원에서 지내셨다. 그때 붓다께서는 "제자들아."라고 하며 제자들을 불러 말씀하셨다. "붓다시여."라고 제자들은 붓다께 응답하였다. 붓다께서는 이렇게 말씀하셨다.

2 "제자들아, 위대한 사람에게는 위대한 사람의 32가지 특징이 있다. 이 특징을 갖춘 위대한 사람에게는 두 가지 거취만이 있을 뿐 다른 거취는 없다. 만약 집에서 산다면 법다운 정법통치왕[3]이 될 것이니 법의 왕이며, 대륙의 네 끝을 소유하며, 정복자이며, 전 대륙을 안전하게 하며, 일곱 보배를 구비한다. 곧 그에게는 일곱 보배가 있으니 보배 바퀴, 보배 코끼리, 보배 말, 마니 보배, 보배 여인, 보배 거사, 일곱째로 보배 신하가 있다. 또 영웅이며, 인드라 신과 같은 팔 다리를 지니고 있으며, 능히 적군을 쳐부술 만한 아들이 천 명을 넘는다. 그리고 그는 바다로 둘러쌓인 이 땅을 매도 칼도 쓰지 않고 법으로 다스리며 살아간다. 그러나 실로 출가한다면 세상의 덮힌 것을 벗겨내는 동등하며 바르고 원만하게 깨달은 붓다가 된다.

3 제자들아, 어떤 것이 위대한 사람에게 있는 위대한 사람의 32가지 특징인가.

---

3) 전륜왕(轉輪王, Cakkapavatti-rāja)을 번역한 것이다. 전륜왕의 바퀴〔輪〕는 정법의 바퀴로서 이 왕은 반드시 '정법에 입각해 통치하는 왕'임이 강조되므로 '정법통치왕'으로 옮겼다.

여기서 제자들아, (1) 위대한 사람은 발이 평평하다. 제자들아, 발이 평평하다는 것이 위대한 사람의 특징이다.

(2) 제자들아, 위대한 사람의 발바닥 밑에는 천 개의 바퀴살과 바퀴테와 바퀴통을 지니며 모든 요소를 고루 갖춘 바퀴가 생겨나 있다.[4]

(3) 제자들아, 위대한 사람은 발꿈치가 길다.

(4) 제자들아, 위대한 사람은 손가락 발가락이 길다.

(5) 제자들아, 위대한 사람은 손 발이 부드럽고 여리다.

(6) 제자들아, 위대한 사람은 손과 발에 그물(과 같은 무늬)가 있다.

(7) 제자들아, 위대한 사람은 발목이 둥근 조개껍질과 같다.

(8) 제자들아, 위대한 사람은 정강이가 영양과 같다.

(9) 제자들아, 위대한 사람은 굽히지 않고 선 채로 두 손바닥이 무릎마디를 만지고 문지른다.

(10) 제자들아, 위대한 사람은 음경이 덮개에 싸여 있다.

(11) 제자들아, 위대한 사람은 피부가 황금빛으로 금을 닮았다.

(12) 제자들아, 위대한 사람은 피부가 섬세하다. 피부가 섬세하여 먼지와 땀이 몸에 묻지 않는다.

(13) 제자들아, 위대한 사람은 털구멍마다 하나의 털이 나 있다.

(14) 제자들아, 위대한 사람은 털끝이 아름답다. 털끝은 아름

●●●●●●●●●●●●●

[4] 원문에는 32상의 하나 하나에 '이것이 위대한 사람의 특징이다'하는 결구를 붙이고 있다. 본서에서는 생략했음을 밝히는 바이다. 그리고 각각의 相에 대한 '한역'문구는 '과거의 붓다들' 항목에 있는 '4. 위대한 사람의 32가지 특징'을 참조할 것.

답고 색깔은 푸르고 광택이 나고 둥글게 오른쪽으로 돌고 있다.

(15) 제자들아, 위대한 사람은 몸이 범신처럼 곧 바르다.

(16) 제자들아, 위대한 사람은 일곱 가지가 충실하다.

(17) 제자들아, 위대한 사람은 상반신이 사자와 같다.

(18) 제자들아, 위대한 사람은 어깨의 홈이 메워져 있다.

(19) 제자들아, 위대한 사람은 니그로다 나무처럼 균형이 잡혀 있다. 몸의 길이는 양팔의 길이와 같고 양팔의 길이는 몸의 길이와 같다.

(20) 제자들아, 위대한 사람은 어깨가 둥글다.

(21) 제자들아, 위대한 사람은 미각(의 예민함)이 최고도이다.

(22) 제자들아, 위대한 사람은 턱이 사자와 같다.

(23) 제자들아, 위대한 사람은 40개의 치아가 있다.

(24) 제자들아, 위대한 사람은 치아가 고르다.

(25) 제자들아, 위대한 사람은 치아가 가늘지 않다.

(26) 제자들아, 위대한 사람은 치아가 매우 희다.

(27) 제자들아, 위대한 사람은 혀가 길다.

(28) 제자들아, 위대한 사람의 음성은 범신과 같고 인도 뻐꾸기처럼 말한다.

(29) 제자들아, 위대한 사람은 눈이 매우 푸르다.

(30) 제자들아, 위대한 사람의 속눈썹은 어린 암소의 속눈썹처럼 매우 길다.

(31) 제자들아, 위대한 사람은 두 눈썹 사이의 털이 하얀색이며 부드러운 솜털을 닮았다.

(32) 제자들아, 위대한 사람의 머리에는 육계[5]가 있다. 제자들아, 머리에 육계가 있다는 것은 또한 위대한 사람의 특징이다.

제자들아, 실로 위대한 사람은 이상과 같은 위대한 사람의 32가지 특징을 갖추고 (태어난다.) 이 특징을 갖춘 위대한 사람에게는 두 가지 거취만이 있을 뿐 다른 거취는 없는 것이다. 만약 집에서 산다면 법다운 정법통치왕이 된다.[6] 그러나 실로 출가한다면 세상의 덮힌 것을 벗겨내는, 동등하며 바르고 원만하게 깨달은 붓다가 된다.

제자들아, 위대한 사람의 이러한 32가지 특징은 바깥의 도인들도 지니고 있다. 그러나 그들은 이러한 특징을 생겨나게 한 원인인 (전생의) 업에 대해서는 모르고 있다."

2. 원인으로서의 업과 결과로서의 특징

(1)[7] 평평한 발

●●●●●●●●●●●●●●●●●

5) 肉髻:32상 각각의 한역상에서의 표현은 '과거의 붓다들' 항목에 나타나는 『대불전경〔大本經〕』에 설해진 비파씨 붓다의 32상을 번역할 때 주로 달아두었다. 참고하기 바란다.
6) 이 이후에는 '법의 왕이여…매도 칼도 쓰지 않고 법으로 다스리며 살아간다.'라는 길다란 정법통치왕에 대한 설명이 늘 따라 붙는다. 본서에서는 모두 생략했다.
7) 괄호 속의 번호는 원전에 기록된 번호이어서 그대로 옮겼다. 이 번호에 의한 순번은 32상의 순서와는 정확하게 일치하지 않는다.

4 "제자들아, 지금 그렇게 온 붓다인 나는[8] 전생에 사람이었을 때 과거의 어떤 삶, 어떤 존재, 어떤 거주처에서도 선한 법들을 굳세게 지켰다. 몸으로 선을 행하고, 말이 선하고, 뜻이 선하고, 보시를 베풀고, 계율을 지니고, 포살에 들고, 어머니를 모시고, 아버지를 모시고, 수행자를 모시고, 사제를 모시고, 가정에서 연장자를 우러렀다. 그외 여러 가지 더욱더 선한 법들을 굳세게 지켰다. 구도자는[9] (전생에) 그러한 업을 짓고, 모으고, 쌓고, 방대하게 한 까닭에 몸이 부서져 죽은 뒤 좋은 거취인 하늘 세상에 태어났다. 구도자는 그곳에서 열 가지 경우에 있어 다른 천신들보다 뛰어났다. 하늘에서의 수명, 용모, 즐거움, 명성, 지고한 권한, 색, 소리, 냄새, 맛, 촉감 등이 뛰어났다. 구도자는 그곳에서 죽은 뒤 이 세계에 왔고 위대한 사람의 특징을 얻었다. 곧 발이 평평했다. 바른 발로 땅을 내딛고 바르게 (발을) 든다. 모든 것을 갖춘 발바닥으로 바르게 땅에 부딪친다.

5 이러한 특징을 갖춘 사람이 만약 집에서 산다면 법다운 정법 통치왕이 된다. 그는 노폐물, 함정, 밀림 등이 없는 풍부하고 번창하고 안온하고 성스럽고 건강한 이 땅을 매도 칼도 쓰지 않고 법으로 다스리며 살아간다. 왕이 되면 무엇을 얻는가. 어떤 인간

• • • • • • • • • • • • • • •

[8] '지금 그렇게 온 붓다인 나는'의 구절은 여래(如來, tathāgata)를 옮긴 것이다. 여래라는 말은 두 가지 용법이 있다. 하나는 여래십호에 묶여 나오는 교리적인 용법이다. 다른 하나는 붓다께서 스스로를 지칭할 때 자주 쓰시는 대명사적 용법이다. 여기서는 '여래'의 어휘적인 뜻을 살리면서 '나'라는 대명사로서의 해석을 가미한 것이다.

[9] 원문에는 '그(so)'라는 대명사로 나와 있는데 바로 붓다의 전신인 구도자로서의 그이므로, 여기서는 구체적으로 '구도자'로 옮긴 것이다.

이나, 적이나, 원수에 의해서도 방해받지 않는다. 왕이 되면 이러한 것을 얻는다. 그러나 만약 출가한다면 세상의 덮힌 것을 벗겨내는 동등하며 바르고 원만하게 깨달은 붓다가 된다. 붓다가 되면 무엇을 얻는가. 안팎의 적과 원수들에게 방해받지 않는다. 곧 탐착에 의해서도 진에에 의해서도 치암에 의해서도 수행자, 사제, 천신, 범신, 마신에 의해서도 세상의 어떤 것에 의해서도 방해받지 않는다. 붓다가 되면 이러한 것을 얻는다."

 그 의미를 붓다께서는 (게송으로) 설하셨다.

6 "진리에서 법에서 극기에서 자제에서
　　깨끗함과 계율의 횃대와 여러 포살에서
　　보시에서 불살생에서 그리고 비폭력에서
　　기꺼이 굳세게 받들어 완벽하게 실천했다.
　　구도자는 그 업으로 하늘 세상에 갔고
　　즐거움과 유희와 좋은 것을 경험했다.
　　그곳에서 죽은 뒤 이 세계에 와서
　　평평한 발로써 땅을 밟았다.
　　관상가들이 와서 예언하였다.
　　'평평한 발로 서 있는 자에게 장애물이란 없다.'라고.
　　집에 있거나 다시 출가하거나 그 특징은 그런 뜻으로 빛난다.
　　집에 살면서 방해받지 않으니
　　다른 것을 정복하더라도 적에 의해 압도되지 않는다.
　　이 세계에서 어떤 인간 존재에 의해서도
　　방해받지 않으니 그가 지은 업의 결과 때문이다.
　　출가하면 욕심에서 벗어남을 좋아하고 주의깊은 눈을 가진다.

최상의 자로서 결코 방해물을 만나지 않고
사람 가운데 가장 높은 이가 될 것이니
이것은 그에게 필연적인 것이다."

(2) 발바닥의 바퀴

7 "제자들아, 지금 그렇게 온 붓다인 나는 전생에 사람이었을 때 과거의 어떤 삶, 어떤 존재, 어떤 거주처에서도 많은 사람에게 즐거움을 날라다 주었다. 고뇌와 공포와 두려움을 제거했고 법다운 보호와 수호를 제공하였고 가진 것을 보시하였다. 구도자는 그러한 업으로[10] 하늘 세상에 태어났고, 다시 이 세계에 와서 이러한 위대한 사람의 특징을 얻었다. 곧 발바닥 밑에는 천 개의 바퀴살과 바퀴의 테와 바퀴통을 지니며 모든 요소를 두루 갖춘 바퀴가 생겨나 있는 것이다.

이 특징을 갖춘 사람이 만약 집에서 거주한다면 법다운 정법통치왕이 된다. 왕이 되면 무엇을 얻는가. 큰 수행원을 지닌다. 큰 수행원들이 그를 수행하니 시읍과 지방에는 사제와 거사들이 있다. 그리고 왕이 되어 재무대신, 경호원, 문지기, 신하, 벗, 속국의 왕, 주요한 영주, 왕족의 동자 등을 얻는다. 그러나 만약 출가한다면 세상의 덮힌 것을 벗겨내는 동등하며 바르고 원만하게 깨달은 붓다가 된다. 붓다가 되면 무엇을 얻는가. 큰 수행원을 얻는다. 큰 수행원들이 그를 수행하니 남제자, 여제자, 남신자, 여신

● ● ● ● ● ● ● ● ● ● ●
10) 이 이후에는 '업을 짓고, 모으고, 쌓고…하늘에서 열 가지 경우에 있어서 다른 천신들보다 뛰어났다…' 등의 대목이 일일이 연결되어 있으나 여기서는 모두 생략했다.

자, 천신, 인간, 아수라, 용, 건달바 등이다. 붓다가 되면 이것을 얻는다."

그 의미를 붓다께서는 (게송으로) 설하셨다.

8 "옛날 옛적 예전의 삶들에서
   사람이었을 때 많은 이들에게 즐거움을 나르다 주었다.
   고뇌, 공포, 두려움을 제거시켜 주었고
   수호와 보호에 열의를 보였다.
   구도자는 그 업으로 하늘 세상에 갔고
   즐거움과 유희와 좋은 것을 경험하였다.
   그곳에서 죽은 뒤 다시 이 세계에 왔는데
   두 발에 바퀴가 나타났다.
   완전한 바퀴테에 천 개의 (바퀴살)을 갖추었다.
   관상가들이 와서 예언하였다.
   백 가지 복을 지닌 특징이 나타난 동자를 보고서
   '적을 부수는 수행원들이 있으리라.'고.
   완전한 바퀴테를 지닌 바퀴는 실로 그러하다.
   그가 출가하지 않는다면 대지에 바퀴를 굴리며 다스리고
   왕족들이 그를 따를 것이다. 그 큰 명성을 (누가) 덮겠는가.
   그가 만약 출가한다면
   욕심에서 벗어나길 좋아하고
   주의 깊은 눈을 가진 그가 (출가한다면)
   천신과 인간과 아수라와 삭카와 야차와
   건달바와 용과 새와 네 발 짐승이
   천신과 인간 중 가장 높은 그를 공양한다.

그 큰 명성을 (누가) 덮겠는가."

(3)~(5) 긴 발꿈치 등[11]
9 "제자들아, 지금 그렇게 온 붓다인 나는 전생에 사람이었을 때 과거의 어떤 삶, 어떤 존재, 어떤 거주처에서도 살생을 멀리하고 살생을 금하였다. 매를 놓았고, 조심성 있고, 친절하고, 모든 생명있는 존재에게 도움을 주고, 동정하며 지냈다. 구도자는 그러한 업으로 하늘 세상에 태어났고 다시 이 세상에 와서 다음의 세 가지 위대한 사람의 특징을 얻었다. 발꿈치가 긴 것, 손가락 발가락이 긴 것, 몸이 범신처럼 곧 바른 것 등이다.

이 세 가지 특징을 갖춘 자가 집에서 거주한다면 법다운 정법 통치왕이 된다. 왕이 되면 무엇을 얻는가. 수명이 길고 오랫동안 머문다. 긴 수명이 그에게 전개된다. 중도에 적이나 원수 등 어떤 사람에 의해서도 목숨을 빼앗기지 않는다. 왕이 되면 이러한 것을 얻는다. 그러나 만일 출가한다면, 세상의 덮힌 것을 벗겨내는 동등하며 바르고 원만하게 깨달은 붓다가 된다. 붓다가 되면 어떤 것을 얻는가. 수명이 길고 오랫동안 머문다. 긴 수명이 그에게 전개된다. 중도에 어떤 적이나 원수, 수행자, 사제, 천신, 마신, 범신 및 세상의 어떤 것에 의해서도 목숨을 잃지 않는다. 붓다가 되면 이러한 것을 얻는다."

그 의미를 붓다께서는 (게송으로) 설하셨다.

---

11) 32상 중 제3, 제4, 제15의 특징에 대한 것이다.

10 "자신의 죽음과 죽임에 두려움을 알았기에
　　타인의 죽음을 금하고 있었다.
　　그러한 선행에 의하여 하늘에 났고
　　선업의 과보를 경험하였다.
　　죽은 뒤 다시 이 세상에 와서 세 가지 특징을 얻었다.
　　방대하고 긴 발꿈치와
　　범신처럼 곧고 깨끗하고 잘 생긴 몸
　　부드럽고 여린 손가락, 발가락이
　　잘 생겨 매우 좋고, 잘 자리잡아 좋게 태어났다.
　　가장 뛰어난 사람의 길디 긴 세 가지 특징으로 인해
　　동자는 오래 살 것으로 (관상가들은) 가리켰다.
　　집에 있다면 오랫동안 살 것이며
　　출가한다면 그보다 더 오래 살 것이다.
　　지배력과 신통력을 닦아 살아가니
　　그 특징들에서 긴 수명이 예견된다."

(6) 충실한 일곱 가지[12]

11 "제자들아, 지금 그렇게 온 붓다인 나는 전생에 사람이었을 때 과거의 어떤 삶, 어떤 존재, 어떤 거주처에서도 미묘하고, 맛있고, 먹을 만하고, 즐길 만하고, 맛 볼 만하고, 핥을 만한 음료만을 제공하였다. 구도자는 그 업으로 하늘 세상에 태어났고, 다시 이 세상에 와서 위대한 사람의 특징을 얻었다. 곧 그는 일곱

- - - - - - - - - - - - -
12) 32상 중 제16의 특징에 대한 것.

가지가 충실하였다. 두 손이 충실하고, 두 발이 충실하고, 두 어깨 끝이 충실하고, 어깨의 (전체)가 충실하였다.

　이러한 특징을 갖춘 자는 집에서 거주하면 법다운 정법통치왕이 된다. 왕이 되면 무엇을 얻는가. 미묘하고, 맛있고, 먹을 만하고, 맛볼 만하고, 핥을 만한 음료를 얻는다. 왕이 되면 이것을 얻는다. 그러나 만일 출가한다면 세상의 덮힌 것을 벗겨내는, 동등하며 바르고 원만하게 깨달은 붓다가 된다. 붓다가 되면 무엇을 얻는가. 미묘하고, 맛있고, 먹을 만하고, 맛볼 만하고, 핥을 만한 음료를 얻는다."

　그 의미를 붓다께서는 (게송으로) 설하셨다.

12 "먹고, 즐기고, 핥고, 맛볼 만한
　　최고 최상의 맛의 상속자가 되었다.
　　그처럼 선한 업의 행위로 말미암아
　　그는 오랫동안 기뻐하였고 매우 즐거워했다.
　　이 세상에서는 일곱 가지가 충실함을 얻었으니
　　부드러운 손과 발을 지녔다.
　　상과 모습을 알아맞히는 관상가가 있어
　　그 (특징)은 먹고,
　　즐길 만한 맛을 얻게 하는 것임을 (예견하였다.)
　　집에 있더라도 그러한 뜻으로 빛나고
　　출가하더라도 그 뜻을 얻게 된다.
　　먹고 즐길 만한 최상의 맛을 얻어
　　모든 재가생활의 속박을 끊어 버리게 되었다."

(7)~(8) 손, 발의 부드러움과 그물[13]

13 "제자들아, 지금 그렇게 온 붓다인 나는 전생에 사람이었을 때 과거의 어떤 삶, 어떤 존재, 어떤 거주처에서도 (사람들을) 감싸주는 네 가지 일을 실천하여 사람들을 나에게 함께 모이도록 하였다. 보시, 사랑스러운 말, 이익되는 행위, 평등한 태도가 그 넷이다. 구도자는 그 업으로 하늘 세상에 태어났고, 다시 이 세상에 와서 위대한 사람의 특징 두 가지를 얻었다. 곧 부드럽고 여린 손, 발과 그물 (무늬)가 있는 손, 발을 얻었다.

이러한 특징을 갖춘 자는 집에서 거주한다면 법다운 정법통치 왕이 된다. 왕이 되면 무엇을 얻는가. 따르는 자가 그에게 잘 모인다. 곧 시읍과 지방의 사제와 거사, 재무대신, 왕의 경호원, 문지기, 신하, 벗, 속국의 왕, 주요한 영주, 왕족의 동자들이 잘 모인다. 왕이 되면 이것을 얻는다. 그러나 만일 출가한다면 세상의 덮힌 것을 벗겨내는, 동등하며 바르고 원만하게 깨달은 붓다가 된다. 붓다가 되면 무엇을 얻는가. 따르는 자가 그에게 잘 모인다. 그의 남제자, 여제자, 남신자, 여신자, 천신, 인간, 아수라, 용, 건달바들이 그에게 잘 모인다. 붓다가 되면 이것을 얻는다."

그 의미를 붓다께서는 (게송으로) 설하셨다.

14 "보시와 이익되는 행위와 사랑스런 말과
　　평등한 태도를 행하고 실천하여
　　많은 사람들이 그에게 잘 모인다.

━━━━━━━━━━
13) 32상 중 제5, 제6의 특징에 대한 것이다.

(서로) 경시하지 않는 집단으로 화합한다.
죽어서 다시 이 세상에 왔을 때
부드러움과 그물(무늬)를 얻는다.
매우 뛰어나고 아주 귀엽고 볼 만한 (모습)을,
어리지만 매우 뛰어난 그 동자는 얻는다.
그는 따르는 자들을 화합시키는 자이며
땅에서 살면서 함께 잘 모이도록 하는 자이다.
(타인의) 이익과 안락을 갈망하여 사랑스런 말을 하는 자이다.
또한 여러 가지 유쾌한 덕목을 실천하는 자이다.
만약 모든 애욕을 향유하지 않고 버린다면
승리자가 되어 사람들에게 법의 교화를 베풀 것이다.
승리자의 말에 잘 응하여 마음을 깨끗이 한 자는
법을 듣고서 법답게 실천한다."

(9)~(10) 발목의 위치와 털끝의 아름다움[14]

15 "제자들아, 지금 그렇게 온 붓다인 나는 전생에 사람이었을 때 과거의 어떤 삶, 어떤 존재, 어떤 거주처에서도 의미를 갖추고 법을 갖춘 말을 설하였다. 많은 사람에게 그대로를 보게 하였다. 산 것에게 이익과 안락을 날랐고 법에 희생을 바쳤다. 구도자는 그 업으로 말미암아 하늘 세상에 태어났고 다시 이 세상에 왔을 때 위대한 사람의 특징 두 가지를 얻었다. 곧 발목이 둥근 조개 껍질 같고, 털끝이 아름다웠다.

● ● ● ● ● ● ● ● ● ● ●
14) 32상 중 제7, 제14의 특징에 대한 것이다.

그러한 특징을 갖춘 자는 집에서 거주한다면 법다운 정법통치 왕이 된다. 왕이 되면 무엇을 얻는가. 애욕을 누리는 자들 가운데서 최고이고, 선두이고, 최상이고, 가장 뛰어난 자가 된다. 왕이 되면 이것을 얻는다. 그러나 만일 출가하면 세상의 덮힌 것을 벗겨내는 동등하며 바르고 원만하게 깨달은 붓다가 된다. 붓다가 되면 무엇을 얻는가. 모든 중생들 가운데서 최고이고, 선두이고, 최상이고, 가장 뛰어난 자가 된다. 붓다가 되면 이것을 얻는다."
그 의미를 붓다께서는 (게송으로) 설하셨다.

16 "과거에 (이미) 의미와 법을 갖춘 말을
많은 사람들에게 보여 주었다.
산 것에게 이익과 안락을 날랐고
인색하지 않게 법에 희생을 올렸다.
구도자는 선한 업을 실천하였기에
좋은 거취에 갔고 그곳에서 기뻐한다.
이 세상에 와서 두 가지 특징을 얻었으니
구도자는 최상인 자이며 선두인 자임을 알게 한다.
토끼처럼 위로 솟은 털을 지니고
발의 관절은 자리를 잘 잡고 있다.
피부로 덮힌 채 살과 피가 잘 자라 있으니
위에서 실천한 것이며 빛나는 것이다.
그러한 자가 집에서 거주한다면
애욕을 누리는 자 가운데서 궁극에 이른다.
그보다 더 높은 자는 보이지 않으니
잠부디파를 정복하여 떨친다.

그러나 출가하여 열등하지 않는 노력을 기울이면
모든 생명들 가운데서 궁극에 이른다.
그보다 더 높은 자는 보이지 않으니
모든 세상을 정복하여 지낸다."

(11) 정강이가 영양과 같음[15]
17 "제자들아, 지금 그렇게 온 붓다인 나는 전생에 사람이었을 때 과거 어떤 삶, 어떤 존재, 어떤 거주처에서도 존경과 기술과 학문과 실천과 법을 가르쳤다. 어떻게 하면 이들이 빨리 식별할 수 있을까. 빨리 길에 들게 할 수 있을까. 오랫동안 지치지 않게 할 수 있을까를 생각하였다. 구도자는 그 업으로 말미암아 하늘 세상에 태어났고 다시 이 세상에 와서 위대한 사람의 특징을 얻었다. 곧 정강이가 영양과 같았다.

그러한 특징을 갖춘 자는 집에서 거주한다면 법다운 정법통치 왕이 될 것이다. 왕이 되면 무엇을 얻는가. 왕에게 가치있고, 필요하고, 보배가 되고, 왕에게 맞는 것은 무엇이든 재빨리 얻는다. 왕이 되면 이것을 얻는다. 그러나 만일 출가한다면 세상의 덮힌 것을 벗겨내는 동등하며 바르고 원만하게 깨달은 붓다가 된다. 붓다가 되면 무엇을 얻는가. 수행자에게 가치있고, 필요하고, 보배가 되고, 수행자에게 맞는 것은 무엇이든 재빨리 얻는다. 붓다가 되면 이것을 얻는다."

그 의미를 붓다께서는 (게송으로) 설하셨다.

●●●●●●●●●●●●●●●
15) 32상 중 제8의 특징에 대한 것이다.

18 "기술과 학문과 실천과 법들에서
'어떻게 하면 쉽게 식별할 수 있게 할까.'를 소망하였다.
그리고 누구에게도 피해가 가지 않는 것을
오랫동안 피로하지 않게 재빨리 말하였다.
즐거움을 가져다 주는 업을 지은 착한 구도자는
마음에 들고 잘 자리잡은 정강이를 얻는다.
그 정강이는 둥글고 잘 생겼고 차례로 돌아가고
털의 끝이 아름답고 미세한 피부로 덮혔다.
'정강이가 영양과 같다'라고 그 사람을 불렀고
그는 이 세계에서 재빨리 그 특징을 완성했다.
한 구멍에 하나씩 털이 나 있어
만약 출가하지 않는다면 세상에서의 소망을 재빨리 이룬다.
그가 만일 출가한다면 욕심에서 벗어나길 좋아하고
주의깊은 눈을 가진 그가 (출가한다면)
그에게 알맞은 것을 차례대로 재빨리 얻게 된다.
그리하여 그는 여유 있게 거닐 것이다."

(12) 섬세한 피부[16]

"제자들아, 지금 그렇게 온 붓다인 나는 전생에 사람이었을 때 과거의 어떤 삶, 어떤 존재, 어떤 거주처에서도 수행자 또는 사제에게 다가가 낱낱이 질문하였다. '어른이시여, 어떤 것이 선이며 어떤 것이 선이 아닙니까. 어떤 것이 허물이 있으며 어떤 것이

・・・・・・・・・・・・
16) 32상 중 제12의 특징에 대한 것이다.

허물이 없습니까. 어떤 것을 실천해야 하며 어떤 것을 실천해서는 안됩니까. 어떤 것이 긴밤 동안 이익은 없고 괴로움만 있는 행위입니까. 어떤 것이 긴밤 동안 이익과 즐거움이 있는 행위입니까.' 등을 질문하였다. 구도자는 그 업으로 말미암아 하늘 세상에 태어났고 다시 이 세상에 와서 위대한 사람의 특징을 얻었다. 곧 피부가 섬세한 것이니, 피부가 섬세하여 먼지, 땀이 몸에 묻지 않았다.

그러한 특징을 갖춘 자는 만약 집에서 거주한다면 법다운 정법 통치왕이 될 것이다. 왕이 되면 무엇을 얻는가. 위대한 지혜를 갖추니 애욕을 누리는 자 가운데서 어떤 자도 지혜에 있어 그와 같지 못하여 그가 최승이다. 왕이 되면 이것을 얻는다. 그러나 만일 출가하면 세상의 덮힌 것을 벗겨내는 동등하며 바르고 원만하게 깨달은 붓다가 된다. 붓다가 되면 어떤 것을 얻는가. 위대하고, 다양하고, 밝고, 빠르고, 예리하고, 꿰뚫는 지혜를 갖춘다. 모든 중생 가운데서 지혜에 있어 어떤 자도 그와 같지 않아서 그가 최고이다. 붓다가 되면 이것을 얻는다."

그 의미를 붓다께서는 (게송으로) 설하셨다.

20 "옛날 옛적 예전의 삶들에서
알고자 하여 질문하는 자이었다.
수행자들(의 답)을 듣고자 하였고 (그들을) 존경하였다.
의미를 아는 자는 의미를 지닌 이야기에 주의를 기울였다.
지혜를 얻게 하는 업을 지어서
사람이 되었을 때 섬세한 피부를 갖추었다.
미래의 일을 알아맞히는 관상가가 예견하였다.

'섬세한 뜻을 확실히 본다.'라고.
만약 그가 출가하지 않는다면
대지에 바퀴를 굴리어 다스린다.
그 뜻을 배우러 그에게 모인 자들 가운데서
그보다 뛰어나거나 같은 자는 없다.
만약 그가 출가한다면 욕심에서 벗어나길 좋아하고
주의깊은 눈을 가진 그가 (출가한다면)
최상의 탁월한 지혜를 얻는다.
뛰어나고 넓고 지적인 그는 깨달음을 얻는다."

(13) 황금빛 피부색[17]

21 "제자들아, 지금 그렇게 온 붓다인 나는 전생에 사람이었을 때 과거의 어떤 삶, 어떤 존재, 어떤 거주처에서도 화내지 않으며, 혼란함이 적으며, 많은 것을 들을 때도 분노하지 않고, 흔들리지 않고, 성내지 않고, 완고하지 않았다. 흔들림과 분노와 불만스러움을 드러내지 않았다. 섬세하고 부드러운 깔개와 외투를 제공하였고 섬세한 아마포, 무명천, 비단천, 양모로 된 천을 (필요한 자에게) 보시하였다. 구도자는 그 업으로 말미암아 하늘 세상에 태어났고, 다시 인간 세상에 와서 위대한 사람의 특징을 얻었다. 곧 피부빛이 황금빛으로 금을 닮은 것이다.

그러한 특징을 갖춘 자는 집에서 거주한다면 법다운 정법통치 왕이 된다. 왕이 되면 무엇을 얻는가. 섬세하고 부드러운 깔개와

---

17) 32상 중 제11의 특징에 대한 것이다.

외투를 얻고 섬세한 아마포, 무명천, 비단천, 양모로 된 천을 얻는다. 왕이 되면 이것을 얻는다. 그러나 만일 출가한다면 세상의 덮힌 것을 벗겨내는 동등하며 바르고 원만하게 깨달은 붓다가 된다. 붓다가 되면 이것을 얻는다."

그 의미를 붓다께서는 (게송으로) 설하셨다.

22 "화내지 않음을 수행하였고 보시를 베풀었으며
피부에 잘 (맞는) 섬세한 옷을 (제공하였다.)
더 먼 과거의 삶에서는 수라신이 이 땅에
비를 내리는 것처럼 베풀었다.
그 업을 실천하여 잘 지은 하늘의 과보를 경험한 뒤
그곳에서 죽어서 (이 세상에) 태어났다.
더욱 뛰어난 신들의 왕과 같이
이 세상에서 금빛 몸을 닮게 된다.
집에 머물러 출가하지 않을 경우는
원한다면 대지를 다스리게 된다.
이 세상에서 일곱 보배를 반드시 얻게 된다.
깨끗하게 때 없고 섬세한 피부를 얻게 된다.
만일 집 없는 상태에 이른다면
덮개와 옷과 최상의 외투가 있을 것이다.
과거에 지었던 것의 결과를 경험하니
지었던 것은 결코 허무하지 않은 것이다."

(14) 음경이 덮개에 싸임[18]

23 "제자들아, 지금 그렇게 온 붓다인 나는 전생에 사람이었을 때 과거의 어떤 삶, 어떤 존재, 어떤 거주처에서도 사람들을 만나게 하였다. 오랫동안 잃어버렸던, 너무 오랫동안 떨어져 살았던 친척, 친구, 동료들을 함께 만나게 하였다. 어머니를 아들과 만나게 하고, 아들을 어머니와 만나게 하였다. 아버지를 아들과 만나게 하고, 아들을 아버지와 만나게 하였다. 형제와 형제를 만나게 하고, 형제와 자매를 만나게 하고, 자매와 형제를 만나게 하고, 자매와 자매를 만나게 하였다. 서로 만나게 한 뒤 구도자는 그것을 매우 기뻐하였다. 구도자는 그 업으로 말미암아 하늘 세상에 태어났고 다시 이 세상에 와서 위대한 사람의 특징을 얻었다. 곧 음경이 덮개에 쌓여 있는 것이다.

그러한 특징을 갖춘 자는 집에서 거주한다면 법다운 정법통치 왕이 된다. 왕이 되면 무엇을 얻는가. 많은 아들을 얻는다. 영웅이며, 인드라 신과 같은 팔다리를 지니고 있으며 능히 적군을 쳐부술 만한 아들을 천 명 넘게 얻는다. 왕이 되면 이것을 얻는다. 만일 출가한다면 세상의 덮힌 것을 벗겨내는 동등하며 바르고 원만하게 깨달은 붓다가 된다. 붓다가 되면 무엇을 얻는가. 많은 아들을 얻는다. 영웅이며, 인드라 신과 같은 팔다리를 지니고 있으며 능히 적군을 쳐부술 만한 아들[19]을 수천 명 얻는다. 붓다가

●●●●●●●●●●●●●●●
18) 32상 중 제10의 특징에 대한 것이다.
19) 인도 전통의 Brahmanism에서는 사제계급(Brāhmaṇa Caste)을 '梵口所生'이라 하여 Brahman 神의 최상의 자식(putta)으로 보고 있다.

되면 이것을 얻는다."
그 의미를 붓다께서는 (게송으로) 설하셨다.

24 "옛날 옛적 예전의 삶들에서
오랫동안 잃어 버렸고 오랫동안 떨어져 있던
친척, 친구, 동료들을 만나게 하였다.
만나게 한 뒤에 매우 기뻐하였다.
구도자는 그 업으로 말미암아 하늘의
즐거움과 유희를 즐거이 경험하였다.
그곳에서 죽어 다시 이 세상으로 온 구도자는
덮개에 싸인 음경을 소유한다.
그런 자에게는 아들이 많으니
스스로에게서 난 아들이 천 명이 넘는다.
영웅이며, 인드라 신과 같으며 적을 격파하는 (아들이 천 명이다.)
집에 있는 그에게 (아들들은) 기쁨을 일으키고 사랑스런 말을 한다.
출가하여 사는 자에게는 더 많은
아들들이 있어 말씀을 기억하고 있다.
집에 있거나 출가하거나
그 특징은 그러한 뜻으로 빛나고 있다."

●●●●●●●●●●●●●

이에 대해 고타마 붓다는 자신의 법을 닦는 제자들을 '佛口所生'이리 하여 붓다의 자식임(putta)을 대응적으로 선언하신 바 있다.
그래서 팔리어에서는 'Sakya-putta'라고 할 때는 '석가족·출신자'를 말하지만 'Sa-kya-puttiya'라고 할 때는 석가모니 붓다의 자식 곧 고타마 붓다의 제자를 뜻하는 것으로 쓰이는 것이다. 즉, 여기서의 아들은 출가 수행하는 제자들을 말한다.

― 제 일 송분[20] 끝 ―

(15), (16) 니그로다 나무의 균형과 두 손바닥이 무릎을 만짐[21]
25 "제자들아, 지금 그렇게 온 붓다인 나는 전생에 사람이었을 때 과거의 어떤 삶, 어떤 존재, 어떤 거처에서도 사람들을 알맞게 대하였다. 많은 군중이 모여 있는 것을 살펴본 뒤 자신과 같은 사람을 알았고 자신과 다른 사람을 알았다. 이 사람은 이것이 온당하다. 저 사람은 저것이 온당하다라고 알아서 곳곳에서 그 사람의 (처지와) 차이에 맞게 대하였다. 구도자는 그 업으로 말미암아 하늘 세상에 태어났고 다시 이 세상에 와서 위대한 사람의 특징 두 가지를 얻는다. 곧 (몸매가) 니그로다 나무처럼 균형 잡힌 것이며, 굽히지 않고 선 채로 두 손바닥이 무릎마디를 만지고 문지르는 것이다.

그러한 특징을 갖춘 자가 집에서 거주한다면 법다운 정법통치 왕이 될 것이다. 왕이 되면 무엇을 얻는가. 모든 것이 풍부하다. 재산이 많고, 누릴 것이 많고, 금과 은이 풍부하고, 재물이 풍부하고, 재산과 곡물이 풍부하고, 창고와 곳간이 가득 차게 된다. 왕이 되면 이것을 얻는다. 그러나 만일 출가한다면 세상의 덮힌 것을 벗겨내는 동등하며 바르고 원만하게 깨달은 붓다가 된다. 붓다가 되면 무엇을 얻는가. (모든 것이) 풍부하니 재산이 많고

● ● ● ● ● ● ● ● ● ● ●

20) 송분(誦分, bhāṇavāra) : 암송 또는 낭송을 목적으로 일정하고 적절한 양의 구분을 세운 것이다. 한 번 낭송하기에 적절한 양으로 생각해도 좋다. 이러한 송분이 철저하게 적용된 것은 한역 4아함 중 中阿숨이다.
21) 32상 중 제9, 제19의 특징에 대한 것이다.

누릴 것이 많다. 그에게는 이러한 재산이 있다. 곧 믿음의 재산, 계율의 재산, 부끄러움의 재산, 미안함의 재산, 들음의 재산, 보시의 재산, 지혜의 재산이다. 붓다가 되면 이것을 얻는다."

그 의미를 붓다께서는 (게송으로) 설하셨다.

26 "재어 보고 조사하고 사유하면서,
많은 군중 모인 것을 살펴본 그는
과거에는 곳곳에서 온당함 따라,
그 사람의 차이에 맞춰 대했다.
그곳에서 이 세상에 태어나서는,
굽히지 않고 두 손으로 무릎 만진다.
나무처럼 (몸매) 균형 잘 잡혔으니,
잘 지은 업 그 과보가 남았기 때문.
모습 보고 점을 치는 관상가들이
고귀하신 분이라고 모두 답했다.
뛰어난 그 동자가 집에 산다면
그에 맞는 온갖 재산 두루 얻는다.
세상에서 이 땅의 주인이 되어
애욕의 거사들이 많이 모인다.
그러나 세상 애욕 모두 버리면
최고 최상 궁극의 재산 얻는다."

(17)~(19) 상반신이 사자와 같음 등[22]

27 "제자들아, 지금 그렇게 온 붓다인 나는 전생에 사람이었을 때 과거의 어떤 삶, 어떤 존재, 어떤 거주처에서도 많은 사람의 이익을 원하였고, 도움되길 원하였고, 편안하길 원하였고, 수행에 의한 안온함을 원하였다. 어떻게 하면 이들이 믿음에 의해 번창할 수 있을까하며 그들의 번창함을 원하였다. 아울러 어떻게 하면 이들이 계율에 의해 번창하고, 학문에 있어 번창하고, 보시에 의해 번창하고, 법에 의해 번창하고, 지혜에 의해 번창하고, 재산과 곡식에 있어 번창하고, 밭과 택지에 있어 번창하고, 두 발 짐승과 네 발 짐승에 있어 번창하고, 처자에 의해 번창하고, 노예와 일꾼에 의해 번창하고, 친척에 의해 번창하고, 친구에 의해 번창하고, 친족에 의해 번창할 수 있을까하며 그들의 번창함을 원하였다. 구도자는 그 업으로 말미암아 하늘 세상에 태어났다. 그뒤 이 세상에 와서 위대한 사람의 특징 세 가지를 얻었다. 곧 상반신이 사자와 같고 어깨의 홈이 메워져 있고 어깨가 둥글다.

그러한 특징을 갖춘 자는 집에서 거주한다면 법다운 정법통치 왕이 될 것이다. 왕이 되면 무엇을 얻는가. 쇠퇴하는 것이 결코 없다. 재산과 곡물이 쇠퇴하지 않고, 밭과 택지, 두 발 짐승과 네 발 짐승, 처자, 노비와 일꾼, 친척, 친구, 친족이 쇠퇴하지 않고, 성취한 모든 것이 쇠퇴하지 않는다. 왕이 되면 이것을 얻는다. 그러나 만일 출가한다면 세상의 덮힌 것을 벗겨내는 동등하며 바르고 원만하게 깨달은 붓다가 된다. 붓다가 되면 무엇을 얻는가. 쇠

---

22) 32상 중 제17, 제18, 제20의 특징에 대한 것이다.

퇴하는 것이 결코 없다. 믿음, 계율, 학문, 보시, 지혜가 쇠퇴하지 않고 모든 것이 쇠퇴하지 않는다. 붓다가 되면 이것을 얻는다."
 그 의미를 붓다께서는 (게송으로) 설하셨다.

28 "믿음과 계율과 학문과 깨달음과
 보시와 법과 많은 훌륭한 것에서
 재산과 곡물과 밭과 택지와
 아들과 부인과 네 발 짐승에 있어서
 친척과 친구와 친족과
 힘과 아름다움과 즐거움 등에서도
 다른 사람들의 번창함을 늘 원하였고
 (스스로의) 이익에는 오히려 둔하길 원하였다.
 그는 상반신이 사자와 같이 잘 생겼고
 어깨가 둥글고 어깨의 홈이 메워졌다.
 과거에 잘 행하고 잘 지은 업으로 말미암아
 그의 과거의 모습은 줄어듦이 없다.
 집에 있다면 곡물과 재산이 늘어나고
 처자와 네 발 짐승이 늘어난다.
 어떤 것도 없이 출가한다면
 더 이상 없는 깨달음을 반드시 얻는다."

(20) 미각의 예민함이 최고도임[23]

29 "제자들아, 지금 그렇게 온 붓다인 나는 전생에 사람이었을 때 어떤 삶, 어떤 존재, 어떤 거주처에서도 그 성품이 중생을 해롭히지 않는 성품이었다. 손으로도 흙덩이, 매, 칼 등으로도 해롭게 하지 않았다. 구도자는 그 업으로 말미암아 하늘 세상에 태어났다. 그 뒤 이 세상에 와서 위대한 사람의 특징을 얻는다. 곧 미각의 예민함이 최고도이어서 혀끝에서 맛본 것이 목에서부터 (그 맛이) 일어나 모든 곳으로 확산되는 것이다.

그러한 특징을 갖춘 자는 집에서 거주한다면 법다운 정법통치 왕이 된다. 왕이 되면 무엇을 얻는가. 병환이 적고 질병이 적으니 소화를 잘 시키고, 너무 춥지도 않고, 너무 덥지도 않은 장기를 갖춘다. 왕이 되면 이것을 얻는다. 그러나 만일 출가한다면 세상의 덮힌 것을 벗겨내는 동등하며 바르고 원만하게 깨달은 붓다가 된다. 붓다가 되면 무엇을 얻는가. 병환이 적고 질병이 적으니 소화를 잘 시키고, 너무 춥지도 않고, 너무 덥지도 않으며, 정진과 인내에 알맞은 장기를 갖춘다. 붓다가 되면 이것을 얻는다."

그 의미를 붓다께서는 (게송으로) 설하셨다.

30 "손, 칼, 매, 흙덩이, 죽음
　살인, 살육, 위협, 그 어떤 것으로도
　결코 남을 해치지 않았다.
　그리하여 구도자는 좋은 거취에 가서 기뻐했다.

●●●●●●●●●●
23) 32상 중 제21의 특징에 대한 것이다.

즐거운 업에 의해 즐거운 과보를 소유한 것이다.
원만한 식사에 의해 맛의 전달자가 혀에 생겼다.
그리하여 이 세상에 와서 최고도로 예민한 미각을 얻는다.
매우 고상하고 주의깊은 눈을 가진 (관상가들)이 그것을 두고
'이 사람은 즐거움이 많을 것이다.'라고 (예견하였다.)
집에 거주하든 출가를 하든
그 특징은 그러한 뜻으로 빛나고 있다."

(21), (22) 푸른 눈과 긴 속눈썹[24]

31 "제자들아, 지금 그렇게 온 붓다인 나는 전생에 사람이었을 때 과거의 어떤 삶, 어떤 존재, 어떤 거주처에서도 오염되지 않았고 독이 쌓여 있지 않았고 분별하며 보지 않았다. 솔직하고 진실되게 곧은 뜻을 일으켰고 사랑스러운 눈으로 많은 사람을 바라보았다. 구도자는 그 업으로 말미암아 하늘 세상에 태어났고 그 뒤 이 세상에 와서 위대한 사람의 특징 두 가지를 얻었다. 곧 눈이 매우 푸르렀고, 속눈썹이 어린 암소의 속눈썹처럼 매우 길었다.

그러한 특징을 갖춘 자가 집에서 거주한다면 법다운 정법통치 왕이 된다. 왕이 되면 무엇을 얻는가. 사랑을 얻게 되니, 많은 사람의 사랑을 받는 자가 되고 뜻에 맞는 자가 된다. 시읍과 지방의 사제와 거사 재무대신, 왕의 경호원, 문지기, 신하, 벗 속국의 왕, 주요한 영주, 왕족의 동자들에게 사랑받는 자이며 뜻에 맞는 자가 된다. 왕이 되면 이것을 얻는다. 그러나 만일 출가한다면 세

● ● ● ● ● ● ● ● ● ●

24) 32상 중 제29, 30의 특징에 대한 것이다.

상의 덮힌 것을 벗겨내는 동등하며 바르고 원만하게 깨달은 붓다가 된다. 붓다가 되면 무엇을 얻는가. 사랑을 얻게 된다. 많은 사람의 사랑을 받는 자가 되고 뜻에 맞는 자가 된다. 남제자, 여제자, 남신자, 여신자, 천신, 인간, 아수라, 용, 건달바 등의 사랑을 받는 자이며 뜻에 맞는 자가 된다. 붓다가 되면 이것을 얻는다."

그 의미를 붓다께서는 (게송으로) 설하셨다.

32 "오염된 채, 독에 쌓인 채 따지면서 보지 않았다.
솔직하고 진실되게 뜻을 곧게 일으켜
사랑스런 눈으로 사람들을 보았다.
구도자는 선한 거취에서 그 과보를
경험했고 그곳에서 기뻐했다.
이 세상에 와서 암소와 같은 속눈썹을 지녔고
매우 푸른 눈을 지니어 밝게 보는 자가 되었다.
숙련되고, 고상하고, 모습을 알아맞히고
눈이 섬세하고, 착한 많은 (관상)가들이
'그는 사랑을 받는 자이다.'라고 잘 해석했다.
집에 있더라도 사랑스러워 많은 사람의 사랑을 받는다.
집에 있지 않고 수행자가 된다면
슬픔을 소멸하고 많은 (존재)의 사랑을 받게 된다."

(23) 머리의 육계[25]

33 "제자들아, 지금 그렇게 온 붓다인 나는 전생에 사람이었을 때 과거의 어떤 삶, 어떤 존재, 어떤 거주처에서도 선한 법들에서 많은 사람들의 앞장을 섰다. 몸으로 선을 행하고, 말이 선하고, 뜻이 선하고, 보시를 베풀고, 계율을 지니고, 포살에 들고, 어머니를 모시고, 아버지를 모시고, 수행자를 모시고, 사제를 모시고, 가정에서 연장자를 우러렀다. 그외 여러 가지 선한 법들에서 많은 사람들의 앞장을 섰다. 구도자는 그 업으로 말미암아 하늘 세상에 태어났고 그 뒤 이 세상에 와서 위대한 사람의 특징을 얻었다. 곧 머리에 육계가 있다.

　그러한 특징을 갖춘 자는 집에서 거주한다면 법다운 정법통치 왕이 된다. 왕이 되면 무엇을 얻는가. 많은 사람이 그를 따르게 된다. 시읍과 지방의 사제와 거사, 재무대신, 왕의 경호원, 문지기, 신하, 벗, 속국의 왕, 주요한 영주, 왕족의 동자들이 그를 따른다. 왕이 되면 이것을 얻는다. 그러나 만일 출가한다면 세상의 덮인 것을 벗겨내는 동등하며 바르고 원만하게 깨달은 붓다가 된다. 붓다가 되면 무엇을 얻는가. 많은 생명이 그를 따른다. 남제자, 여제자, 남신자, 여신자, 천신, 인간, 아수라, 용, 건달바들이 그를 따른다. 붓다가 되면 이것을 얻는다."

　그 의미를 붓다께서는 (게송으로) 설하셨다.

34 "선행에서 앞장섰고 법에 따라 실천했다.

---

25) 32상 중 제32 특징에 관한 것이다.

많은 사람이 그를 따랐고 여러 하늘에서 복된 결과를 받았다.
선행의 결과를 누린 뒤에 이 세상에 왔다.
여기에 와서 머리의 육계를 얻었다.
상과 모습을 맞히는 (관상가)들이
'그가 많은 사람의 앞장을 서리.'라고 예견하였다.
과거처럼 지금도 많은 사람들이
그에게 봉사하며 받들고 있다.
왕족으로서 땅의 주인이 된다면
많은 사람들에게서 보답을 받는다.
만일 그가 출가한다면 여러 법을 정통하고 실천할 것이다.
많은 생명들을 가르치며 그것을 덕이라 여겨 좋아하니
많은 생명들이 그를 따르게 된다."

(24), (25) 구멍마다의 털과 눈썹 사이의 흰털[26]

35 "제자들아, 지금 그렇게 온 붓다인 나는 전생에 사람이었을 때 과거의 어떤 삶, 어떤 존재, 어떤 거주처에서도 거짓말을 금하여 멀리하고 있었다. 진실을 말하고, 진실과 함께 하고, 확고하고, 기댈 만하고, 세상을 속이지 않았다. 구도자는 그 업으로 말미암아 하늘 세상에 태어났고 그 뒤 이 세상에 와서 위대한 사람의 특징 두 가지를 얻었다. 곧 털구멍마다 하나의 털이 나 있고, 두 눈썹 사이의 흰털이 부드러운 솜털을 닮았다.

그러한 특징을 갖춘 자는 집에서 거주한다면 법다운 정법통치

●●●●●●●●●●●●●●
26) 32상 중 제13, 제31의 특징에 관한 것이다.

왕이 된다. 왕이 되면 무엇을 얻는가. 많은 사람들이 동행한다. 시읍과 지방의 사제와 거사, 재무대신, 왕의 경호원, 문지기, 신하, 벗, 속국의 왕, 주요한 영주, 왕족의 동자들이 동행한다. 왕이 되면 이것을 얻는다. 그러나 만일 출가한다면 세상의 덮힌 것을 벗겨내는 동등하며 바르고 원만하게 깨달은 붓다가 된다. 붓다가 되면 무엇을 얻는가. 많은 생명이 동행한다. 남제자, 여제자, 남신자, 여신자, 천신, 인간, 아수라, 용, 건달바들이 동행한다. 붓다가 되면 이것을 얻는다."

그 의미를 붓다께서는 (게송으로) 설하셨다.

36 "과거의 삶들에서 진실만을 인정하고
두 말을 하지 않고 거짓을 피하였다.
그는 누구도 속이지 않았고
있는 대로 사실대로 진실대로 말하였다.
흰, 매우 흰 부드러운 솜털을 닮은
흰털이 두 눈썹 사이에 잘 자라나 있었다.
털 구멍 하나에 두 개(의 털)이 나 있지 않았으니
한 구멍마다 하나의 털이 자라나 있었다.
특징을 알고 앞 일의 징조를 알아맞히는
많은 (관상가)들이 그것에 대해 예견하였다.
흰털과 (구멍의) 털들이 잘 자리잡은 것처럼
많은 사람들이 따르며 동행한다.
집에 있다 해도 많은 사람들이 동행하니
옛적에 지은 업에 말미암은 것이다.
아무 것도 없이 출가한다면

더 이상 없는 고요한 붓다를 이루니
많은 생명들이 그를 따라 동행한다."

(26), (27) 40개의 치아와 가늘지 않은 치아[27)]

37 "제자들아, 지금 그렇게 온 붓다인 나는 전생에 사람이었을 때 과거의 어떤 삶, 어떤 존재, 어떤 거주처에서도 험담을 금하여 멀리하였다. 이쪽에서 듣고 이쪽 사람과 헤어지도록 저쪽에다 말하지는 않았으며, 저쪽에서 듣고 저쪽 사람과 헤어지도록 이쪽에다 말하지도 않았다. (오히려) 헤어진 자들을 모이게 하고 모인 자들을 북돋웠으니 화합을 즐기고 화합을 즐거워하고 화합을 기뻐하고 화합시킬 수 있는 말을 하였다. 구도자는 그 업으로 말미암아 하늘 세상에 태어났다. 그 뒤 이 세상에 와서 위대한 사람의 특징 두 가지를 얻었다. 곧 40개의 치아와 가늘지 않은 치아를 얻었다.

그러한 특징을 갖춘 자는 집에서 거주한다면 법다운 정법통치왕이 된다. 왕이 되면 무엇을 얻는가. 대중들이 부서지지 않는다. 시읍과 지방의 사제와 거사, 재무대신, 왕의 경호원, 문지기, 신하, 벗, 속국의 왕, 주요한 영주, 왕족의 동자들로 된 그의 대중은 부서지지 않는다. 왕이 되면 이것을 얻는다. 그러나 만일 출가한다면 세상의 덮힌 것을 벗겨내는 동등하며 바르고 원만하게 깨달은 붓다가 된다. 붓다가 되면 무엇을 얻는가. 대중들이 부서지지 않는다. 남제자, 여제자, 남신자, 여신자, 천신, 인간, 아수라,

---

27) 32상 중 제23, 제25의 특징에 관한 것이다.

용, 건달바로 된 그의 대중은 부서지지 않는다. 붓다가 되면 이것을 얻는다."

그 의미를 붓다께서는 (게송으로) 설하셨다.

38 "파멸을 야기하고 모인 것을 흩어지게 하고
부서짐을 늘게 하고 논쟁을 만들고
싸움을 늘게 하고, 만들어서는 안 될 것을 만들게 하는
그러한 말을 하지 않았다.
논쟁을 늘지 않게 하고 오래 지속하게 하고
부서진 것을 모이게 만드는 그러한 말을 하였다.
비로소 기뻐하고 즐거워했다.
그 과보로 말미암아 선한 거취에서 기뻐하였다.
그의 입에는 40개(의 치아)가 잘 자리잡았다.
왕족으로서 땅의 주인이 된다면
그의 대중은 부서지지 않는다.
먼지와 얼룩을 떠난 수행자가 된다면
그의 대중은 흔들리지 않게 된다."

(28), (29) 긴 혀와 범신의 음성[28]
39 "제자들아, 지금 그렇게 온 붓다인 나는 전생에 사람이었을 때 과거의 어떤 삶, 어떤 존재, 어떤 거주처에서도 거친 말을 금하여 멀리하였다. 티없고, 귀에 듣기 좋고, 정답고, 가슴에 와 닿

---

28) 32상 중 제27, 제28의 특징에 관한 것이다.

고, 점잖고, 많은 사람이 사랑하고, 많은 사람의 뜻에 맞는 그러한 말을 하였다. 구도자는 그 업으로 말미암아 하늘 세상에 태어났고 그 뒤 이 세상에 와서 위대한 사람의 특징 두 가지를 얻었다. 곧 긴 혀를 지녔고, 음성은 범신과 같아 인도 뻐꾸기처럼 말하였다.

  그러한 특징을 갖춘 자는 만약 집에서 거주한다면 법다운 정법 통치왕이 된다. 왕이 되면 무엇을 얻는가. 환영받는 말을 하는 자가 된다. 시읍과 지방에 있는 사제와 거사, 재무대신, 왕의 경호원, 문지기, 신하, 벗, 속국의 왕, 주요한 영주, 왕족의 동자들이 그의 말을 마음으로 받아들이게 된다. 왕이 되면 이것을 얻는다. 그러나 만일 출가한다면 세상의 덮힌 것을 벗겨내는 동등하며 바르고 원만하게 깨달은 붓다가 된다. 붓다가 되면 무엇을 얻는가. 하는 말씀마다 환영을 받는다. 남제자, 여제자, 남신자, 여신자, 천신, 인간, 아수라, 용, 건달바들이 그의 말을 마음으로 받아들이게 된다."

  그 의미를 붓다께서는 (게송으로) 설하셨다.

40 "욕설과 반목과 해침을 야기하고
    많은 사람을 파멸하고 부숴버리는
    거친 말을 그는 결코 하지 않았다.
    강압적이지 않고 부드럽고 좋고 친절한 말만을 하였다.
    마음에 들고 사랑스럽고 가슴에 와 닿고
    귀에 듣기 좋은 말만을 하였다.
    선한 말을 하였기에 그 과보를 받아
    여러 하늘에서 복된 결과를 누렸다.

다시 이 세상에 와서 선행의 결과로서
범신의 음성과 방대하고 넓은 혀를 얻었다.
그리하여 그의 말은 마땅히 환영받을 말뿐이다.
집에 산다해도 말하는 대로 축복받으며
출가한다면 사람들이 그 말을 마음으로 받아들인다.
그가 말한 모든 것을 대단히 중시하기 때문이다."

(30) 턱이 사자와 같음[29]

41 "제자들아, 지금 그렇게 온 붓다인 나는 전생에 사람이었을 때 과거의 어떤 삶, 어떤 존재, 어떤 거주처에서도 쓸데없는 말을 금하여 멀리하였다. 때를 맞추어 말하고, 있었던 것을 말하고, 이익되는 말을 하고, 법을 말하고, 계율을 말하였다. 그리고 아량있고 합리적이고 한계가 분명하고 의미를 갖춘 말을 때에 맞추어 말하였다. 구도자는 그 업으로 말미암아 하늘 세상에 태어났고 다시 이 세상에 와서 위대한 사람의 특징을 얻었다. 곧 턱이 사자와 같다.

그러한 특징을 갖춘 자는 만약 집에서 거주한다면 법다운 정법통치왕이 된다. 왕이 되면 무엇을 얻는가. 적이나 원수 등 어떤 인간에 의해서도 무너지지 않는다. 왕이 되면 이것을 얻는다. 그러나 만일 출가한다면 세상의 덮힌 것을 벗겨내는 동등하며 바르고 원만하게 깨달은 붓다가 된다. 붓다가 되면 무엇을 얻는가. 안팎의 어떤 원수나 적에 의해서도 무너지지 않으니 탐착, 진에, 치

---

29) 32상 중 제22의 특징에 관한 것이다.

암, 수행자, 사제, 천신, 범신, 마신 등 세상의 어떤 존재에 의해서도 무너지지 않는다. 붓다가 되면 이것을 얻는다."
그 의미를 붓다께서는 (게송으로) 설하셨다.

42 "실없는 말이 없었고 우둔함이 없었다.
말하는 방법이 일관성을 지녔다.
이익되지 않은 말은 부수어 버렸고
많은 사람에게 이익이 되고 즐거움이 되는
오직 그러한 말을 하였다.
그 업으로 말미암아 하늘에 태어나
선행의 과보를 한껏 누리었다.
다시 죽어 이 세상에 왔을 때는
네 발 동물보다 더 뛰어난 턱을 얻었다.
왕이 된다면 결코 무너지지 않으니
인간의 주인이자 인간의 임금으로서 큰 위엄을 갖춘다.
수라 신보다 뛰어난 인드라 신과 같은 몸을 얻는다.
뛰어난 33천의 천신들과 같은 몸을 얻는다.
(만일 출가한다면) 건달바, 아수라, 야차, 나찰,
그리고 수라 신에 의해서도 무너지지 않는다.
(출가하여 붓다가 된다면) 어느 곳의 누구에 의해서도
무너지지 않는다."

(31), (32) 고른 치아와 매우 흰 치아[30]

43 "제자들아, 지금 그렇게 온 붓다인 나는 전생에 사람이었을 때 과거의 어떤 삶, 어떤 존재, 어떤 거주처에서도 잘못된 생활을 금하여 바른 생활로 삶을 꾸려나갔다. 가짜 저울을 사용하고, 돈을 위조하고, 칫수를 속이고, 뇌물을 받고, 기만하고, 사기를 치고, 부정한 짓을 하고, 상처를 입히고, 살인하고, 구속하고, 강도짓하고, 강탈하고, 폭력을 행사하는 등의 나쁜 짓을 멀리하였다. 구도자는 (전생에) 나쁜짓을 멀리하고 좋은 업만을 짓고, 모으고, 쌓고, 방대하게 한 까닭에 몸이 부서져 죽은 뒤 좋은 거취인 하늘 세상에 태어났다. 구도자는 그곳에서 열 가지 경우에 있어 다른 천신들보다 뛰어났다. 하늘에서의 수명, 용모, 즐거움, 명성, 지고한 권한, 색, 소리, 냄새, 맛, 촉감 등이 뛰어났다. 구도자는 그곳에서 죽은 뒤 이 세계에 왔고 위대한 사람의 특징을 얻었다. 즉, 고른 치아와 매우 흰 치아를 얻었다.

이러한 특징을 갖춘 사람이 만약 집에서 산다면 법다운 정법통치왕이 된다. 왕이 되면 무엇을 얻는가. 그의 권속들이 청정하다. 시읍과 지방의 사제와 거사, 재무대신, 왕의 경호원, 문지기, 신하, 벗, 속국의 왕, 주요한 영주, 왕족의 동자들이 그의 권속들인데 그들은 모두 청정하다. 왕이 되면 이것을 얻는다.

그러나 만일 출가한다면 세상의 덮힌 것을 벗겨내는 바르고 원만하게 깨달은 붓다가 된다. 붓다가 되면 무엇을 얻는가. 그의 권속들이 청정하다. 남제자, 여제자, 남신자, 여신자, 천신, 인간,

──────────
30) 32상 중 제24, 제26의 특징에 관한 것이다.

아수라, 용, 건달바 등이 붓다의 권속들인데 그들은 모두 청정하다. 붓다가 되면 이것을 얻는다."

그 의미를 붓다께서는 (게송으로) 설하셨다.

44 "삿된 생활을 버렸고
바르고 청정하고 법다운 삶을 살았다.
이익되지 않은 것을 부수어 버렸고
많은 사람에게 이익되고 즐거움되는 것을 행하였다.
미묘한 현자들이 찬미할 업을 지어
즐거운 과보를 하늘에서 누렸다.
33천의 천신과 같이 뛰어난 몸을 갖추어
쾌락과 유희를 두루 즐겼다.
그곳에서 죽어 다시 선업의 과보로써
인간의 몸을 얻었다.
다시 남아 있는 선업의 과보로써
고르고 깨끗하고 매우 흰 치아를 얻었다.
고상하고 존경받는 관상가들이 그 (특징)을 예견하였다.
'새의 깃털처럼 희고 청정하고 빛나는 치아는
청정한 군중과 권속과 집단을 암시한다.'라고.
대지를 다스리는 왕이 되면
그 권속들이 모두 청정한 까닭에
강제로 그들을 억압할 필요가 없다.
그리하여 사람들에게는 이익과 즐거움이 가득 찬다.
만약 출가하여 수행자가 되면
악을 버리고 탐착을 누르고 덮힌 것을 벗겨낸다.

불안과 탐착을 제거하고
이 세상과 저 세상을 함께 본다.
재가, 출가의 많은 사람이 그의 충고에 힘입어
부정하고 비난받을 악을 떨쳐버린다.
그는 청정한 것으로 에워싸여 있으니
얼룩과 때와 황폐하고 검은 것을 타파했기 때문이다."

붓다께서는 이와 같이 설하셨다. (붓다의 말씀으로) 뜻을 알게 된 제자들은 붓다의 말씀에 매우 기뻐하였다.

— 3. 삼십이상 경 끝 —

4. 파사라시 경[1]
대자유를 얻고자[2] I

●●●●●●●●●●●●●

1) 4. 파사라시 경과 5. 보리왕자 경은 많은 부분이 일치한다. 두 경 모두 고타마 붓다의 구도자로서의 수행생활과 깨달음 및 진리의 설파를 소재로 하여 법을 설하기 때문이다. 그런데 수행생활에 있어서와 깨닫는 과정에 있어 다소 차이를 보이고 있는 까닭에 두 경을 모두 소개하고 있다.

 우선 『파사라시경』의 파사라시(Pāsārasi)는 '덫'이라는 말이다. 경의 말미에 덫의 비유가 있거니와 그것으로 경의 이름을 삼고 있는 것이다. 『파사라시경』은 중니카야 (Majjhima Nikāya) 제1권 제26경이다. P.T.S.판에서는 '성스러운 추구(Ariya-pariyesana)'라는 이름으로 실려있다. 한역 대응경으로서는 中阿含 204經 羅摩經〔大正藏 1. 75 下〕이 있다.

 『파사라시경』과 『보리왕자경』외에 고타마 붓다의 수행을 설하는 경으로는 중니카야 제1권 제36경 『대삿차카경(Mahāsaccaka sutta)』이 있다.

2) '고타마 붓다'의 四門遊觀이나 越城出家라는 극적인 장면이 팔리경장에서는 자세히 묘사된 것이 없다. 본경의 제8 단락에서 볼 수 있듯이 지극히 상식적인 모습의 출가가 잠시 언급될 뿐이다. 물론 비파씨 붓다의 4문유관은 『대본경』에서 자세히 읽을 수 있다.

 그런데 붓다의 출가에 앞서 반드시 자세히 언급해 주어야 할 것이 있다. 그것은 '농경제'에 참석한 사건이다. 여기서의 한 사건은 앞으로 붓다의 깨달음에 결정적인 영향을 끼치는 것으로 보인다.

1. 라마카 사제의 암자

1 이와 같이 내가 들었다. 한때에 붓다께서는 사밧티 시 외곽의 제타 숲에 있는 아나타핀디카 장자의 정원에서 지내셨다. 아침이 되어 붓다께서는 옷을 입고 발우와 법의를 들고 사밧티 시로 탁발하러 들어가셨다. 그리고 수많은 장로들은 아난다 장로에게로 갔다. 가서 아난다 장로에게 말하였다.

"벗 아난다여, 우리는 붓다로부터 직접 가르침을 들은 지가 오래 되었습니다. 벗 아난다여, 붓다의 면전에서 직접 가르침을 들을 수 있다면 참으로 좋겠습니다."

● ● ● ● ● ● ● ● ● ● ● ●

『수행본기경』에는 4문유관을 통해 道에 뜻을 두는 태자의 마음을 돌리려고 부왕은 신하들에게 자문을 구하는 대목이 있다.
"어떤 방법을 써야 장차 태자가 나가서 도를 닦지 않겠소."
"태자에게 농사짓는 것을 감독하게 하면서 그 뜻을 그곳에 두게 하면 도를 생각하지 않을 것입니다."
그리하여 쟁기와 소 그리고 시종들을 딸리어 밭에 올라가 감독하는 일을 맡겼다. 태자는 잠부 나무 아래 앉아서 밭갈이하는 것을 보았다. 그런데 흙덩이가 부서지면서 벌레가 나왔다. 이 벌레를 개구리가 나와서 잡아 먹었다. 그리고 뱀이 구멍으로부터 나와 그 개구리를 잡아 먹었고 매가 내려와서 그 뱀을 쪼아 먹었다. 이윽고 독수리가 날아와서 그 매를 움켜쥐며 잡아먹었다. 태자는 중생들이 점차로 서로가 잡아먹음을 보고서 한없이 가엾게 여겼다. 그는 문득 나무 아래서 선정의 첫단계를 얻었다. 이 때 햇빛이 강렬하였는데 잠부 나무는 그를 위해 가지를 굽혀주어 줄곧 그늘이 지게 하였다. 태자는 궁중으로 돌아와서 생각하였다.(…그리고 그날 출가의 결심을 하였다…) '도를 닦아야겠다. 그러려면 집에 있어서는 안 된다. 언제나 산과 숲에 살면서 힘써 연구하며 선정을 행하여야 한다.'
그때 태자비는 다섯 가지의 꿈을 꾸고서 갑자기 놀래며 깨어났다. 태자가 물었다 ……. 여기에서 보면 선정의 첫단계를 얻는 것이 나타나거니 이것은 붓다가 힘든 고행생활을 청산하고 독자적인 명상의 길로 나아가는데 결정적인 역할을 하는 것으로 보인다. 5. 보리왕자 경의 (바르고 원만한 깨달음을 얻으시다(2))를 참조할 것.

"그렇다면 벗들께서는 라마카라는 사제의 암자로 가보시오. 붓다의 면전에서 직접 가르침을 들을 수 있을 것입니다."

"벗이여, 그렇게 하겠습니다."라고 하며 그 제자들은 아난다 장로에게 응답하였다.

2 붓다께서는 사밧티 시에서 탁발을 하여 식사를 마치고 돌아오셨다. 그리고 아난다 장로를 불러 말씀하셨다.

"아난다야, 동쪽 정원으로 가서 미가라의 어머니가 바친 강당에서 낮동안 쉬도록 하자."

"예, 붓다시여."라고 하며 아난다 장로는 붓다의 말씀에 순응하였다. 그리하여 붓다께서는 아난다 장로와 함께 동쪽 정원에 있는 미가라 어머니의 강당으로 가서 낮 동안 쉬게 되었다. 붓다께서는 저녁이 되어 좌선으로부터 일어나서는 아난다 장로를 불러 말씀하셨다.

"아난다야, 동쪽 복도에 마련된 욕실로 가자. 몸을 씻어야겠다."

"예, 붓다시여."라고 하며 아난다 장로는 붓다께 순응하였다.

붓다께서는 아난다 장로와 함께 동쪽 복도에 마련된 욕실로 가서 몸을 씻으셨다. 동쪽 복도에 마련된 욕실에서 몸을 씻으시고 욕탕으로부터 나오셔서 옷을 하나만 입으시고 몸을 말리셨다. 그때 아난다 장로가 붓다께 아뢰었다.

"붓다시여, 가까운 곳에 라마카 사제의 암자가 있습니다. 그 암자는 즐길 만하고 볼 만합니다. 붓다께서는 저를 동정하시어 라마카 사제의 암자 쪽으로 가신다면 좋겠습니다."

붓다께서는 침묵으로 허락하셨다.

3 그리하여 붓다께서는 라마카 사제의 암자로 가셨다. 그때 수

많은 제자들이 그 암자에 모여 붓다의 가르침에 대하여 대화하고 있었다. 붓다께서는 문 밖에서 대화가 끝나기를 기다리셨다. 대화가 끝났을 때 붓다께서는 헛기침을 하고 문을 가볍게 두드리셨다. 그 제자들은 붓다께 문을 열어드렸다: 붓다께서는 라마카 사제의 암자로 들어가 준비된 자리에 앉으셨다. 그리고 제자들을 불러 말씀하셨다.

"제자들이여, 너희들은 어떤 이야기를 나누며 앉아 있었느냐. 너희들 사이에는 어떤 이야기가 진행 중이었느냐."

"깨달은 자인 붓다에 대하여 대화하고 있었습니다. 그때 붓다께서 도착하셨습니다."

"훌륭하다, 제자들이여. 진리에 대한 믿음을 가지고 출가한 너희들이 진리를 깨달은 붓다에 대하여 대화한다는 것은 바람직한 일이다. 제자들아, 너희들이 모였을 때는 단 두 가지를 해야 한다. 곧 붓다의 교법에 대한 대화와 거룩한 침묵이다."

2. 두 가지 추구

4 "제자들아, 두 가지 추구함이 있다. 성스러운 추구와 성스럽지 못한 추구이다."

(1) 성스럽지 못한 추구

5 "제자들아, 성스럽지 못한 추구는 어떤 것인가. 제자들아, 사

람은 반드시 태어난다.[3] 그런데도 오히려 스스로 태어나게 만드는 것만을 추구한다. 사람은 반드시 늙는다. 그런데도 오히려 스스로 늙게 만드는 것만을 추구한다. 사람은 반드시 병든다. 그런데도 오히려 스스로 병들게 만드는 것만을 추구한다. 사람은 반드시 죽는다. 그런데도 오히려 스스로 죽게 만드는 것만을 추구한다. 사람은 반드시 슬픔에 빠진다. 그런데도 오히려 스스로 슬픔에 빠지게 만드는 것만을 추구한다. 사람은 반드시 번뇌(의 늪)에 빠진다. 그런데도 오히려 스스로 번뇌롭게 만드는 것만을 추구한다.

제자들아, 반드시 태어나게 하는 것은 무엇인가. 제자들아, 아들과 딸이 태어나게 하는 것이며 남녀, 노비, 양, 염소, 닭, 돼지, 코끼리, 소, 숫말, 암말, 금과 은[4] 등의 애착물[5]이 태어나게 하는 것이다. 이런 것에 묶이고 심취되고 푹 빠져, 반드시 태어나는 존재이면서 오히려 스스로 태어나게 만드는 것만을 추구한다.

제자들아, 반드시 늙게 하는 것은 무엇이며, 병들게 하는 것은 무엇이며, 죽게 하는 것은 무엇이며, 슬픔에 빠지게 하는 것은 무엇인가. 제자들아, 아들과 딸이 늙게 하고, 병들게 하고, 죽게 하

● ● ● ● ● ● ● ● ● ● ● ● ●

3) 生法(jati-dhamma)을 옮긴 것이다. 法(dhamma)이란 말은 어떤 경우에 쓰이더라도 '필연성'을 기본의미로 한다. 여기서도 '태어남은 필연적이다'라는 의미가 生法의 의미이다. 그래서 '반드시 태어난다'로 옮겼다.
4) 팔리원전은 결코 생략을 시도하지 않고 늘 동일 문구를 반복한다. 암송으로 전승하기에 좋은 방법이다. 그러나 책(Photthaka, pustaka)으로 기록할 경우에는 동일 문구는 과감히 생략되어도 좋다고 본다. 본서는 필요한 경우 생략을 두려워하지 않았다.
5) Upadhi의 한글 옮김이다. 가까이(upa-) 둠(dhi)의 어원적 뜻을 지닌다. '가까이 두고 애착하는 대상'이라는 확대해석을 해보았다.

고, 슬픔에 빠지게 하는 것이며, 남녀, 노비, 양, 염소, 닭, 돼지, 코끼리, 소, 숫말, 암말, (금과 은)[6] 등의 애착물이 늙게 하고, 병들게 하고, 죽게 하고, 슬픔에 빠지게 하는 것이다. 이런 것에 묶이고 심취되고 푹빠져 반드시 늙고, 병들고, 죽고, 슬픔에 빠지게 되면서도 오히려 스스로 늙고, 병들고, 죽고, 슬픔에 빠지게 만드는 것만을 추구한다.

제자들아, 반드시 번뇌롭게 만드는 것은 무엇인가. 제자들아, 아들과 딸이 번뇌롭게 하는 것이며 남녀, 노비, 양, 염소, 닭, 돼지, 코끼리, 소, 숫말, 암말, 금과 은 등의 애착물이 번뇌롭게 하는 것이다. 이런 것에 묶이고 심취되고 푹 빠져 반드시 번뇌롭게 되면서도 오히려 스스로 번뇌롭게 만드는 것만을 추구한다. 제자들아, 이것이 성스럽지 못한 추구이다."

(2) 성스러운 추구

6 "그러면 제자들아, 성스러운 추구는 무엇인가. 제자들아, 어떤 사람은 스스로 반드시 태어나는 줄 알아 그것을 근심한다. 그리하여 태어남이 없는 수행에 의한 안락(상태)인 최상의 진리의 세계를 추구한다. 또 스스로 반드시 늙고, 병들고, 죽고, 슬픔에 빠지는 줄 알아 그것을 근심한다. 그리하여 늙음과 병듦과 죽음과 슬픔이 없는 수행에 의한 안락(상태)인 최상의 진리 세계를 추구한다. 또 스스로 반드시 번뇌롭게 되는 줄 알아 그것을 근심한다. 그리하여 번뇌가 없는 수행에 의한 안락(상태)인 최상의

---

6) 병·죽음·슬픔에는 금과 은이 빠진다.

진리의 세계를 추구한다. 제자들아, 이것이 성스러운 추구이다."

3. 구도자의 추구

7 "제자들아, 내가 아직 깨달음을 얻지 못해 붓다가 되기 전 구도자일 때의 일이었다. 나도 반드시 태어나야 하고, 반드시 늙고, 병들고 죽어야 하는 존재이고, 슬픔에 빠지고, 번뇌의 (늪)에 빠지게 될 존재이었다. 그런데도 오히려 태어나고, 늙고, 병들고, 죽게 만드는 것을 추구하였고 슬픔에 빠지게 하고 번뇌의 (늪)에 빠지게 하는 것을 추구하였다. 그리하여 나는 생각하였다. '나는 반드시 태어나고 늙고, 병들고, 죽고, 슬프고, 번뇌롭게 될 존재이면서 어떻게 오히려 태어나고, 늙고, 병들고, 죽고, 슬프고, 번뇌롭게 만드는 것만을 추구하고 있는가. 나는 결단코 태어남과 늙음과 병듦과 죽음과 슬픔과 번뇌가 없는 수행에 의한 안락상태인 최상의 진리의 세계를 추구해야겠다.'라고 (결의하였다.)
8 제자들아, 그때 나는 젊었었다. 머리는 새까맣었고 피끓는 청춘이었다. 욕심이란 없는 선하신 어머니, 아버지께서 얼굴 가득 눈물을 흘리시며 마다했지만 나는 머리와 수염을 깎고 법의를 입고 출가하였다.[7] 그리고 나는 선함을 구하였고 최상의 진리를 추

●●●●●●●●●●●●●
7) 드물게 나타난 출가의 장면이다. 이 장면에 입각할 경우 밤에 몰래 성을 빠져 나와 출가한다는 『수행본기경』 등의 내용과는 다소 차이가 있음을 느낄 수 있다. 오히려 정

구하였다.
 나는 알라라 칼라마라는 (종교 사상가)가 있는 곳으로 갔다. 가서 알라라 칼라마에게 말하였다.
 '칼라마여, 나는 당신이 가르치는 종교적 이론과 실천 속에서 수행을 하고 싶습니다.'[8)]
 '머물도록 하시오. 그리고 우선 이것부터 수행하시오. 이 가르침은 지혜로운 자라면, 오래 걸리지 않고 스승이 생각하는 바를 스스로 잘 알고 똑똑히 볼 수 있게 되는 그러한 가르침이오.'
 나는 정말 오래 걸리지 않고 재빨리 그 가르침의 경지를 얻었다. 실제로 나는 단지 입술을 움직이고 단순히 되풀이 하는 정도로써 그 가르침을 완전히 파악하였던 것이다. 나는 '알고 본다.'라고 선언하였고 다른 사람들도 인정해 주었다. 나는 생각하였다.
 ─알라라 칼라마는 이 정도를 가르침의 전부라고는 말하지 않았다. 그는 이 이상의 가르침을 분명히 지니고 있다.─
9 제자들아, 그리하여 나는 알라라 칼라마가 있는 곳으로 갔다. 가서 그에게 말하였다.
 '칼라마여, 당신이 스스로 잘 알고 똑똑히 보아서 가르치는 (최상의 경지는) 진정 무엇이오.'

● ● ● ● ● ● ● ● ● ● ●
당하게 부왕과 모후에게 출가를 선언하고 떠나는 모습을 그릴 수 있는 것이다. 결국 『수행본기경』 등의 출가에 대한 묘사는 경전 편찬자의 상징적인 의도를 고려하게 만든다 할 것이다.
8) 번쇄한 대화는 간략하게 줄여 표현했다. 그리고 '제자들아'하는 호격어도 적절히 생략했다.

그는 '어떤 것도 아님⁹⁾의 경지'를 선언하였다.
그때 나는 생각했다.
— 내가 지금껏 살펴 보았지만 알라라 칼라마에게는 나만큼의 믿음과 용기와 기억력과 삼매의 힘과 지혜는 없음에 틀림없다.¹⁰⁾ 나는 진리에 대한 믿음과 용기를 지니고 있으며 진리를 얻기 위한 기억력과 삼매의 힘과 지혜를 갖추고 있다. 그러므로 이 알라라 칼라마가 스스로 잘 알고 똑똑히 보아 가르치는 정도의 가르침이라면 반드시 나도 똑똑히 볼 수 있어야 한다. 자, 노력하도록 하자. —
나는 오래 걸리지 않고 재빨리 그 가르침의 전모를 스스로 잘 알고 똑똑히 보게 되었다.

10 제자들아, 나는 알라라 칼라마에게로 갔다. 가서 그에게 말하였다.
'칼라마여, 나는 이러 이러한 것을 스스로 잘 알고 똑똑히 보았음을 선언합니다.'
'벗이여, 나도 실로 그러한 것을 스스로 잘 알고 똑똑히 보고 있을 뿐입니다. 벗이여, 참으로 고마운 일이며 참으로 다행스런 일입니다. 우리가 당신 같은 청정한 수행자를 만나게 되었으니까

●●●●●●●●●●●●●●●

9) 無所有라고 흔히 번역되는 말이다. 원어는 ākiñcañña로서 'a-kiñcana-ya'로 분석된다. kiñcana는 '어떤 것 (whatever, whichever)'이라는 뜻을 지닌 부정대명사 (Indefinite Pronoun)이다. 여기에 'a-'라는 부정(否定, Negative)의 접두사를 더 하므로서 '어떤 것도 아니다'라는 뜻이 자연히 성립한다. 과연 무엇을 보고 '어떤 것도 아니다'라고 하는 것인지 깨달음의 대상이 될 만한 주제이다.
10) 여기도 문맥의 원활함을 위해 적절히 생략한 곳이다.

요. 당신이 알고 보는 것만큼 나도 알고 보며, 내가 알고 보는 것만큼 당신도 알고 봅니다. 당신 속에 있는 만큼 내 속에도 있고, 내 속에 있는 만큼 당신 속에도 있습니다. 그러니 벗이여, 우리 둘이서 이 집단을 지도해 나갑시다.'

이와 같이 알라라 칼라마는, 자신은 스승이고 나는 제자인 셈이었는데 나를 자신과 동등한 위치로 격상시켰고 훌륭한 대접을 베풀었던 것이다. 그러나 나는 생각했다.

─이 가르침의 내용인 아무 것도 없음의 경지로는 결코 싫어함과 탐착을 떠남과 멸함과 고요함과 수승한 앎과 원만한 깨달음과 진리의 세계에 이를 수 없다.─

이처럼 나는 그 가르침은 완전한 것이 못된다라고 판단하고 떠나갔다.

11 제자들아, 다시 선함을 구하고 최상의 진리를 추구하던 나는 웃다카 라마풋타라는 (종교 사상가)가 있는 곳으로 갔다. 가서 그에게 말하였다.

'라마여, 나는 당신이 가르치는 종교적 이론과 실천 속에서 수행을 하고 싶습니다.'

'머물도록 하시오. 그리고 우선 이것부터 수행하시오. 이 가르침은 지혜로운 자라면 오래 걸리지 않고 스승이 생각하는 바를 스스로 잘 알고 똑똑히 볼 수 있게 되는 그러한 가르침이오.'

나는 이번에도 정말 오래 걸리지 않고 재빨리 그 가르침의 경지를 얻었다. 실제로 나는 단지 입술을 움직이고 단순히 되풀이하는 정도로써 그 가르침을 완전히 파악하였던 것이다. 나는 '알고 본다.'라고 선언하였고 다른 사람들도 인정해 주었다. 나는 생각하였다.

―라마는 이 정도를 가르침의 전부라고는 말하지 않았다. 그는 이 이상의 가르침을 분명히 지니고 있다.―

12 제자들아, 그리하여 웃다카 라마풋타가 있는 곳으로 갔다. 가서 그에게 말하였다.

'라마여, 당신이 스스로 잘 알고 똑똑히 보아 가르치는 최상의 경지는 진정 무엇이오.'

그는 '생각도 아니고 생각아닌 것도 아님'[11]의 경지를 선언하였다.

그때 나는 생각하였다.

―내가 지금껏 살펴보았지만 라마에게는 나만큼의 믿음과 용기와 기억력과 삼매의 힘과 지혜는 없음에 틀림없다. 나는 진리에 대한 믿음과 용기를 지니고 있으며 진리를 얻기 위한 기억력과 삼매의 힘과 지혜를 갖추고 있다. 그러므로 이 라마가 스스로 잘 알고 똑똑히 보아 가르치는 정도의 가르침이라면 반드시 나도 똑똑히 볼 수 있어야 한다. 자, 노력하도록 하자.―

나는 오래 걸리지 않고 재빨리 그 가르침의 전모를 스스로 잘 알고 똑똑히 보게 되었다.

13 나는 웃다카 라마풋타에게로 갔다. 가서 그에게 말하였다.

'라마여, 나는 이러 이러한 것을 스스로 잘 알고 똑똑히 보았음을 선언합니다.'

'벗이여, 나도 실로 그러한 것을 스스로 잘 알고 똑똑히 보고 있을 뿐입니다. 벗이여, 참으로 고마운 일이며 참으로 다행스런

●●●●●●●●●●●●●●●

11) 非想非非想으로 흔히 옮겨지는 말이다.

일입니다. 우리가 당신 같은 청정한 수행자를 만나게 되었으니까요. 당신이 알고 보는 것만큼 나도 알고 보며, 내가 알고 보는 것만큼 당신도 알고 봅니다. 당신 속에 있는 만큼 내 속에도 있고, 내 속에 있는 만큼 당신 속에도 있습니다. 그러니 벗이여, 우리 둘이서 이 집단을 지도해 나갑시다.'

이와 같이 웃다카 라마풋타는, 자신은 스승이고 나는 제자인 셈이었는데 나를 자신과 동등한 위치로 격상시켰고 훌륭한 대접을 베풀었던 것이다. 그러나 나는 생각했다.

―이 가르침의 내용인, 생각도 아니고 생각이 아닌 것도 아님의 경지로는 결코 진리에 대한 완전한 깨달음과 최상의 진리 세계로 이를 수는 없다.― 이처럼 나는 그 가르침은 완전한 것이 못된다라고 판단하고 다시 떠나갔다.

14 제자들아, 다시 선(善)함을 구하고 최상의 진리를 추구하던 나는 마가다 국을 차례대로 여행하다가 우루벨라의 세나니가마라는 마을 근처로 갔다. 그곳에서 쾌적한 땅을 보았고 깨끗한 숲을 보았다. 맑은 강이 굽이쳐 흘렀고 주위의 경관이 매우 수려하였다. 제자들아, 나는 생각하였다.

―이 땅은 쾌적하고 숲은 깨끗하구나. 맑은 강은 굽이쳐 흐르고 주위 경관은 수려하기 그지 없네. 선남자가 열심히 수행하기에 더없이 좋구나.―

나는 그곳에 멈추어 앉았다. 이곳이야말로 수행하기에 적합한 곳이다라고 생각했기 때문이다."

4. 바르고 원만하게 깨달으신 붓다
바르고 원만한 깨달음을 얻으시다 I

15 "제자들아, 나는 스스로 반드시 태어나는 줄 알아 그것을 근심했다. 그리하여 태어남이 없는, 수행에 의한 안락(상태)인 최상의 진리의 세계에 도달했다. 또 스스로 반드시 늙고, 병들고, 죽고, 슬픔에 빠지는 줄 알아 그것을 근심했다. 그리하여 늙음과 병듦과 죽음과 슬픔이 없는, 수행에 의한 안락(상태)인 최상의 진리 세계에 도달했다. 또 스스로 반드시 번뇌롭게 되는 줄 알아 그것을 근심했다. 그리하여 번뇌가 없는, 수행에 의한 안락(상태)인 최상의 진리 세계에 도달했다. (마침내) 나는 '나의 해탈은 흔들리지 않는다. 이것은 최후의 탄생이다. 이제 다시 재생의 근거는 존재하지 않는다.'라고 알고 보았다.

16 그때 제자들아, 나에게는 이러한 생각이 일어났다.

—내가 도달한 이 진리는 매우 깊고, 보기 어렵고, 깨닫기 어렵고, 그윽하고, 고상하고, 단순한 사색과 사려를 넘어섰고, 미묘하고, 슬기로운 자만이 알 만한 것이다. 그런데 사람들은 집착을 즐기고 집착을 좋아하고 집착을 기뻐한다. 사람들은 그 때문에 이 진리를 보기 어렵다. 그 진리는 곧 존재의 의존성을 밝힌, 기대어 (함께) 일어남[緣起]의 진리이다. 그리고 또 이 도리를 보기 어려우니, 모든 결합의 고요해짐, 모든 애착물의 사라짐, 갈애의 멸진, 탐착의 떠남, 멸함 그리고 진리의 세계가 그것이다. 나는 이 진리를 이제 가르치려 하지만, 다른 사람이 이해하지 못한다면 그것은 나에게 또 다른 괴로움이다. 그것은 나에게 상처가 된다.

그때 나에게는 이전에 결코 들어본 적이 없는 (놀라운) 게송이 떠올랐다.

나는 어렵게 도달하였네.
그러나 결코 지금 드러낼 수 없네.
탐착과 분노에 압도된 자들은
이 진리를 원만히 깨달을 수 없네.
물을 거슬러 가기도 하고
미묘하고, 깊고, 보기 어렵고
섬세하디 섬세한 이 법을
탐착에 물든 자들은 보지 못하네.
칠흑 같은 어둠으로 뒤덮힌 자들은.

17 제자들아, 이와 같이 숙고하던 나의 마음은 열의가 식는 쪽으로 향하였고 진리를 설파하는 쪽으로 향하지는 않았다.
그때 (애욕에서 벗어난) 사함파티 범신은 나의 마음으로 사색한 것을 자신의 마음으로 알아내고 생각하였다.
-(진리)[12]로서 오셨고, (진리와) 동등하며, (진리를) 바르고 원만하게 깨달으신 붓다께서 그 마음이 법을 설파하는 쪽으로 향

● ● ● ● ● ● ● ● ● ● ● ●

12) 그렇게(tatha)-오신(āgata) 곧 如來 등의 의미를 진리라는 용어를 중심으로 표현해 보았다. 본서의 한글 옮김 중에는 '진리'라는 용어를 비교적 과감히 사용했다. 법(法, dhamma)도 필요한 경우 진리라고 옮기고 있으니 주의해 주기 바란다. 그리고 四諦의 제(諦, sacca, sk·gatya)도 진리라고 옮기는 경우가 있음을 미리 밝혀둔다. 물론 붓다에 대한 묘사인 '여래 응공 정등각자'의 번역을 모두 '진리'라는 용어를 중심으로 하는 것은 결코 아니다. 그리하여 이 경우의 진리에는 역자의 자의적인 첨가임을 나타내기 위해 모두 (   )를 사용해 두었다.

하지 않고 열의가 식은 쪽으로 향한다면, 이 세상은 멸망한다. 아, 이 세상은 소멸하고 만다.-

그리하여 (애욕을 떠난) 사함파티 범신은 마치 힘센 사람이 굽혀진 팔을 펴고 펴진 팔은 굽히듯이 재빠르게 자신의 세계에서 사라진 뒤 내 앞에 나타났다. 그는 한쪽 어깨에 상의를 걸치고 오른쪽 무릎을 땅에 꿇은 다음 나를 향하여 합장하였다. 그리고 말하였다.

'붓다시여, 붓다께서는 법을 설파하소서. (진리와 함께) 잘 가신 붓다께서는 법을 설파하소서. 그 삶에 먼지가 적은 중생들도 있습니다. 그들조차 법을 듣지 못한다면 쇠퇴할 것입니다. 법을 알 수 있는 자가 있을 것입니다.'

그리고 (애욕을 떠난) 사함파티 범신은 (게송으로) 말하였다.

'바위로 된 산 위에 오르면
주위에 있는 사람들을 볼 수 있듯이
아주 현명한 분이시여,
모든 것을 보시는 분이시여,
슬픔이 제거된 분이시여,
그와 같이 진리로 된 누각 위에 올라서
태어남과 늙음에 정복당하고
슬픔에 빠져있는 사람들을 내려다 보소서.
영웅이시여,
전쟁의 승리자시여,
일어나소서
빚 없는 대상(隊商)들의 지도자처럼 세상을 다니소서.

어른이시여,
진리를 설파하소서
아는 자가 있을 것입니다.'

18 그리하여 제자들아, 나는 (애욕을 떠난) 사함파티 범신의 요청을 알고는 중생들에 대한 슬픔에 기대어 붓다의 눈으로 세상을 내려다 보았다. 붓다의 눈을 들어 세상을 내려다 보던 나는 중생에게 여러 차이가 있음을 보았다. 먼지가 적은 중생, 먼지가 많은 중생, 두뇌가 총명한 중생, 두뇌가 무딘 중생, 자질이 좋은 중생, 자질이 나쁜 중생, 가르치기 좋은 중생, 가르치기 나쁜 중생이 있었다. 그리고 저 세상과 허물에서 두려움을 보고 지내는 중생이 있고 그런 것을 무시하는 중생이 있음을 보았다.

마치 청련 또는 홍련 또는 백련 연못의 청련, 홍련, 백련은 물에서 낳고 물에서 컸고 물의 보호로 자란다. 그런데 이들 중 어떤 연꽃은 물의 높이와 똑같이 서 있고, 어떤 연꽃은 물로부터 솟아나와 물에 젖지 않은 채 서 있다. 이와 같이 나는 붓다의 눈을 들어 세상을 내려다 보고는 중생들에게는 여러 차이가 있음을 알았던 것이다.[13]

나는 (애욕을 떠난) 사함파티 범신에게 (게송으로) 답해 주었다.

'귀 있는 자들에게 불사(不死)의 문은 열렸다.
죽은 자에 대한 근거없는 의례는 그만둬라.
사함파티야,

---
13) 문맥의 원활함과 간결함을 위해 적절히 생략한 곳이다.

해롭다는 생각이 내재했기에, 사람들에게
덕스럽고 고상한 진리를 말하지 못하였다.'

(애욕을 떠난) 사함파티 범신은 내가 다시 법을 설파하기로
결의한 것을 알아차렸다. 그리하여 나에게 공손히 절하고 오른쪽
으로 도는 예를 올린 뒤 그곳에서 사라졌다."

5. 법의 바퀴를 굴림
진리의 설파 I

19 "제자들아, 나는 생각하였다.
'처음으로 누구에게 이 법을 설파할까. 누가 재빨리 이것을 이해할 수 있을까. 알라라 칼라마는 슬기롭고 명민하고 지혜로웠다. 그는 오랜 세월 때묻지 않은 생활을 해왔다. 나는 칼라마에게 처음으로 법을 설파해야겠다. 그러면 이 법을 재빨리 이해 할 수 있을 것이다.'

그때 천신들이 다가와 '알라라 칼라마는 7일 전에 죽었다.'라고 소식을 전했고, 나 스스로도 '알라라 칼라마는 7일 전에 죽었구나.'라고 알고 보게 되었다.

그리하여 다시 생각하였다.
'칼라마는 큰 이익을 놓쳤다. 만약 그가 이 가르침을 들었다면 재빨리 이해하였을텐데. 그러면 나는 누구에게 처음으로 이 법을 설파해야 할까. 누가 재빨리 이것을 이해할 수 있을까?

웃다카 라마풋타는 슬기롭고 명민하고 지혜로웠다. 그는 오랜 세월 때묻지 않은 생활을 해왔다. 나는 라마풋타에게 처음으로 법을 설파해야겠다. 그러면 이 법을 재빨리 이해할 수 있을 것이다.'

그때 천신들이 다가와 '웃다카 라마풋타는 어젯밤에 죽었다.'라고 소식을 전했고, 나 스스로도 '웃다카 라마풋타는 어젯밤에 죽었구나.'라고 알고 보게 되었다.

그리하여 또 다시 생각하였다.

'라마풋타는 큰 이익을 놓쳤다. 만약 그가 이 가르침을 들었다면 재빨리 이해하였을텐데. 그러면 나는 누구에게 처음으로 이 법을 설파해야 할까. 누가 재빨리 이것을 이해할 수 있을까. 고행을 버릴 때까지 나를 시중한 다섯 명의 걸식자가 있었다. 그들은 나에게 많은 도움을 주었다. 바로 그 다섯 걸식자에게 가르침을 전해야겠다. 그런데 그 다섯 걸식자는 지금 어디에 살고 있을까.'

나는 인간의 능력을 넘어선 깨끗한 하늘 눈으로 다섯 걸식자가 바라나시 시 외곽의 녹야원에서 지내고 있는 것을 보았다.

20 제자들아, 그리하여 나는 우루벨라에서 충분히 지낸 뒤 바라나시를 향하여 여행을 떠났다. 가야라는 지역과 보리수 나무가 위치한 지역 사이에 있는 큰 길을 지나고 있을 때, 우파카라는 어떤 종교인이 나를 보았다. 그는 나에게 말하였다.

'당신의 얼굴이 빛나며 피부빛은 맑고 깨끗합니다. 당신의 스승은 누구이며 누가 당신에게 가르침을 베풀었습니까.'

나는 게송으로 그에게 답하였다.

'나는 모든 것의 승리자이고 모든 것을 아는 자이다.

그러면서 어디에도 물들지 않는다.
목마름을 버리고 모든 것을 버리어 해탈하였다.
스스로 깨달았으니 남에게 기대지 않았다.
나에게 스승이란 없으며 나와 같은 자도 보지 못했다.
천신을 포함한 이 세상에서 나와 짝할 이는 아무도 없다.
세상에서 나야말로 진리와 동등하다.
나야말로 위없는 스승이다.
홀로 진리를 바르고 원만히 깨달았다.
번뇌는 잠잠해졌고 열반은 성취되었다.
진리의 바퀴를 굴리려 카시 시로 간다.
어둠에 빠진 세상에서 불사의 북을 울릴 것이다.'

(우파카가 말하였다)
'당신이 선언하는 대로라면 당신은 누구에 대해서도 승리자로서의 자격이 있어야 할 것이오.'
'나와 같은 승리자가 또 있다면
역류하는 번뇌를 없앴는가 물어보라.
나는 모든 사악함에서 승리하였다.
그러므로 우파카야 나야말로 승리자다!'
이와 같이 말하였을 때 우파카라는 종교인은 '그럴 수도 있겠지.'라고 말한 뒤 머리를 흔들면서 윗쪽 길로 가버렸다.

21 제자들아, 차분히 여행을 계속한 나는 이윽고 바라나시에 있는 녹야원으로 다섯 걸식자를 찾아갔다. 다섯 걸식자는 내가 멀리서 오고 있는 것을 보았다. 그리고 그들은 서로 다짐했다.
'수행자 고타마는 고행을 버리고 세속의 생활로 물러선 자이다. 그에게 우리는 절해서도 안 되고, 공경의 뜻으로 일어서서도 안 되고, 옷과 음식을 제공해서도 안 된다. 단, 그가 앉기를 원한다면 자리 정도는 내어주자.'

그러나 내가 그들에게 점점 다가서자 그들은 자신들의 자리에 앉아있을 수 마는 없었다. 한쪽은 어디로 가서 옷과 음식을 가져오고 한쪽은 앉을 자리를 준비하고 한쪽은 깨끗한 물을 나에게 바쳤다. 그리고 나를 부를 때 '고타마여' 또는 '벗이여'라고 불렀다.

22 제자들아, 나는 다섯 걸식자에게 말하였다.

'걸식자들아, (진리)로서 오신 분을 함부로 이름 불러서는 아니 된다. 걸식자들아, 나는 (진리와) 동등하며 (진리)로서 왔으며 (진리를) 바르고 원만히 깨달은 붓다이다. 걸식자들아, 귀를 기울여라. 죽음 없는 경지에 도달하였다. 나는 가르치겠다. 나는 법을 설파하겠다. 가르치는 대로 수행하는 자는 오래지 않아 선남자로서 올바로 출가할 때 품었던 궁극적인 목표[14]를 바로 그 자리에서 스스로 잘 알고 똑똑히 보게 될 것이다.'

그러자 다섯 걸식자들은 나에게 말하였다.

●●●●●●●●●●

14) 궁극적인 목표는 바로 범행(梵行, Brahma-Cariya)을 완성(pariyosana)함으로써 얻게 되는 것을 말한다. 범행(Brahma-Cariya)의 범(Brahma)은 '청정함'을 상징한다. 청정하다는 것은 애욕(Kāma)의 세계로부터 벗어났다는 말이다. 실제 梵神은 애욕의 계층(Kāma-dhātu)를 벗어나 색계(rūpa-dhātu)에 거주하는 최초의 神格이다. 따라서 '애욕을 벗어나 청정함'을 상징하기에 걸맞은 존재인 것이다.

따라서 범행은 '청정한 수행'을 본질적으로 뜻하는 말로서 불교내에 수용되어 쓰인다. 결국 이러한 청정한 수행을 완수함으로써 얻게 되는 목표점이 궁극적인 목표이다. 그래서 원문 그대로 번역하여 이 책의 다른 곳에서는 "선남자가 올바로 출가할 때 목표로서 지녔던 청정한 수행의 궁극적인 완성을…"이라고 나타난다. 원문은 같은 것임을 밝혀둔다.

'벗 고타마여, 당신은 그토록 격렬하고 강렬하고 신랄한 고행을 하면서도 인간의 한계를 뛰어넘는 성스럽고 거룩한 경지를 얻지 못하였소. 하물며 그 고행마저 저버리고 세속의 생활로 돌아갔으면서 인간의 한계를 뛰어넘는 성스럽고 거룩한 경지를 어떻게 얻었단 말이오.'

'걸식자들아, (진리)로서 오신 붓다는 수행을 저버렸거나 세속의 생활로 되돌아간 적이 없다. 걸식자들아, 나는 (진리와) 동등하며, (진리)로서 왔으며, (진리를) 바르고 원만히 깨달은 붓다이다.

걸식자들아, 귀를 기울여라. 죽음 없는 경지에 도달하였다. 나는 가르치겠다. 나는 법을 설파하겠다. 가르치는 대로 수행하는 자는 오래지 않아, 선남자로서 올바로 출가할 때 품었던 궁극적인 목표를 바로 그 자리에서 스스로 잘 알고 똑똑히 보게 될 것이다.'

두 번, 세 번 다섯 걸식자들은 나에게 말하였다.

'벗 고타마여, 당신은 그토록 격렬하고 강렬하고 신랄한 고행을 하면서도 인간의 한계를 뛰어넘는 성스럽고 거룩한 경지를 얻지 못하였소. 하물며 그 고행마저 저버리고 세속의 생활로 돌아갔으면서 세속을 뛰어넘는 성스럽고 거룩한 경지를 어떻게 얻었단 말이오.'

23 제자들아, 그때 나는 다섯 걸식자들에게 이와 같이 말했다.

'걸식자들아, 내가 어떻게 수행하였는지 잘 아느냐.'

'그렇지 못합니다.'

'걸식자들이여, 나는 진리와 동등하며 진리로서 왔으며 진리를 바르고 원만히 깨달은 붓다이다. 걸식자들이여, 귀를 기울여라.

죽음 없는 경지에 도달하였다. 나는 가르치겠다. 나는 진리를 설파하겠다. 가르치는 대로 수행하는 자는 오래지 않아, 선남자로서 올바로 출가할 때 품었던 궁극적인 목표를 바로 그 자리에서 스스로 잘 알고 똑똑히 보게 될 것이다.'

24 제자들아, 나는 그 다섯 걸식자를 확신시킬 수 있었다. 그리하여 내가 두 명의 제자를 가르칠 때, 세 명의 제자는 탁발을 하였다. 세 명이 탁발하여 가져온 음식으로 여섯 명이 생활하였다. 그리고 다시 그 세 명의 제자를 가르칠 때 나머지 두 명의 제자는 탁발을 하였다. 두 명이 탁발하여 가져온 음식으로 여섯 명이 생활하였다.

나의 가르침과 지도를 받던 그 다섯 제자들은 스스로 반드시 태어나는 줄 알아 그것을 근심했다. 그리하여 태어남이 없는 수행에 의한 안락(상태)인 최상의 진리의 세계를 추구했고 마침내 그 세계에 도달했다. 또 스스로 반드시 늙고, 병들고, 죽고, 슬픔에 빠지는 줄 알아 그것을 근심했다. 그리하여 늙음과 병듦과 죽음과 슬픔이 없는 수행에 의한 안락(상태)인 최상의 진리 세계를 추구하였고 마침내 그 세계에 도달했다. 또 스스로 반드시 번뇌롭게 될 줄 알아 그것을 근심했다. 그리하여 번뇌가 없는 수행에 의한 안락(상태)인 최상의 진리 세계를 추구하였고 마침내 그 세계에 도달했다. 그들은 '나의 해탈은 흔들리지 않는다. 이것은 최후의 탄생이다. 이제 다시 재생의 근거는 존재하지 않는다.'라고 알고 보았다.

6. 덫의 비유

25 "제자들아, 다섯 가지 애욕이 있다. 다섯이란 어떤 것인가. 눈으로 식별한 색으로서 욕심나고, 사랑스럽고, 마음에 들고, 애착이 생기고, 애욕이 일어나고, 탐착할 만한 색이 있다. 귀, 코, 혀, 몸으로 식별한 소리, 냄새, 맛, 촉감으로서 욕심나고, 사랑스럽고, 마음에 들고, 애착이 생기고, 애욕이 일어나고, 탐착할 만한 소리, 냄새, 맛, 촉감이 있다. 이것들이 다섯 가지 애욕이다. 어떤 수행자나 사제는 이 다섯 애욕에서 잡히고 심취되고 빠져 있다. 그 속에서 환란을 보지 못하고 그것으로부터 벗어나는 지혜를 갖추지 못한다. 그렇게 오직 누리기만 한다. 그들은 바로 위험에 빠진 자이고 불행에 빠진 자들이니 악마가 그들을 마음대로 부리게 되기 때문이다.

제자들아, 삼림 속에 사슴이 있는데 덫에 앉는 바람에 묶이게 되었다. 그 사슴은 바로 위험에 빠진 것이고 불행에 빠진 것이니, 사냥꾼이 그 사슴을 마음대로 할 수 있기 때문이다. 사냥꾼이 와도 그 사슴은 마음대로 떠나갈 수가 없는 것이다. 다섯 가지 애욕에 묶인 채 오직 누리는 자는 마치 그와 같다.

그런데 어떤 수행자나 사제는 이 다섯 가지 애욕에 잡히거나 심취되거나 빠져있지 않다. 그 속에서 환란을 보고 그것으로부터 벗어나는 지혜를 갖추고 있다. 그런 상태에서 애욕을 대한다. 그들은 위험에 빠진 자도 불행에 빠진 자도 아니니, 악마가 그들을 마음대로 부리지 못하기 때문이다. 삼림 속에 사슴이 있는데 덫에 앉지 않아 묶이지 않은 사슴이다. 그 사슴은 위험에 빠진 것도 아니고 불행에 빠진 것도 아니니, 사냥꾼이 그 사슴을 마음대로 할 수 없기 때문이다. 사냥꾼이 와도 그 사슴은 마음대로 떠나갈 수 있는 것이다. 다섯 가지 애욕에 묶이지 않고 대하는 자는 마치 그와 같다.

26 제자들아, 삼림 속의 어떤 사슴은 삼림의 숲속에서 움직이되 가고, 서고, 앉고, 잠을 자는 어느 순간에도 자신이 있다. 왜 그런가? 사냥꾼의 영역에서 완전히 떠나 있기 때문이다. 그와 같이 제자들아, 어떤 제자는 애욕과 선하지 못한 법을 떠나서 사색과 사려를 갖추고, 떠남에서 생긴 기쁨과 즐거움을 갖춘 첫번째 선정[15]을 구족하여 지낸다. 제자들아, 이것이 발 없는 악마를 어둡게 만드는 것이며, 악마의 눈을 공격하여 악마가 보지 못하는 곳으로 간 것이다.

나아가 어떤 제자는 사색과 사려가 적정해져 안으로 깨끗하고, 마음이 하나로 되고, 사색과 사려가 없고, 삼매에서 생긴 기쁨과 즐거움을 갖춘 두번째 선정을 구족하여 지낸다. 이것이 악마가 보지 못하는 곳으로 간 것이다.

나아가 어떤 제자는 기쁨에 대한 탐착을 떠나 담담히 바라보며 지낸다. 그리고 되새김과 알아냄을 갖추고 즐거움을 몸으로 느낀다. 그리하여 '담담히 바라보고 되새김을 갖춤은 즐거운 삶이다.'라고 성인들이 말하는 세번째의 선정을 구족하여 지낸다. 이것이 악마가 보지 못하는 곳으로 간 것이다.

●●●●●●●●●●●●●●

15) 붓다의 깨달음과 그 전파를 이해하는 데 있어서 四禪說을 중요시하는 것은 지극히 온당한 태도이다. 붓다의 깨달음이 언표되는 경전들은 깨달음이라는 결과의 동력인(hetu)으로서 늘 사선을 언급하기 때문이다.

나아가 어떤 제자는 즐거움도 버리고 괴로움도 버리어, 또 안심과 근심도 이미 과거에 소멸하여, 괴롭지도 즐겁지도 않은, 담담히 바라보면서도 되새김을 갖추어서 청정한 네번째의 선정을 구족하여 지낸다. 이것이 악마가 보지 못하는 곳으로 간 것이다.
  나아가 어떤 제자는 모든 색의 생각을 넘고, 걸림의 생각을 없애고, 여러 가지 생각을 사유하지 않음으로부터 '허공은 가없다'라는 가없는 허공의 포섭처를 구족하여 지낸다. 이것이 악마가 보지 못하는 곳으로 간 것이다.
  나아가 어떤 제자는 가없는 허공의 모든 포섭처를 넘어서 '식별은 가없다'라는 가없는 식별의 포섭처를 구족하여 지낸다. 이것이 악마가 보지 못하는 곳으로 간 것이다.
  나아가 어떤 제자는 가없는 식별의 모든 포섭처를 넘어서 '어떤 것도 아니다'라는 어떤 것도 아님의 포섭처를 구족하여 지낸다. 이것이 악마가 보지 못하는 곳으로 간 것이다.
  나아가 어떤 제자는 어떤 것도 아님의 모든 포섭처를 넘어서 생각도 아니고, 생각이 아닌 것도 아님의 포섭처를 구족하여 지낸다. 이것이 악마가 보지 못하는 곳으로 간 것이다.
  나아가 어떤 제자는 생각도 아니고, 생각이 아닌 것도 아닌 모든 포섭처를 넘어서 생각과 느낀 바의 소멸을 구족하여 지낸다. 그리고 지혜로 보아 역류하는 번뇌가 모두 사라진다.
  제자들아, 이것이 발없는 악마를 어둡게 만든 것이며 악마의 눈을 공격하여 악마가 보지 못하는 곳으로 간 것이다.
  오염된 세상을 건너서 가고, 서고, 앉고, 눕는 데 자신이 있다. 왜 그런가. 악마의 영역에서 완전히 떠나있기 때문이다."
27 붓다께서는 이와 같이 설하셨다. (붓다의 설법으로) 뜻을

알게 된 제자들은 붓다의 말씀에 매우 기뻐하였다.

　　　　　　　　　　－ 4. 파사라시 경 끝 －

5. 보리 왕자 경[1]
대자유를 얻고자 II

1. 왕자의 누각으로 붓다께서 초청받음

1 이와 같이 내가 들었다. 한때에 붓다께서는 박가 국의 수수마라기라 산에 있는 베사칼라바나 숲의 사슴동산에서 지내셨다. 그때 보리 왕자는 코카나다라고 하는 누각을 막 건축하였는데 수행자든 사제든 어떤 사람도 아직 들어가지 않은 상태였다. 보리 왕자는 산지카풋타(라는) 사제계급의 동자를 불러 말하였다.

● ● ● ● ● ● ● ● ● ● ●

1) 중니카야(Majjhima Nikāya) 제2권 제35경(Bodhi rājakumāra Sutta)은 한역 4아함에는 대응경이 없다. 가장 유사한 것으로는 五分律 10권(大正藏 22, p.74)에 한역되어 있다.
이 경은 4. 파사라시 경에 비해 붓다의 일대기 중 특히 우루벨라에서의 고행이 아주 상세히 소개되고 있어 가치롭다(제8단락).
또 깨달음의 입구로서 四禪 중 제1선을 언급하고 그것이 태자시절 농경제 때 이미 경험한 것임이 언급되어 시사하는 바가 크다.

"착한 산지카풋타야, 너는 붓다께서 계신 곳으로 가거라. 가서 붓다께 내가 말씀으로나마 머리로써 붓다의 발에 절한다고 하여라. 그리고 병환은 없으신지, 편찮으시지는 않으신지, 몸은 가벼우시며 기력은 있으시며 지내기는 편안하신지를 여쭈어라. 곧 '붓다시여, 보리 왕자는 붓다의 발에 머리로써 절합니다. 그리고 병환은 없으신지, 편찮으시지는 않으신지, 몸은 가벼우시며 기력은 있으시며 지내기는 편안하신지를 묻습니다.'라는 나의 말을 전하여라. 그리고 '붓다께서는 보리 왕자가 내일 식사를 (올리고자 하니) 제자 승단과 함께 허락하옵소서.'라고 여쭈어라."

"알았소."[2)]라고 하며 산지카풋타 동자는 보리 왕자에게 응답한 뒤 붓다가 계신 곳으로 왔다. 와서 붓다와 함께 인사를 나누고 안부와 근황을 여쭌 뒤 한곳에 앉았다. 그리고 붓다께 말하였다.

"보리 왕자는 고타마 님의 발에 자신의 머리로써 절하옵니다. 병환은 없으신지, 앓고 있지는 않으신지, 몸은 가벼우시며 지내기는 편안하신지를 여쭙니다. 그리고 '고타마 님께서는 보리 왕자가 내일 식사를 (올리고자 하니) 제자 승단과 함께 허락하옵소서.' 라고 말합니다."

붓다께서는 침묵으로 허락하셨다. 산지카풋타 동자는 돌아와서

● ● ● ● ● ● ● ● ● ● ● ●

2) 사제(Brāhmaṇa)계급들은 좀처럼 공경어를 잘 사용하지 않는 듯 하다. 그리하여 벗이나 아랫사람을 부를 때 또는 답할 때 쓰는 'bho'를 다른 계급에 대해서는 상용한다. 여기서도 'evaṁ bho'를 사용하였으므로 '예, 알겠습니다'가 아닌 '알겠소' 정도로 번역했다.

이들은 붓다에 대해서도 수행자 고타마(samaṇa gotama), 고타마 님(bhavaṁ gotama)으로 호칭하지 世尊으로 흔히 번역되는 'bhagavant'라는 호칭은 쓰지 않는 것으로 나타난다.

그간의 일을 그대로 알렸고 수행자 고타마께서 식사초대를 허락하셨음도 알렸다.

2 보리 왕자는 그 밤이 지난 뒤 자기 집에서 여러 가지 훌륭한 음식들을 준비시키고 코카나다 누각을 뒷편의 계단에 이르기까지 하얀 천으로 덮어 깔았다. 그런 뒤 산지카풋타 동자를 불러 "착한 산지카풋타야, 붓다가 계신 곳으로 가거라. 가서 붓다께 때를 알리도록 하라. '붓다시여, 때이옵니다. 식사가 준비되었습니다.'라고 알리도록 하라."고 말했다.

"알았소."라고 하며 산지카풋타 동자는 보리 왕자에게 응답한 뒤 붓다께서 계신 곳으로 갔다. 와서 붓다께 "고타마 님, 때이옵니다. 식사가 다 준비되었습니다."라고 하며 때를 알렸다. 아침이 되어 붓다께서는 옷을 입고 발우와 법의를 들고 보리 왕자의 거처로 향하셨다. 보리 왕자는 멀리서 붓다께서 오시는 것을 보았다. 그리하여 달려와 붓다께 공손히 절하고 앞으로 모신 뒤 코카나다 누각을 향해 (안내하였다).

그런데 붓다께서는 뒷편의 계단에 이르러 그냥 멈추셨다. 그러자 보리 왕자는 붓다께 "붓다시여, 천을 밟고 오르소서. 잘 가신 붓다시여, 천을 밟고 오르소서. 그것은 긴밤 동안 저에게 이익과 안락을 안겨줍니다."라고 하며 청하였다. 그러나 붓다께서는 침묵하셨다. 두 번, 세 번 보리 왕자는 청하였다.

3 붓다께서는 아난다 장로를 내려다 보셨다. 그러자 아난다 장로는 보리 왕자에게 "왕자여, 천을 걷으시오. 붓다께서는 (옷을 만들) 천을 못쓰게 만들 수 없으신 것입니다. 그렇게 오신 붓다는 후세의 사람을 애민하시기 때문입니다."라고 말하였다. 그리하여 보리 왕자는 천을 걷어 접어서 코카나다 누각 위의 자리에

깔았다. 붓다께서는 비로소 코카나다 누각을 오르시어 준비된 자리에 제자 승단과 함께 앉으셨다. 보리 왕자는 붓다께서 인도하는 제자 승단에게 훌륭한 여러 가지 음식을 올리는데 직접 자기 손으로 대접하였고 봉사하였다. 보리 왕자는 붓다께서 음식을 다 드시고 발우에서 손이 떨어지자 다른 천한 자리를 가져다가 한쪽에 앉았다. 그는 붓다께 말씀하였다.

"붓다시여, 저는 이렇게 생각합니다. '즐거움으로 즐거움을 얻을 수는 없다. 괴로움만으로 즐거움을 얻을 수 있다.'라는 것입니다."

2. 구도자의 수행

4 "왕자야, 나 또한 과거에 원만한 깨달음을 얻지 못한 구도자일 때에 그렇게 생각했다. '즐거움으로 즐거움을 얻을 수는 없다. 괴로움만으로 즐거움을 얻을 수 있다.'라고. 왕자야, 그때 나는 젊었었다. 머리는 새카맣었고 피끓는 청춘이었다. 욕심이란 없는 선하신 어머니, 아버지께서 얼굴 가득 눈물을 흘리시며 마다했지만 나는 머리와 수염을 깎고 법의를 입고 출가하였다.

5 그리고 나는 선함을 구하였고 최상의 진리를 추구하였다.
[알라라 칼라마-6. 웃다카 라마풋타-7. 우루벨라에서의 고행[3]]

●●●●●●●●●●●●●

3) 4. 파사라시 경의 제8~제14단락과 전적으로 일치한다. 단, '제자들아'라는 호격어를 '왕자야'로 바꾸면 된다.

7 왕자야, 나는 계속 선함을 구하고 최상의 진리를 추구하며 마가다 국을 차례대로 여행하다가 우루벨라의 세나니 마을 근처로 갔다. 그곳에서 기름진 땅을 보았고 깨끗한 숲을 보았다. 맑은 강이 굽이쳐 흘렀고 주위의 경관이 매우 수려하였다. 제자들아, 나는 생각하였다.

'아, 땅은 기름지고 숲은 깨끗하구나 맑은 강은 굽이쳐 흐르고 주위경관은 수려하기 그지 없네. 선남자가 열심히 수행하기에 더 없이 좋구나.'

나는 그곳에 멈추어 앉았다. '이곳이야말로 수행하기에 적합한 곳이다.'라고 생각했기 때문이다. 그때 나에게는 이전에 들어보지 못했던 놀라운 세 가지 비유가 떠올랐다.

8 왕자야, 물에 내던져져 습기로 축축히 젖어있는 나무토막이 있다. 어떤 사람이 불쏘시개를 가지고 와서 '불을 피워야겠다.'라고 생각하고는 그 축축히 젖은 나무에다 문지르고 마찰한다고 하자. 그러나 결코 불은 일어나지 않을 것이다. 그 사람은 피곤하고 곤란한 일을 했을 뿐이다.[4]

그런데 수행자 또는 사제로서 현재 그 몸과 마음이 애욕에 내던져져 지내는 사람이 있다. 그는 내심으로 애욕에 목말라하고 애욕에 욕심을 내고 열을 내고 애욕을 추구한다. 그는 그 애욕에 향한 마음을 버리지도 못하고 정화하지도 못하고 있다. 그런 수행자나 사제는 자신에게 격렬하고 신랄하고 찢는 듯한 고통의 느

---

4) 여기서도 붓다와 보리 왕자가 묻고 답하는 내용을 축약하였다.

낌이 느껴질 때에도 진리를 알고 보고 깨닫는 것이 불가능하다. 뿐만 아니라 그러한 고통의 느낌이 느껴지지 않더라도 진리를 알고 보고 깨닫는 것은 불가능하다. 마치 물 속에 던져져 젖은 나무에 불쏘시개를 마찰하는 것과 같이 얻는 바가 없는 것이다. 이와 같이 나에게는 이전에 들어보지 못했던 첫번째의 놀라운 비유가 떠올랐다.

이어서 이전에 들어보지 못했던 두번째 비유가 나에게 떠올랐다.
9 왕자야, 습기에 축축히 젖은 나무토막이 이번에는 물에서 건져져 땅 위에 내던져져 있다. 어떤 사람이 불쏘시개를 가지고 와서 '불을 피워야겠다.'라고 생각하고는 그 젖은 나무에다 문지르고 마찰한다고 하자. 그러나 결코 불은 일어나지 않을 것이다. 그 사람은 피곤하고 곤란한 일을 했을 뿐이다.

그런데 수행자 또는 사제로서 현재 그 몸과 마음은 애욕에서 벗어나 있는 사람이 있다. 그러나 내심으로는 애욕에 목말라하고 애욕에 욕심을 버리지도 못하고 정화하지도 못하고 있다. 그런 수행자나 사제는 자신에게 격렬하고 신랄하고 찢는 듯한 고통의 느낌이 느껴질 때에도 진리를 알고 보고 깨닫지 못한다. 뿐만 아니라 그러한 고통의 느낌이 느껴지지 않더라도 진리를 알고 보고 깨닫는 것이 불가능하다. 마치 땅에 건져져 있으나 젖은 나무에 불쏘시개를 마찰하는 것과 같이 얻는 바가 없는 것이다. 이와 같이 나에게는 이전에 들어보지 못했던 두번째 놀라운 비유가 떠올랐다.

이어서 이전에 들어보지 못했던 세번째 비유가 나에게 떠올랐다.
10 왕자야, 건조하고 마른 나무토막이 땅에 내던져져 있다. 어떤 사람이 불쏘시개를 가지고 와서 '불을 피워야겠다.'라고 생각

하고는 그 마르고 건조한 나무토막에다 문지르고 마찰한다고 하자. 그는 기필코 불을 피워 일으킬 수 있다.

그런데 어떤 수행자나 사제는 현재 몸과 마음이 애욕에서 벗어났을 뿐 아니라 내심으로도 애욕을 목말라하지 않고 애욕에 욕심을 내거나 열을 내지 않고 애욕을 추구하지 않는다. 그는 애욕에 향한 마음까지 버리고 정화한 것이다.

그러한 수행자나 사제는 자신에게 신랄하고 격렬하고 찢는 듯한 고통의 느낌이 없을 때도 진리를 알고 보고 깨닫는 것이 가능하다. 뿐만 아니라 그러한 고통의 느낌이 있다하더라도 진리를 알고 보고 깨닫는 것이 가능하다. 마치 마르고 건조한 나무에 불쏘시개를 마찰하는 것과 같이 반드시 얻는 바가 있는 것이다. 이와 같이 나에게는 이전에 들어보지 못했던 세번째의 놀라운 비유가 떠올랐다. 이상과 같이 세 가지의 놀라운 비유가 나에게 떠올랐던 것이다.

11 왕자야, 나는 그 중 세번째의 비유가 나에게 맞다고 여겼다. 그리하여 생각하였다. '이에 이를 두고 혀를 입천장에 갖다댄 뒤 마음으로 마음을 싸잡고 다스리고 압박해야겠다.'

나는 곧 그렇게 실행하였고 실행하던 나에게는 겨드랑이에서 땀이 솟았다. 마치 힘센 사람이 힘이 약한 사람의 머리나 어깨를 잡고 세게 압박하는 경우처럼 그렇게 실행하던 나에게는 겨드랑이에서 땀이 솟았던 것이다. 그러한 방식으로 크게 분발하여 게으르지 않았고 기억을 일으켜 의식을 잃지 않았다. 그러나 그러한 고행에 압도당한 나의 몸은 안절부절 못하였고 편안하지 못하였다.

12 그리하여 왕자야, 나는 '이제 숨쉬지 않는 선정(의 고행)을

실행해야겠다.'라고 생각하였다. 나는 곧 입과 코로 숨쉬는 것을
정지시켰다. 그러던 나에게는 귀에서 폭발하는 듯한 소리가 울렸
다. 마치 대장간의 풀무가 한꺼번에 바람을 내뿜을 때 나는 소리
처럼 폭발하는 듯한 소리가 울렸던 것이다. 그런 방식으로 크게
분발하여 게으르지 않았고 기억을 일으켜 의식을 잃지 않았다.
그러나 그러한 고행에 압도당한 나의 몸은 안절부절 못하였고 편
안하지 못하였다.

그리하여 나는 '(더 강렬한) 숨쉬지 않는 선정(의 고행)을 실
행해야겠다.'라고 생각하였다. 나는 입과 코뿐만 아니라 귀의 구
멍도 막고는 숨쉬기를 정지시켰다. 그러던 나에게는 강렬한 바람
이 머리 끝을 뚫고 분출하였다. 마치 힘센 사람이 날카로운 칼로
머리를 찍듯이 강렬한 바람이 머리끝을 뚫고 분출하였던 것이다.
그런 방식으로 크게 분발하여 게으르지 않았고 기억을 일으켜 의
식을 잃지 않았다. 그러나 그러한 고행에 압도당한 나의 몸은 안
절부절 못하였고 편안하지 못하였다.

그리하여 나는 '(더 강렬한) 숨쉬지 않는 선정(의 고행)을 실
행해야겠다.'라고 생각하였다. 나는 입과 코와 귀뿐만 아니라 모
든 구멍을 막고 숨쉬기를 정지시켰다. 그러던 나에게는 머리를
도려내는 듯한 두통이 있었다. 마치 힘센 사람이 거친 가죽끈으
로 머리를 싸고는 칼로 도려내는 듯한 충격이 있었던 것이다. 그
런 방식으로 크게 분발하여 게으르지 않았고 기억을 일으켜 의식
을 잃지 않았다. 그러나 그러한 고행에 압도당한 나의 몸은 안절
부절 못하였고 편안하지 못하였다.

그리하여 나는 '(더 강렬한) 숨쉬지 않는 선정(의 고행)을 실
행해야겠다.'라고 생각하였다. 역시 입과 코와 귀뿐만 아니라 모

든 구멍을 막고 숨쉬기를 정지시켰다. 그러던 나에게는 강렬한 바람이 배를 갈라 대었다.

마치 능숙한 도살업자나 도살업자의 제자가 날카로운 소잡는 칼로써 배를 가르는 것처럼 강렬한 바람이 나의 배를 갈라 대었던 것이다. 그런 방식으로 크게 분발하여 게으르지 않았고 기억을 일으켜 의식을 잃지 않았다. 그러나 그러한 고행에 압도당한 나의 몸은 안절부절 못하였고 편안하지 못하였다.

그리하여 나는 '(더 강렬한) 숨쉬지 않는 선정(의 고행)을 실행해야겠다.'라고 생각하였다. 역시 입과 코와 귀뿐만 아니라 모든 구멍을 막고 숨쉬기를 정지시켰다. 그러던 나에게는 온 몸에 강렬한 불길이 타올랐다. 마치 힘센 두 사람이 약한 사람을 잡아 손발을 묶은 채 숯불 아궁이에 쳐넣은 것처럼 강렬한 불길이 온 몸을 휩싸며 타올랐던 것이다. 그런 방식으로 크게 분발하여 게으르지 않았고 기억을 일으켜 의식을 잃지 않았다. 그러나 그러한 고행에 압도당한 나의 몸은 안절부절 못하였고 편안하지 못하였다.

왕자야, 어떤 천신들은 나를 보고 말하였다. '수행자 고타마는 죽었다.' 또 어떤 천신들은 말하였다. '수행자 고타마는 죽지 않았다. 죽어가고 있다.'

또 어떤 천신들은 말하였다. '수행자 고타마는 죽은 것도 아니고 죽어가는 것도 아니다. 수행자 고타마는 진리와 동등한 분이 된 것이다. 진리와 동등한 분의 모습은 저와 같은 것이다.'

13 왕자야, 나는 다시 생각하였다. '나는 어떤 음식도 먹지 않는 (고행)을 해야 하겠다.'라고. 그러자 천신들이 내게 다가와 말하였다.

'큰 도인이시여, 모든 음식을 끊는 고행을 하지 마소서. 만약 모든 음식을 끊는 고행을 실행에 옮긴다면 저희들은 하늘 음식의 영양소를 털구멍을 통하여 제공할 것입니다. 그렇게 해서라도 당신을 살리고자 합니다.'
 그러나 나는 결심하였다.
 '만약 내가 음식을 일체 거부한다면 이 천신들이 나의 털구멍으로 음식의 영양소를 제공할 것이고 그러면 나는 생명을 유지할 수는 있다. 그렇지만 그렇게 살아남는다면 그것은 내가 거짓을 행하는 것이 된다.'
 그리하여 나는 그 천신들에게 '그럴 필요가 없다.'고 강조하였다.
 나는 음식에 대한 고행의 방법을 생각해내었다. 점점 음식을 줄여 강낭콩 또는 완두콩 또는 살갈퀴 덩굴콩 등으로 만든 죽을 한방울씩만 먹도록 해야겠다.
 나는 곧 그렇게 실행하였다. 그러던 나의 몸은 지극히 야위어 갔다. 나의 팔다리는 마른 넝쿨의 매듭과 같았고 나의 엉덩이는 낙타발과 같았다. 나의 등뼈는 공모양의 둥근 것이 달린 사슬과 같았고 나의 갈비뼈는 낡은 건물의 서까래처럼 울퉁불퉁하였다.
 물통 속 아래 깊은 곳에 물의 현란함이 보이듯이 나의 눈동자는 눈 구멍 아래 깊숙히에서 빛나고 있었다. 호리병 박이 익기도 전에 잘리어 바람과 열기에 쭈그러들고 시들어 있듯이 나의 머리와 피부는 쭈그러들고 시들어 버렸다.
 뱃가죽을 만져보려고 손을 뻗으면 등뼈가 만져졌고 등뼈를 만져보려고 손을 뻗으면 뱃가죽이 만져졌다. 이처럼 뱃가죽과 등뼈가 서로 달라붙어 있었다. 그리고 대변과 소변을 보려하면 나의 머리가 그곳에 숙여져 떨어졌다. 그리고 몸을 좀 편안히 하려고 손으로 팔·다리·머리 등을 만지면 뿌리가 이미 썩어 버린 털들이 몸에서 후두둑 떨어졌다. 그리고 어떤 사람은 나를 보고 '수행자 고타마의 피부빛은 검은색이었구나.'라고 말했고, 어떤 사람은 '검은색이 아니고 짙은 갈색이다.'라고 말했고, 어떤 사람은 '검은색도 짙은 갈색도 아니고 흙색이다.'라고 말하였다. 그 순결하고 순백하던 나의 피부빛이 그렇게 죽어 버렸던 것이다.

14 왕자야, 그럴 무렵 나는 생각하였다.

'과거의 어떤 수행자나 사제가 고행을 했다고 하나, 나의 고행보다 더 격렬하고 신랄하고 찢는 듯한 고통의 느낌을 느끼지는 못했다. 미래의 어떤 수행자나 사제가 고행을 한다고 할 것이나, 나의 고행보다 더 격렬하고 신랄하고 찢는 듯한 고통의 느낌을 느끼지는 못할 것이다. 현재의 어떤 수행자나 사제가 고행을 한다고 하나, 나의 고행보다 더 격렬하고 신랄하고 찢는 듯한 고통의 느낌을 느끼지는 못한다. 그러나 이토록 격렬하고 신랄하고 찢는 듯한 고행에도 불구하고 인간의 범위를 넘어서는 성스럽고 거룩한 진리(에 대한 짐작조차) 얻지 못하였다. 깨달음을 위한 다른 길이 있음에 틀림없다.'

바르고 원만한 깨달음을 얻으시다 II

왕자야, 그때 문득 과거의 기억이 떠올랐다.

내가 카필라 성에 있을 때 부왕의 명으로 농사를 감독하러 갔다가 시원한 잠부 나무 그늘에 앉아서 선정의 첫단계를 얻은 일이 있었다.⁵⁾ 애욕과 선하지 못한 것을 떠나고 사색과 사려를 갖추어, 애욕을 떠나는 것에서 생기는 기쁨과 즐거움을 누리며 지냈었다. 바로 그것이 깨달음을 향한 길의 입구가 아니겠는가.

그러던 나에게는 기억을 따라 판단이 내려졌다.

'그렇다. 이것이 깨달음을 향한 길이다.'

나는 다시 생각하였다.

'애욕과 착하지 못한 것을 떠나 버린 상태에서 즐거움이 일어났다. 나는 그러한 즐거움조차 두려워해야 하겠는가.'

나는 또 다시 생각하였다.

'애욕과 착하지 못한 것을 떠나 버린 상태에서 즐거움이 일어난다. 나는 그러한 즐거움을 두려워해서는 안 된다.'

15 왕자야, 그때 나에게는 이러한 생각이 떠올랐다. '이러한 몸으로 그러한 즐거움을 얻기란 불가능하다. 나는 덩어리가 있는 우유죽을 먹어야겠다.'

그리하여 나는 덩어리가 있는 우유죽을 청하여 먹었다.⁶⁾ 그때 출가 이후 지금껏 내 주위에서 나를 지켜보며 '수행자 고타마께서 깨달음을 얻으신다면 저희에게 알려주소서.'라고 부탁하던 다

●●●●●●●●●●●●
5) 팔리경장에 농경제에 대한 이러한 기사가 기록되어 있음을 볼 때『수행본기경』등의 내용이 단순한 스토리가 아니라 비교석 철저히 사실에 근거한 각색임을 느낄 수 있다. 그리고 사선(중의 제1선)이 깨달음을 향한 길의 입구가 됨은 불교를 배우는 이는 심사숙고하며 받들어야 될 내용임에 틀림없다.
6) 1. 불종성 경에서 이미 예견되었던 일이다. 1. 불종성 경 제2 수메다의 희구 제64 게송 참조.

섯 명의 걸식자[7]가 있었다. 그들은 내가 덩어리가 있는 우유죽을
청하여 먹는 것을 보고 나를 혐오하며 떠나갔다.
 '수행자 고타마는 고행을 버리고 세속의 생활을 시작했다. 세
속의 생활로 돌아간 것이다.'라고 하며.
16 그렇지만 왕자야, 나는 덩어리 있는 우유죽을 먹고 힘을 얻
은 뒤,

  애욕과 선하지 못한 것을 떠나고
  사색과 사려를 갖추어
  떠남에서 생긴 기쁨과 즐거움이 있는
  선정의 첫단계에 도달하여 지냈다.

  이어 사색과 사려가 고요해져
  안으로 깨끗하고, 마음이 하나로 되어
  삼매에서 생긴 기쁨과 즐거움이 있는
  선정의 둘째단계에 도달하여 지냈다.

  이어 기쁨에 대한 탐착을 떠나
  담담히 바라보고, 되새겨 알아냄을 갖추어 지내고
  몸으로 즐거움을 느꼈다.

• • • • • • • • • • •

7) 걸식자 : bhikkhu를 옮긴 말이다. 붓다의 제자들을 bhikkhu로 호칭하는 것의 기원이
  여기에 있는 듯하다. 이 대목에서 붓다도 없고 붓다의 제자도 없으므로 '걸식자'라고
  원뜻 그대로 옮겼다. 다른 곳에서는 '제자'라고 옮기고 있음은 물론이다.

그리하여 '담담히 바라보며 되새김을 갖춤은 즐거운 삶이다.'
라고 성인들이 말하는
선정의 셋째단계에 도달하여 지냈다.

이어 즐거움도 버리고 괴로움도 버리어
또 안심과 근심도 이미 과거에 소멸하여
괴롭지도 즐겁지도 않은
담담히 바라보면서도 되새김을 갖추어서 청정한
선정의 넷째단계에 도달하여 지냈다.

　이와 같은 명상에 들어 순백하고 순결하고 흠이 없고 때가 없고 부드럽고 능동적이고 굳건하고 흔들리지 않는 마음에서, 전생의 거처를 기억하는 앎을 얻기 위해 마음을 쏟고 기울였다.
　그리하여 수 많은 전생을 기억하였다. 무려 여러 겁의 생성과 소멸을 기억하되[8] 그 사이의 모든 전생을 모든 면에서 조목 조목 기억하였다. 밤이 시작되었을 때 나에게는 이러한 첫번째의 진리에 대한 밝힘이 이루어졌고 밝힘 아닌 것은 사라졌다. 어둠이 사라지고 빛이 일어난 것이다. 열심히 노력하고 게으르지 않았기 때문이었다.
　이어서 그렇게 명상에 든 마음에서, 중생들의 죽고 태어남에

●●●●●●●●●●●●
8) 宿住智証明을 언급하는 표현이다. 다소 축약된 번역을 하였다.
　다음의 생사지증명(生死智証明≒天眼通)과 漏盡智証明을 합쳐 불교의 三明을 이룬다. 곧 5. 보리 왕자 경에 입각하면 '四禪三明'이 붓다의 깨달음의 과정으로 이해되는 것이다.

관한 앎을 얻기 위해 마음을 쏟고 기울였다.

　그리하여 인간의 영역을 넘어 앎을 얻기 위해 마음을 쏟고 기울였다. 그리하여 인간의 영역을 넘어선 깨끗한 하늘 눈으로 중생들이 죽고 태어나는 것을 보았다. 재생할 때 열등하게 되거나 고상하게 되고, 좋은 모습을 지니거나 추한 모습을 지니고, 좋은 곳으로 가거나 나쁜 곳으로 가는 것을 보았다. 중생들이 업에 따라 태어나는 것을 그대로 알아내었다.

　밤이 깊었을 때 나에게는 이러한 두번째의 진리에 대한 밝힘이 이루어졌고 밝힘 아닌 것은 사라졌다. 어둠이 사라지고 빛이 일어난 것이다. 열심히 노력하고 게으르지 않았기 때문이었다.

　이어서 그렇게 명상에 든 마음에서, 역류하는 번뇌를 없애는 앎을 얻기 위해 마음을 쏟고 기울였다. 그리하여,

　이것은 괴로움이다라고 있는 대로 알아내고,

　이것은 괴로움의 일어남이라고 있는 대로 알아내고,

　이것은 괴로움의 사라짐이라고 있는 대로 알아내고,

　이것은 괴로움의 사라짐에 이르는 길이라고 있는 대로 알아내었다.

　이것은 역류함이라고 있는 대로 알아내고,

　이것은 역류함의 일어남이라고 있는 대로 알아내고,

　이것은 역류함의 사라짐이라고 있는 대로 알아내고,

　이것은 역류함의 사라짐에 이르는 길이라고 있는 대로 알아내었다.

　애욕의 역류함에서 마음이 해탈하고,

　존재의 역류함에서 마음이 해탈하고,

　밝힘 아닌 것의 역류함에서 마음이 해탈하였다.

해탈한 데서 해탈했다는 앎이 있었다.
 '나의 고통은 다하고 수행은 완성되고 의무는 완료되고 이 존재외에는 더 없다.'라고 알아내었다. 밤이 끝나갈 무렵 나에게는 이러한 세번째의 진리에 대한 밝힘이 이루어졌고 밝힘 아닌 것은 사라졌다. 어둠이 사라지고 빛이 일어난 것이다. 열심히 노력하고 게으르지 않았기 때문이었다."

3. 범신의 권청(17~19)
4. 법의 바퀴를 굴림(20~22)[9]

23 "왕자야, 나의 가르침과 지도를 받던 그 다섯 제자는 오래지 않아, 선남자가 올바로 출가할 때 품었던 청정한 수행의 궁극적인 완성을 현재에 스스로 잘 알고 똑똑히 보아 구족하여 지냈다."
 붓다께서 이와 같이 설하시자 보리 왕자는 여쭈었다.
 "붓다시여, 붓다의 제자는 그렇게 오신 붓다로부터 얼마동안을 지도받아야, 선남자가 올바로 출가할 때 목적으로 지녔던 청정한 수행의 궁극적인 완성을 현재에 스스로 잘 알고 똑똑히 보아 구족하여 지내게 됩니까."

●●●●●●●●●●●●●●
9) 4. 파사라시 경의 제16~23 단락과 전적으로 동일하다. 단 '제자들아'하는 호격어를 '왕자야'로 바꾸면 된다.

5. 다섯 가지 노력할 만한 것

24 "왕자야, 그렇다면 여기서 너에게 되묻겠다. 아는 대로 답하여라. 왕자야, 너는 몰이 막대를 써서 코끼리 다루는 기술이 능통하지 않는가."

"붓다시여, 그렇습니다."

"왕자야, 생각해 보아라. 여기 어떤 사람이 네가 코끼리를 다루는 기술이 능통하다는 것을 알고 너의 곁에서 그 기술을 배우기 위해 왔다고 하자. 그런데 그는 믿음이 없다. 그러면 믿음으로 도달해야 할 것은 결코 얻지 못한다. 또 병이 많고 교활하며 기만적이고 게으르다. 그러면 병이 적고 교활하거나 기만적이지 않고 늘 정진해야 도달할 수 있는 것은 결코 얻지 못한다. 또 지혜가 없다. 그러면 지혜가 있어야 도달할 수 있는 것은 결코 얻지 못한다. 왕자야, 어떻게 생각하느냐. 그 사람은 코끼리 다루는 기술을 배울 수 있을 것 같으냐."

"붓다시여, 그 중 한 가지에만 해당하여도 그 사람은 제 곁에서 기술을 배울 수 없습니다. 하물며 다섯 가지야 말할 것도 없습니다."

25 "왕자야, (다시) 생각해 보아라. 여기 어떤 사람이 네가 코끼리를 다루는 기술이 능통하다는 것을 알고 너의 곁에서 그 기술을 배우기 위해 왔다고 하자. 그런데 그는 믿음이 있다. 그러면 믿음으로 도달해야 할 것을 반드시 얻게 된다. 또 병이 적고 교활하거나 기만적이지 않고 늘 정진한다. 그러면 병이 적고 교활하거나 기만적이지 않고 늘 정진해야 도달할 수 있는 것을 반드시 얻게 된다. 또 지혜가 있다. 그러면 지혜로 도달해야 할 것을

반드시 얻게 된다. 왕자야, 어떻게 생각하느냐. 그 사람은 코끼리 다루는 기술을 배울 수 있을 것 같으냐."

"붓다시여, 그 중 한 가지만 갖추고 있어도 그 사람은 제 곁에서 기술을 배우게 됩니다. 하물며 다섯 가지야 말할 것도 없습니다."

"왕자야, 다음의 다섯 가지는 그와 같이 노력할 만하다. 다섯 가지란 무엇인가. 왕자야, 붓다의 제자가 믿음이 있다. 곧 그렇게 오신 붓다의 깨달음을 믿으니, 붓다는 그렇게 온·동등한·바르고 원만하게 깨달은·밝힘에의 진행을 완성한·잘 간·세간을 아는·더 이상 없는·사람을 길들이는·천신과 인간의 스승인·깨달은 어른이시다라고 믿는다. 또 병이 적다. 앓는 일이 적고 소화를 잘 시키는 장기를 지녔고 너무 춥지도 않고 너무 덥지도 않은 그 가운데 이어서 노력하며 참아낸다. 또 교활하거나 기만적이지 않다. 사실대로 스스로를 스승과 현자와 청정한 수행자들에게 드러낸다. 또 늘 정진력을 일으킨다. 선하지 않은 법을 제거하고 선한 법을 일으키기 위해 힘을 갖추었으니 선한 법들에서 굳세게 노력하고 물러서지 않는다. 또 지혜가 있다. 발생과 소멸에 관련된 지혜를 갖추니 성스럽고 꿰뚫게 하고 올바로 괴로움의 소멸로 이끄는 지혜를 갖춘다. 왕자야, 이것이 다섯 가지 노력할 만한 것이다.

26 왕자야, 붓다의 제자는 노력할 만한 이 다섯 가지를 갖출 경우 그렇게 오신 붓다의 지도를 받아 7년 동안이면, 선남자가 올바로 출가할 때 목표로 지녔던 청정한 수행의 궁극적인 완성을 스스로 잘 알고 똑똑히 보아 구족하여 지낼 것이다. 왕자야, 7년은 관두고 6년이면, 6년이 아니라 5년이면, 5년이 아니라 4년이

면, 4년이 아니라 3년이면, 3년이 아니라 2년이면, 2년이 아니라 1년이면 노력할 만한 다섯 가지를 갖출 경우 그렇게 오신 붓다의 지도를 받아 선남자가 올바로 출가할 때 목표로 지녔던 청정한 수행의 궁극적인 완성을 스스로 잘 알고 똑똑히 보아 구족하여 지낼 것이다.

왕자야, 1년은 관두고 7개월이면, 7개월이 아니라 6개월이면, 6개월이 아니라 5개월이면, 5개월이 아니라 4개월이면, 4개월이 아니라 3개월이면, 3개월이 아니라 2개월이면, 2개월이 아니라 1개월이면, 1개월이 아니라 보름이면 노력할 만한 다섯 가지를 갖출 경우 그렇게 오신 붓다의 지도를 받아 선남자가 올바로 출가할 때 목표로 지녔던 청정한 수행의 궁극적인 완성을 스스로 잘 알고 똑똑히 보아 구족하여 지낼 것이다.

왕자야, 보름은 관두고 7일이면, 7일이 아니라 6일이면, 6일이 아니라 5일이면, 5일이 아니라 4일이면, 4일이 아니라 3일이면, 3일이 아니라 2일이면, 2일이 아니라 하루면, 하루가 아니라 저녁에 배우면 아침에, 아침에 배우면 저녁에, 노력할 만한 다섯 가지를 갖출 경우 그렇게 오신 붓다의 지도를 받아 특별한 (경지)에 도달할 것이다."

6. 보리 왕자가 신자 됨

27 붓다께서 이와 같이 설하시자 보리 왕자는 탄성을 질렀다. "아! 붓다여. 아! 법을 설하시는 분이여! 실로 저녁에 배워 아침

에 특별한 (경지)에 도달하고 아침에 배우면 저녁에 특별한 (경지)에 도달하신다니!"

그러자 산지카풋타 동자는 보리 왕자에게 말했다.

"보리 왕자는 아! 붓다여, 아! 법이여, 아! 법을 설하는 분이여라고 말했지만 그것이 붓다와 법과 제자 승단에 귀의한 것은 아니오."

"착한 산지카풋타야, 그렇게 말하지 말라. 착한 산지카풋타야, 그렇게 말하지 말라. 나는 어머니의 면전에서 직접 들어 지니는 것이 있다. 한때 붓다께서는 코삼비 시의 고시타라마 정원에서 지내셨다. 그때 나의 어머니는 아기를 밴 채 붓다께 나아갔다. 그리고 붓다께 공손히 절하고 한쪽에 앉았다. 나의 어머니는 붓다께 태안의 아이가 남자이든 여자이든 붓다와 법과 제자 승단에 귀의하오며 목숨이 다할 때까지 귀의하오니 신자로서 받아달라고 하셨다. (그때 아기가 바로 나이다).

그리고 한때 붓다께서는 이곳 박가 국의 수수마라기라 산에 있는 베사칼라바나 숲의 사슴동산에 지내셨다. 그때 유모는 나의 팔을 잡고 붓다가 계신 곳으로 갔다. 가서 붓다께 공손히 절하고 한쪽에 섰다. 그리고 유모는 붓다께 이 보리 왕자가 붓다와 법과 제자 승단에 귀의하오며 목숨이 다할 때까지 귀의하오니 신자로서 받아달라고 하였다.

착한 산지카풋타야, 이제 세번째로 나는 붓다와 법과 제자 승단에 귀의한다. (붓다시여,) 목숨이 다할 때까지 귀의하오니 저를 신자로서 받아 주소서."

— 5. 보리 왕자 경 끝 —

6. 깨달음 경[1]
바르고 원만한 깨달음을 얻으시다 III [2]

5 이와 같이 내가 들었다. 한때 붓다께서는 깨달음의 나무 아래서 원만히 잘 깨달아 처음으로 붓다가 되셨다. 그로부터 한 자

●●●●●●●●●●●●

1) 소니카야(Khuddaka-Nikāya) 제1권 『자설경(自說經, Udāna)』 중 제3경 (Tatiyabodhisutta)의 번역이다 (kh.N.I, p. 64~65). 이 자설경 전체는 80개 경으로 되어 있는데 필자는 이미 『춤과 사색의 한가운데』(길출판사. 서울 1992)라는 책으로 팔리 원전에서 고스란히 번역하였다. 본 경은 그 책의 경우 p.176~177에 실려 있다.
2) 고타마 붓다의 깨달음 내용이 바로 十二緣起說임을 단정적으로 보여주는 경이다. 사실 이 경을 읽어보면 깨달음을 얻어 붓다가 되신 다음에야 12연기의 법칙을 사유하는 것으로 묘사되고 있다. 따라서 붓다의 깨달음 그 자체가 이루어진 뒤에 붓다에 의해 고안된 것이 12연기의 법칙을 사유하는 것으로 묘사되고 있다. 따라서 붓다의 깨달음 그 자체가 이루어진 뒤에 붓다에 의해 고안된 것이 12연기설이지, 깨달음의 내용 그것에 12연기가 해당되는 것은 아니다라고 말할 수 있는 것이다. 이러한 논리의 핵심은 12연기설을 붓다께서 깨달음 이후에 사유하신 것이라는 경설에 있다. 그러나 이 중의 게송을 보면 '법칙(dhamma)이 있어 악마의 군대를 쳐부순다'라고 하거니와 이는 우리가 흔히 알고 있는 '降魔成道'의 사건을 극극히 간략하게 보여주는 형태

리에 다리를 맺고 앉으신 채 7일 동안 오로지 명상에 잠기어 해탈의 즐거움을 누리셨다. 그러던 7일이 지나 자리에서 일어나셨다. 그리고 밤이 끝나갈 무렵 '일어나는 대로 그리고 사라지는 대로' 명료하게 사유하셨다.

이것이 있으므로 저것이 있고
이것이 일어나므로 저것이 일어난다.
이것이 없으므로 저것이 없고
이것이 사라지므로 저것이 사라진다.
밝힘 아닌 것에 기대어 결합이 있다.
결합에 기대어 식별이 있다.
식별에 기대어 이름과 색이 있다.
이름과 색에 기대어 여섯 포섭처가 있다.

● ● ● ● ● ● ● ● ● ● ● ●

이다. 여기서 법칙이 곧 깨달음의 내용이 됨을 알 수 있는데 그 법칙은 이 경의 경우 이 경이 주제로 삼은 12연기설이 아닐 수 없다. 따라서 여기 언급된 깨달음 이후의 12연기에 대한 사유는 이미 깨달았던 것을 다시 한번 되새겨 사유한 것을 표현한 것으로도 볼 수 있는 것이다. 그러면 붓다께서는 깨달음 이전에 12연기설을 사유하신 적이 있는가? 있다. 상응니카야(Saṁyutta-Nikāya) 제2권 제2품 제12상응 제4~10경(Vipassisutta~Gotamasutta)에 보면, 고타마 붓다 뿐만 아니라, 붓다들은 모두 '깨달음을 얻지 못한 구도자(bodhi-Satta)'시절에 12연기를 사유했음을 분명히 하고 있다. 그리고 12연기를 사유함으로써 깨달음을 얻어 붓다가 되었음을 분명히 암시하고 있다. 따라서 12연기설이 붓다의 깨달음의 내용임은 당연해진다. 그리하여 제9 대본 경에서는 비파씨 붓다께서〔齊識〕緣起를 사유하여 깨달음을 얻는 대목이 자세히 나타난다. 참고하기 바란다. 이와 같이 12연기설을 붓다 깨달음의 내용으로 규정하는 본 경은 매우 중요하다. 그리하여 팔리 삼장(三藏) 중 제1 율장의 제1경은 역시 이『깨달음경』으로 되어 있는 것이다. 우리는 이 경의 가치를 귀하게 여길줄 알아야 하고 12연기설에 더욱 높은 관심을 기울여야 하는 것이다.

여섯 포섭처에 기대어 부딪침이 있다.
부딪침에 기대어 느낌이 있다.
느낌에 기대어 갈애가 있다.
갈애에 기대어 취함이 있다.
취함에 기대어 됨이 있다.
됨에 기대어 생함이 있다.
생함에 기대어 늙음, 죽음, 슬픔, 눈물, 괴로움, 근심, 갈등이
한꺼번에 있게 된다.
이와 같이 온통 괴롭기만한 괴로움의 근간이
함께 일어나 있는 것이다.

진실로 밝힘아닌 것에서 탐착을 떠나
그것이 남김없이 사라지므로 결함이 사라진다.
결함이 사라지므로 식별이 사라진다.
식별이 사라지므로 이름과 색이 사라진다.
이름과 색이 사라지므로 여섯 포섭처가 사라진다.
여섯 포섭처가 사라지므로 부딪침이 사라진다.
부딪침이 사라지므로 느낌이 사라진다.
느낌이 사라지므로 갈애가 사라진다.
갈애가 사라지므로 취함이 사라진다.
취함이 사라지므로 됨이 사라진다.
됨이 사라지므로 생함이 사라진다.
생함이 사라지므로
늙음, 죽음, 슬픔, 눈물, 괴로움, 근심, 갈등이 사라진다.
이와 같이 온통 괴롭기만하던 괴로움의 근간이 사라지는 것이다.

6 붓다께서는 이 일을 맞아 크게 느끼신 바가 있어 그때에 감명 깊은 게송으로 말씀하셨다.

"고요히 명상에 잠긴 사제에게, 진실로 법칙이 드러났다.
태양이 허공에서 작열하듯이
악마의 군대를 마침내 쳐부신 것이다."

— 6. 깨달음 경 끝 —

7. 전법륜 경[1]
진리의 설파 II

11 한때 붓다께서는 바라나시 시의 외곽에 있는 이시파타의 사슴동산에서 지내셨다. 그곳에서 붓다께서는 다섯 명의 제자들을 불러 말씀하셨다.

"제자들아, 출가자들이 가까이 해서는 안 되는 두 가지 극단이

● ● ● ● ● ● ● ● ● ● ● ● ●
1) 원시불교의 경들 중 가장 유명한 경 중의 하나이다. 한역 대응경 뿐만 아니라 범본 단편(Dharma cakra pravartana)도 발견되어 있고 티벳 역도 2본이 존재한다. 『전법륜경』이 지닌 의미는 여러 가지이겠으나 특히 붓다의 깨달음이 보편타당성을 획득함을 보여주는 데서 궁극적인 의미를 둘 수 있다. 붓다의 깨달음이 붓다에게만 국한된다면 그것은 무의미하다. 우선 우리에게 이익이 없을 뿐 아니라 그것이 진실인지도 알 수 없다. 반드시 타인에게 고스란히 전달될 수 있어야 타인에게 이익이 되고 또한 진실성이 공표된다. 『전법륜경』은 붓다의 깨달음이 콘단냐라는 제자에게 보편 타당하게 전달됨을 보여준다. 보편 타당성은 진리의 조건이다. 따라서 『전법륜경』을 통하여 붓다의 깨달음이 진리인 것을 확인할 수 있을 것이다.
이 경은 상응니카야(Saṁyutta-Nikāya) 제4권 제5품 제56상응 제11경(Dhamma-cakka-pavattana-sutta), (S.N.IV, p.360~363)의 번역이다.

있다. 두 가지란 어떤 것인가. 하나는 여러 가지 애욕에서 쾌락을 즐기며 빠져 지내는 것이다. 그것은 낮고 세속적이고 저급하고 성스럽지 못하고 이익이 없다. 또 하나는 스스로를 괴롭히는 짓에 빠져 지내는 것이다. 그것은 괴롭고 성스럽지 못하고 이익이 없다.

제자들아, 진리로서 오신 붓다는 이 양 극단에 치우치지 않고 가운데 길로써 진리를 깨달으셨다. 그 가운데 길이야말로 눈을 만들어 주고, 앎을 만들어 준다. 고요함과 명료한 인식과 원만한 깨달음과 진리의 세계로 이끌어 준다.[2]

제자들아, 어떤 것이 그 가운데 길인가?

여덟 가지의 성스러운 길이 있다. 곧 바른 견해·바른 사유·바른 언어·바른 직업·바른 생활·바른 노력·바른 기억·바른 삼매가 그것이다. 이들이 가운데 길로써 눈을 만들어 주고, 앎을 만들어 주고, 고요함과 명료한 인식과 원만한 깨달음과 진리의 세계로 이끌어 준다.

제자들아, 이것이 괴로움이라는 거룩한 진리이다.

●●●●●●●●●●●●●

[2] 원시불교의 팔리 경전에서는 모두 6종의 中道사상이 나타난다. 그 중 『전법륜경』에 나타나는 중도는 이른바 '行의 中道'로서 여타의 중도설과 조금 차이가 있다.
우선 '중도'에 대한 다른 언급들을 보면, 苦樂(dukkha-sukha)의 自作(sayaṁkata) 他作(paraṁ kata)에 대한 중도〔A.N.I, p.266(N.D.P.)〕, 命과 身(jiva-sarira)의 一(eka)·異(añña)에 대한 중도(S.N.II, p. 20), 斷(uccheda)과 常(sassata)에 대한 중도(S.N.II, p. 52~54), 性(ekatta)과 多性(puthutta)에 대한 중도(S.N.II, p.20) 및 有(atthi) 無(natthi) 등에 대한 중도이다. 그런데 이들에 대한 중도는 한결같이 '12연기설'로 나타난다.
이에 비해 위의 중도를 '行의 中道'라고 한 것은 中道의 내용이 12연기설이 아닌 '8정도'로 나타나고 있기 때문이다.

태어남·늙음·병듦·죽음이 괴로움이다. 미운 자와 만나고 사랑하는 자와 헤어짐이 괴로움이다. 구하는 것을 얻지 못함도 괴로움이다. 요약하면 취(取)함이 있는 다섯 가지 근간이 괴로움이다.
 제자들아, 이것이 괴로움의 일어남이라는 거룩한 진리이다.
 윤회를 야기하는, 애욕과 존재와 존재 아닌 것에 대한 맹목적 애착이 그 내용이다.
 제자들아, 이것이 괴로움의 멸함이라는 거룩한 진리이다.
 윤회를 야기하는 그 맹목적 애착을 남김없이 소멸·단멸·사멸시키는 것이다.
 제자들아, 이것이 괴로움의 멸함에 이르는 길이라는 거룩한 진리이다. 곧 여덟 가지 성스러운 길이니, 바른 견해·바른 사유·바른 언어·바른 직업·바른 생활·바른 노력·바른 기억·바른 삼매가 그것이다.
 제자들아, '이것이 괴로움의 진리이다.'라고 나는 알아내었다. 이처럼 나에게는 이전에 들어보지 못한 내용이 떠올랐다. 그것은 눈이 생긴 것이었고 앎·지혜·밝힘·빛이 생긴 것이었다.
 다시 제자들아, '이 괴로움의 진리는 완전히 알아야만 한다.'라고 나는 알아내었다. 이처럼 나에게는 이전에 들어보지 못한 내용이 떠올랐다. 그것은 눈이 생긴 것이었고 앎·지혜·밝힘·빛이 생긴 것이었다.
 다시 제자들아, '이 괴로움의 진리를 이미 완전히 알았다.'라고 나는 알아내었다. 이처럼 나에게는 이전에 들어보지 못한 내용이 떠올랐다. 그것은 눈이 생긴 것이었고 앎·지혜·밝힘·빛이 생긴 것이었다.
 제자들아, '이것이 괴로움의 일어남이다.'라고 나는 알아내었다. 이처럼 나에게는 이전에 들어보지 못한 내용이 떠올랐다. 그것은 눈이 생긴 것이었고 앎·지혜·밝힘·빛이 생긴 것이었다.

다시 제자들아, '괴로움의 일어남은 버려져야만 한다.'라고 나는 알아내었다…….

다시 제자들아, '괴로움의 일어남은 이미 버려졌다.'라고 나는 알아내었다. 이처럼 나에게는 이전에 들어보지 못한 내용이 떠올랐다. 그것은 눈이 생긴 것이었고 앎·지혜·밝힘·빛이 생긴 것이었다.

제자들아, 이것이 괴로움의 사라짐이라고 나는 알아내었다.…….

다시 제자들아, '괴로움의 사라짐은 똑똑히 보아야 한다.'라고 나는 알아내었다…….

다시 제자들아, '괴로움의 사라짐은 이미 똑똑히 보았다.'라고 나는 알아내었다. 이처럼 나에게는 이전에 들어보지 못한 내용이 떠올랐다. 그것은 눈이 생긴 것이었고 앎·지혜·밝힘·빛이 생긴 것이었다.

제자들아, '이것이 괴로움의 멸함에 이르는 길이다.'라고 나는 알아내었다…….

다시 제자들아, '괴로움의 멸함에 이르는 길은 이미 닦여졌다.'라고 나는 알아내었다. 이처럼 나에게는 이전에 들어보지 못한 내용이 떠올랐다. 그것은 눈이 생긴 것이었고 앎·지혜·밝힘·빛이 생긴 것이었다.

제자들아, 이와 같이 이 네 가지 성스러운 진리에 대하여 각각 세차례씩 12가지의 특질을 있는 그대로 완벽하게 알고 보지 못했다면 나는 천신, 범신, 마신을 포함한 세간과 수행자와 사제를 포함한 인간 등 천신과 인간들 가운데서 '더 이상 없는 바르고 원만한 깨달음을 얻었다.'라고 선언하지 못했을 것이다.

제자들아, 이 네 가지 성스러운 진리에 대하여 각각 세차례씩 12가지의 특질을 있는 그대로 완벽하게 알고 보았기 때문에 나는 천신, 범신, 마신을 포함한 세간과 수행자와 사제를 포함한 인간 등 천신과 인간들 가운데서, '더 이상 없는 바르고 원만한 깨달음을 얻었다.'라고 선언했던 것이다.

실로 나는 '나의 해탈은 흔들리지 않는다. 이것이 최후의 고통스런 삶이다. 이제 재생의 근거는 다시 없다.'라고 알고 보았던 것이다.

12 나는 이와 같이 가르쳤고, (그것으로) 뜻을 성취한 다섯 제자는 나의 말을 매우 기뻐하며 받들었다.

그런데 이러한 진리의 설파가 이루어지고 있을 때 콘단냐 제자는 먼지와 때를 말끔히 없앤 진리의 눈을 얻었다. '일어난 존재는 모두 사라지는 존재이다.'라고.

(결국 나의 깨달음은 콘단냐 장로에게 성공적으로 전달된 것이었다.) 이와 같이 진리의 설파가 이루어졌을 때, 땅에 사는 지신(地神)들이 큰 소리를 내었다.

'수행자, 사제, 천신, 범신, 마신 및 세간의 어떤 존재에 의해서 한번도 이 세상에 제시된 적 없던 진리가, 붓다에 의하여 바라나시 이시파타나의 사슴동산에서 설파되었다.'

지신들의 소리를 듣고서 사천왕천의 천신들[四天王神]이 큰 소리를 내었다. '수행자, 사제, 천신, 범신, 마신 및 세간의 어떤 존재에 의해서 한번도 이 세상에 제시된 적 없던 진리가, 붓다에 의하여 바라나시 이시파타나의 사슴동산에서 설파되었다.'

사천왕 신의 소리를 듣고서 삼십삼천(三十三天)의 천신들이 큰 소리를 내었다.……

삼십삼천 천신들의 소리를 듣고서 야마천의 천신들이 큰 소리를 내었다.……

야마천 천신들의 소리를 듣고서 도솔천의 천신들이 큰 소리를 내었다.……

도솔천 천신들의 소리를 듣고서 화락천의 천신들[化樂天神]이 큰 소리를 내었다.……

화락천 천신들의 소리를 듣고서 타화자재천의 천신들[他化自在天神]이 큰 소리를 내었다.……

타화자재천 천신들의 소리를 듣고서 범신이 지배하는 하늘의 천신들도 큰 소리를 내었다. '수행자, 사제, 천신, 범신, 마신 및 세간의 어떤 존재에 의해서 한번도 이 세상에 제시된 적 없는 진리가, 붓다에 의하여 바라나시 이시파타나의 사슴동산에서 설파되었다.'라고.

이와 같이 순식간에 범신의 하늘까지 그 소식은 전달되었다. 그리하여 만 개의 큰 세계로 이루어진 전 우주에 큰 진동이 퍼져 나갔고 측량할 수 없는 빛과 광채가 세상을 가득 메웠다.

나는 그때 크게 감동하였다. 그리하여 '콘단냐가 깨달았구나. 콘단냐가 깨달았구나.'하고 감동을 표백하였다. 그 이후로 콘단냐는 깨달은 콘단냐라고 이름 불리었다."

— 7. 전법륜 경 끝 —

8. 대반열반 경[1]
진리의 설파Ⅲ[2]

1. 밧지 국민들의 일곱 가지 쇠퇴할 수 없는 법

1 이와 같이 내가 들었다. 한때 붓다께서는 라자가하 시에 있

●●●●●●●●●●●●

1) 팔리 장니카야(Pāli Dīgha Nikāya) 제2권 제3경(Mahā parinibbāna Sutta)의 완역이다. 〔D.N.Ⅱ, p.58~129(N.D.P) p.72~168(P.T.S) p.61~138(Burmese版)〕에 이르는 경전으로서 팔리5니카야에 실린 경들 중 가장 긴 길이의 경전이다. 주요 한역상의 대응경으로는, 長阿含2권『遊行經』(大正藏1, p.21~)『佛般泥洹經』(大正藏 1, p.169~)『大般涅槃經』(大正藏 1, p.201~)『般泥洹經』(大正藏 1, p.176~)이 있다.
본 번역은 이상의 대응경들 중 마지막의『반니원경』을 주요 참고본으로 삼아 간간이 필요한 내용을 소개할 것이다. 그리고 한글 역은 고익진 편역『한글 아함경』(동국대출판부)을 참고한다.
2) 『대반열반경』의 전반부는 붓다의 최종적이고 결정적인 설법을 담고 있다. 바로 앞에 살폈던 제7『전법륜경』의 四諦에 대한 설법에서부터 시작되었던 붓다의 전법 내용은 바로 이 대반열반경의 전반부에 응축되어 나타난다. 따라서『대반열반경』에 속하지만 전반부는 〔진리의 설파(3)〕라는 항목의 성격을 부여한 것이다.

는 깃자쿠타 산에서 지내셨다. 그때 마가다 국의 왕 아자타삿투 베데히풋타는 밧지 국을 공격하고 싶어했다. "밧지 국은 큰 위신력이 있고 큰 위엄이 있다. (그래서) 나는 그 밧지 국을 단멸시키겠다. 밧지 국을 소멸시키겠다. 밧지 국을 불행에 빠뜨리겠다." 라고 말했다.[3]

2 마가다 국의 왕 아자타삿투 베데히풋타는 마가다 국의 대신으로서 사제계급 출신인 밧사카라를 불러 이렇게 말했다.

"사제종성이여, 그대는 붓다께 가보아라. 가서 내가 말씀으로 나마 어른의 발에 머리로써 절한다고 하여라. 그리고 병환은 없으신지, 편찮으시지는 않으신지, 몸은 가벼우시며 힘은 있으신지, 지내기는 편안하신지를 내가 여쭙는다고 하여라.

곧 '붓다시여, 마가다 국의 왕 아자타삿투 베데히풋타는 붓다의 발에 머리로써 절합니다. 그리고 병환은 없으신지, 편찮으시지는 않으신지, 몸은 가벼우시며 힘은 있으신지, 지내기는 편안하신지를 묻습니다.'라고 말씀 드려라.

그리고 이렇게 여쭈어라. '붓다시여, 마가다 국의 왕 아자타삿투 베데히풋타는 밧지 국을 공격하고자 합니다. 밧지 국은 큰 위신력이 있고 큰 위엄이 있다. (그래서) 나는 그 밧지 국을 단멸시키겠다. 밧지 국을 소멸시키겠다. 밧지 국을 불행에 빠뜨리겠

●●●●●●●●●●

3) 『반니원경』에서는 "밧지 국이 나라가 부강하고 백성이 많으며 땅이 기름지고 들이 풍년들며 진기한 보물이 많이 나는 것을 믿고 나에게 굴복하지 않으니 마땅히 가서 정복하고 말리라."라고 하는 왕의 심사를 전해주고 있다.

다라고 왕은 말합니다.' 그런 뒤 붓다께서 그대에게 답하시는 대로 잘 받들어서 나에게 알리도록 하라. (진리)로서 오신 붓다는 진리가 아닌 것은 말씀하지 않으신다."

3 마가다 국의 대신으로서 사제계급 출신인 밧사카라는 마가다 국의 왕 아자타삿투 베데히풋타에게 "예."하고 응답한 뒤 매우 훌륭한 수레들을 준비시켰다. 그리고 수레에 올라 타 라자가하 시를 출발하여 깃자쿠타 산으로 나아갔다. 수레가 갈 수 있는 땅까지 수레로 나아간 뒤 수레에서 내려 걸어서 붓다께서 계신 곳으로 왔다. 와서는 붓다와 함께 인사를 나누고 안부와 근황을 여쭌 후에 한쪽에 앉았다. 한쪽에 앉은 마가다 국의 대신으로서 사제계급 출신인 밧사카라는 붓다께 이렇게 말씀 드렸다.

"고타마시여, 마가다 국의 왕 아자타삿투 베데히풋타는 고타마 님의 발에 머리로 절합니다. 그리고 병환은 없으신지, 편찮으시지는 않으신지, 몸은 가벼우시며 기력은 있으신지, 지내시기는 편안하신지를 여쭙니다. 고타마시여, 마가다 국의 왕 아자타삿투 베데히풋타는 밧지 국을 공격하고자 합니다. '밧지 국은 큰 위신력이 있고 큰 위엄이 있다. (그래서) 나는 밧지 국을 단멸시키겠다. 밧지 국을 소멸시키겠다. 밧지 국을 불행에 빠뜨리겠다.'라고 왕은 말합니다."

4 그때 아난다 장로가 붓다의 등 뒤에 서서 붓다께 부채질을 하고 있었다. 붓다께서는 아난다를 불러 말씀하였다.

"아난다야, 너는 어떻게 들었느냐? 밧지 국 사람들이 지속적으로 모임을 갖고 많이들 모인다라고 들었느냐?"

"붓다시여, 저는 밧지 국 사람들이 지속적으로 모임을 갖고 많이들 모인다라고 들었습니다."

"아난다야, 밧지 국 사람들이 지속적으로 모임을 갖고 많이들 모이는 이상, 밧지 국 사람들에게는 아난다야, 번창함이 예견될 뿐 쇠퇴함이란 있을 수 없다. 아난다야, 너는 어떻게 들었느냐. 밧지 국 사람들은 화합하여 모이고 화합하여 돌아오며 화합하여 밧지 국의 일을 처리한다라고 들었느냐."

"붓다시여, 저는 밧지 국 사람들이 화합하여 모이고, 화합하여 돌아오며, 화합하여 밧지 국의 일을 처리한다라고 들었습니다."

"아난다야, 밧지 국 사람들이 화합하여 모이고, 화합하여 돌아오며, 화합하여 밧지 국의 일을 처리하는 이상, 밧지 국 사람들에게는 아난다야, 번창함이 예견될 뿐 쇠퇴함은 있을 수 없다. 아난다야, 너는 어떻게 들었느냐. 밧지 국 사람들은 제정되지 않은 것은 제정하지 않고, 이미 제정된 것은 어기지 않고, 예전에 제정된 밧지 국의 법을 지키고 준수한다라고 들었느냐."

"붓다시여, 저는 밧지 국 사람들이 제정되지 않은 것은 제정하지 않고, 이미 제정된 것은 어기지 않고, 예전에 제정된 밧지 국의 법을 지키고 준수한다라고 들었습니다."

"아난다야, 밧지 국 사람들이 제정되지 않은 것은 제정하지 않고, 이미 제정된 것은 어기지 않고, 예전에 제정된 밧지 국의 법을 지키고 준수하는 이상, 밧지 국 사람들에게는 아난다야, 번창함이 예견될 뿐 쇠퇴함은 있을 수 없다. 아난다야, 너는 어떻게 들었느냐. 밧지 국 사람들은 밧지 국의 고령자들을 존경하고, 존중하고, 공경하고, 공양하고, 그들의 이야기를 들어야 하는 것으로 생각한다라고 들었느냐."

"붓다시여, 저는 밧지 국 사람들이 밧지 국의 고령자들을 존경하고, 존중하고, 공경하고, 공양하고 그들의 이야기를 들어야 하는 것으로 생각한다라고 들었습니다."

"아난다야, 밧지 국 사람들이 밧지 국의 고령자들을 존경하고, 존중하고, 공경하고, 공양하고, 그들의 이야기를 들어야 하는 것으로 생각하는 이상, 밧지 국 사람들에게는 아난다야, 번창함이 예견될 뿐 쇠퇴함은 있을 수 없다. 아난다야, 너는 어떻게 들었느냐. 밧지 국 사람들은 (다른) 집안의 여인과 (다른) 집안의 소녀를 강제로 데려와 살게 하지 않는다라고 들었느냐."

"붓다시여, 저는 밧지 국 사람들이 (다른) 집안의 여인과 (다른) 집안의 소녀를 강제로 데려와 살게 하지 않는다라고 들었습니다."

"아난다야, 밧지 국 사람들이 (다른) 집안의 여인과 (다른) 집안의 소녀를 강제로 데려와 살게 하지 않는 이상, 밧지 국 사람들에게는 아난다야, 번창함이 예견될 뿐 쇠퇴함은 있을 수 없다. 아난다야, 너는 어떻게 들었느냐? '밧지 국 사람들은 안팎에 있는 밧지 족의 사당[4]들을 존경하고, 존중하고, 공경하고, 공양한다. 그리고 이전에 주어지고 만들어진 법다운 세금을 낭비하지 않는다.'라고 들었느냐."

"붓다시여, 저는 '밧지 국 사람들이 안팎에 있는 밧지 족의 사당들을 존경하고, 존중하고, 공경하고, 공양한다. 그리고 이전에 주어지고 만들어진 법다운 세금을 낭비하지 않는다.'라고 들었습니다."

---

4) 制多, 支提 등으로 음사되었던 cetiya의 한글 옮김이다. 塔廟라고 번역하기도 한다. 주로 조상들의 영혼을 기리는 사당을 뜻한다.

"아난다야, 밧지 국 사람들이 안팎에 있는 밧지 족의 사당들을 존경하고, 존중하고, 공경하고, 공양하며, 이전에 주어지고 만들어진 법다운 세금을 낭비하지 않는 이상, 밧지 국 사람들에게는 아난다야, 번창함이 예견될 뿐 쇠퇴함은 있을 수 없다. 아난다야, 너는 어떻게 들었느냐. 밧지 국의 자격 있는 수행자[5]들에게는 법다운 보호대책이 잘 정돈되어 있어, 온 적이 없던 자격 있는 수행자들이 그 영토에 오게 되고 와 있던 자격 있는 수행자들은 편히 지낼 수 있다라고 들었느냐."

"붓다시여, 저는 밧지 국의 자격 있는 수행자들에게는 법다운 보호대책이 잘 정돈되어 있어, 온 적이 없는 자격 있는 수행자들이 그 영토에 오게 되며 와 있던 자격 있는 수행자들은 편히 지낼 수 있다라고 들었습니다."

"아난다야, 밧지 국의 자격 있는 수행자들에게는 법다운 보호대책이 잘 정돈되어 있어, 온 적이 없는 자격 있는 수행자들이 그 영토에 오게 되며 와 있던 자격 있는 수행자들이 편히 지낼 수 있는 이상, 밧지 국 사람들에게는 아난다야, 번창함이 예견될 뿐 쇠퇴함은 있을 수 없다."

5 붓다께서 마가다 국의 대신인 사제계급 출신 밧사카라를 불러 말씀하셨다.

"사제종성이여, 한때 나는 베살리의 사란다다 사당에서 지냈

● ● ● ● ● ● ● ● ● ● ● ● ● ●

5) 자격 있는 수행자 'arahant(應供, 阿羅漢)'의 譯語이다. arahant는 '동등하다(to be equal to)'라는 뜻을 지닌 √arh에서 온 파생어인데, 이외에 '가치 있다(to be worth)' '자격 있다(to deserve)' 등의 뜻도 지닌다. 여기서는 '자격 있다'의 의미를 취하여 옮겨본 것이다.

다. 그곳에서 나는 밧지 국 사람들에게 이러한 일곱 가지 쇠퇴할 수 없는 법에 대해 설하였다. 사제종성이여, 이러한 일곱 가지 쇠퇴할 수 없는 법이 밧지 국 사람들에게 머물고 이러한 일곱 가지 쇠퇴할 수 없는 법에서 밧지 국 사람들이 편안히 사는 이상, 사제종성이여, 밧지 국 사람들에게는 번창함이 예견될 뿐 쇠퇴함은 있을 수 없다."

이와 같이 설하셨을 때 마가다 국의 대신인 사제계급 출신 밧사카라는 붓다께 이렇게 말하였다.

"고타마시여, (이 중) 한 가지 쇠퇴할 수 없는 법만을 갖춘 밧지 국 사람에게도 번창함이 예견될 뿐 쇠퇴함은 없을 것인데 일곱 가지 쇠퇴할 수 없는 법을 (모두) 갖추었음에 무슨 말이 필요하겠습니까. 고타마시여, 외교에 의하거나 동맹관계를 붕괴시키는 데 의하지 않고는 마가다 국의 왕 아자타삿투 베데히풋타가 싸움으로 밧지 국을 이길 수는 없을 것입니다. 고타마시여, 저는 이제 가보겠습니다. 저는 할 일이 많습니다."

"사제종성이여, 그대는 지금이 때인 것 같소."

마가다 국의 대신인 사제계급 출신 밧사카라는 붓다의 말씀을 듣고 기뻐하고 즐거워한 뒤 자리에서 일어나 떠나갔다.

2. 제자들의 일곱 가지 쇠퇴할 수 없는 법[6]

6 마가다 국의 대신인 사제계급 출신 밧사카라가 떠난 지 얼마 되지 않아 붓다께서는 아난다를 불러 말씀하셨다.

"아난다야, 너는 가서 라자가하 성에 의지하여 지내고 있는 모든 제자들을 시자의 회당에 모이게 하라."

"예, 붓다시여."라고 하며 아난다 장로는 붓다께 응답한 뒤 라자가하 시에 의지하여 지내고 있는 모든 제자들을 시자의 회당에 모이게 한 뒤 붓다께서 계신 곳으로 왔다. 와서 붓다께 공손히 절하고 한쪽에 섰다. 한쪽에 선 아난다 장로는 붓다께 아뢰었다.

"붓다시여, 제자 승단이 모였습니다. 붓다시여, 붓다께서는 지금이 때인줄 아소서."

그리하여 붓다께서는 자리에서 일어나 시자의 회당으로 가셨다. 가셔서 준비된 자리에 앉으셨다. 앉으신 뒤 붓다께서는 제자들을 불러 말씀하셨다.

"제자들아, 너희들에게 쇠퇴할 수 없는 일곱 가지 법을 설하겠다. 그것을 듣고 잘 생각하여라. 설하겠다."

"예, 붓다시여."라고 하며 그 제자들은 붓다께 응답하였다. 붓다께서는 말씀하셨다.

● ● ● ● ● ● ● ● ● ● ● ● ● ●

6) 『반니원경』에는 제자들의 쇠퇴할 수 없는 법으로서 7종의 법들이 일곱 차례 설해진다. 이에 비해 이 『대반열반경』은 7종의 법들이 다섯 차례 뿐이다. '七覺支(일곱 가지 깨달음의 인자)'를 설하는 대목을 제외하고는 조금씩 다르다.

"제자들아, 너희[7]들이 지속적으로 모임을 갖고 많이들 모이는 이상 제자들아, 너희들에게는 번창함이 예견될 뿐 쇠퇴함은 없다.

제자들아, 너희들이 화합하여 모이고 화합하여 돌아가고 화합하여 승단의 일을 처리하는 이상 제자들아, 너희들에게는 번창함이 예견될 뿐 쇠퇴함은 없다.

제자들아, 너희들이 제정되지 않은 것은 제정하지 않으며 이미 제정된 것은 어기지 않으며 이미 제정된 학습문을 지키어 준수한다면 제자들아, 너희들에게는 번창함이 예견될 뿐 쇠퇴함은 없다.

제자들아, 경험 있고 출가한 지 오래고 승단의 아버지이고 승단의 지도자인 장로 제자를 너희들이 존경하고 존중하고 공경하고 공양하며 그들의 이야기를 마땅히 들어야 하는 것으로 생각하는 이상 제자들아, 너희들에게는 번창함이 예견될 뿐 쇠퇴함은 없다.

제자들아, 재생으로 이끄는 이미 생한 갈애의 지배력에 너희들이 들지 않는 이상 제자들아, 너희들에게는 번창함이 예견될 뿐 쇠퇴함은 없다.

제자들아, 너희들이 공한처에서 눕고 앉기를 바라는 이상 제자들아, 너희들에게는 번창함이 예견될 뿐 쇠퇴함은 없다.

제자들아, 너희들이 '어떻게 하면 온 적 없는 온화한 청정 수행자가 올 수 있고, 이미 온 온화한 청정 수행자가 편히 지낼 수 있을까.'에 대한 기억을 각자 일으키는 이상 제자들아, 너희들에게

●●●●●●●●●●●●

[7] 원문은 역시 bhikkhu이다. 앞의 호격어인 '제자들아'와 겹치므로 '너희들'이라고 옮겼다. 여기서의 bhikkhu는 일종의 대명사적 용법이기 때문이다.

는 번창함이 예견될 뿐 쇠퇴함은 없다.

　제자들아, 이러한 일곱 가지 쇠퇴할 수 없는 법이 너희들에게 머물고 이러한 일곱 가지 쇠퇴할 수 없는 법에서 너희들이 편히 지낼 수 있는 이상 제자들아, 너희들에게는 번창함이 예견될 뿐 쇠퇴함은 없다."

● 또 다른 일곱 가지

7　"제자들아, 또 다른 일곱 가지 쇠퇴할 수 없는 법을 설하겠다. 그것을 듣고 잘 생각하여라. 설하겠다."

　"예, 붓다시여."라고 하며 제자들은 붓다께 응답하였다. 붓다께서는 말씀하셨다.

　"제자들아, 너희들이 일을 즐거워하지 않고, 일을 즐기지 않고, 일을 즐기는 데 빠지지 않는 이상 제자들아, 너희들에게는 번창함이 예견될 뿐 쇠퇴함은 없다.

　제자들아, 너희들이 말을 즐거워하지 않고, 말을 즐기지 않고, 말을 즐기는 데 빠지지 않는 이상 제자들아, 너희들에게는 번창함이 예견될 뿐 쇠퇴함은 없다. 제자들아, 너희들이 잠을 즐거워하지 않고, 잠을 즐기지 않고, 잠을 즐기는 데 빠지지 않는 이상 제자들아, 너희들에게는 번창함이 예견될 뿐 쇠퇴함은 없다.

　제자들아, 너희들이 모임을 즐거워하지 않고, 모임을 즐기지 않고, 모임을 즐기는 데 빠지지 않는 이상 제자들아, 너희들에게는 번창함이 예견될 뿐 쇠퇴함은 없다.

　제자들아, 너희들에게 악한 소망이 없고, 악한 소망의 지배에 들지 않는 이상 제자들아, 너희들에게는 번창함이 예견될 뿐 쇠퇴함은 없다.

제자들아, 너희들에게 악한 친구나 동반자가 없는 이상 제자들아, 너희들에게는 번창함이 예견될 뿐 쇠퇴함은 없다.

제자들아, 너희들이 낮은 수준의 특별한 성취(에 만족하여) 중도에서 그만두지 않는 이상 제자들아, 너희들에게는 번창함이 예견될 뿐 쇠퇴함은 없다.

제자들아, 이러한 일곱 가지 쇠퇴할 수 없는 법이 너희들에게 머물고 이러한 일곱 가지 쇠퇴할 수 없는 법에서 너희들이 편히 지낼 수 있는 이상 제자들아, 너희들에게는 번창함이 예견될 뿐 쇠퇴함은 없다."

● 또 다른 일곱 가지
8 "제자들아, 또 다른 일곱 가지 쇠퇴할 수 없는 법을 설하겠다…제자들아, 너희들이 믿음이 있는 이상……부끄러움이 있는 이상……미안함이 있는 이상……많이 듣고 있는 이상……정진력이 발휘되는 이상……기억이 일어나 있는 이상……지혜를 갖춘 이상 제자들아, 너희들에게는 번창함이 예견될 뿐 쇠퇴함은 없다. 제자들아, 이러한 일곱 가지 쇠퇴할 수 없는 법이 너희들에게 머물고 이러한 일곱 가지 쇠퇴할 수 없는 법에서 너희들이 편히 지낼 수 있는 한은 제자들아, 너희들에게는 번창함이 예견될 뿐 쇠퇴함은 없다."

● 또 다른 일곱 가지
9 "제자들아, 또 다른 일곱 가지 쇠퇴할 수 없는 법을 설하겠다. 그것을 듣고 잘 생각하여라. 설하겠다."

"예, 붓다시여."라고 하며 제자들은 붓다께 응답하였다. 붓다께서는 말씀하셨다.

"제자들아, 너희들이 기억이라는 깨달음의 인자를 닦는 이상 ……법을 결택하는 깨달음의 인자를 닦는 이상……정진이라는 깨달음의 인자를 닦는 이상……기쁨이라는 깨달음의 인자를 닦는 이상……누그러짐이라는 깨달음의 인자를 닦는 이상……삼매라는 깨달음의 인자를 닦는 이상…… 담담히 바라봄이라는 깨달음의 인자를 닦는 이상 제자들아, 너희들에게는 번창함이 예견될 뿐 쇠퇴함은 없다.

제자들아, 너희들이 덧없다라는 생각을 닦는 이상……[8]

제자들아, 이러한 일곱 가지 쇠퇴할 수 없는 법이 너희들에게 머물고 이러한 일곱 가지 쇠퇴할 수 없는 법에서 너희들이 편히 지낼 수 있는 이상 제자들아, 너희들에게는 번창함이 예견될 뿐 쇠퇴함은 없다."

• 또 다른 일곱 가지

10 "제자들아, 또 다른 일곱 가지 쇠퇴할 수 없는 법을 설하겠다. 그것을 듣고 잘 생각하여라. 설하겠다."

"예, 붓다시여."라고 하며 제자들은 붓다께 응답하였다. 붓다께서는 말씀하셨다.

"제자들아, 너희들이 덧없다라는 생각을 닦는 이상……자아가 아니다라는 생각을 닦는 이상……깨끗하지 않다라는 생각을 닦는 이상……곤란함의 생각을 닦는 이상……버림의 생각을 닦는

---

[8] 바로 이어 나오는 또 다른 일곱 가지에 소속되어야 옳다. 착오인 듯하다.

이상……탐착을 떠남의 생각을 닦는 이상……멸함의 생각을 닦는 이상 제자들아, 너희들에게는 번창함이 예견될 뿐 쇠퇴함은 없다.

제자들아, 이러한 일곱 가지 쇠퇴할 수 없는 법이 너희들에게 머물고, 이러한 일곱 가지 쇠퇴할 수 없는 법에서 너희들이 편히 지낼 수 있는 이상 제자들아, 너희들에게는 번창함이 예견될 뿐 쇠퇴함은 없다."

3. 제자들의 여섯 가지 쇠퇴할 수 없는 법[9]

11 "제자들아, 여섯 가지 쇠퇴할 수 없는 법을 설하겠다. 그것을 듣고 잘 생각하여라. 설하겠다."

"예, 붓다시여."라고 하여 제자들은 붓다께 응답하였다. 붓다께서는 말씀하셨다.

"제자들아, 너희들이 우정을 갖춘 몸의 업을 청정 수행자들에게 낮과 밤으로 베푸는 이상 제자들아, 너희들에게는 번창함이 예견될 뿐 쇠퇴함은 없다.

제자들아, 너희들이 우정을 갖춘 말의 업을 청정 수행자들에게 베푸는 이상……우정을 갖춘 뜻의 업을 청정 수행자들에게 낮밤

●●●●●●●●●●

9) 『반니원경』에서는 조금 다른 내용의 여섯 가지에 더하여 생명의 존중과 정진의 강조가 다시 설해진다.

으로 베푸는 이상 제자들아, 너희들에게는 번창함이 예견될 뿐 쇠퇴함은 없다.

제자들아, 너희들이 법답게 얻은 것이 있을 때 그것이 발우 속에 쏙 들어갈 정도의 양이라 할지라도 계율을 갖춘 청정 수행자와 나누지 않고는 먹지 않으며 함께 먹는 이상 제자들아, 너희들에게는 번창함이 예견될 뿐 쇠퇴함은 없다.

제자들아, 부서져 있지 않고, 잘라져 있지 않고, 얼룩얼룩 하지 않고, 오점이 없고, 자유를 얻은 노예와 같고, 지식인들이 칭찬하고, 더럽혀져 있지 않고, 명상을 향해 나아가는 그러한 계율에 있어서 너희들이 청정 수행자들과 낮과 밤으로 하나가 되어 지내는 이상 제자들아, 너희들에게는 번창함이 예견될 뿐 쇠퇴함은 없다.

제자들아, 실천하는 자는 올바로 괴로움의 멸진에 도달하게 되는 성스러운 견해에 있어 너희들이 청정 수행자들과 낮과 밤으로 하나가 되어 지내는 이상 제자들아, 너희들에게는 번창함이 예견될 뿐 쇠퇴함은 없다.

제자들아, 이러한 여섯 가지 쇠퇴할 수 없는 법이 너희들에게 머물고, 이러한 여섯 가지 쇠퇴할 수 없는 법에서 너희들이 편히 지낼 수 있는 이상 제자들아, 너희들에게는 번창함이 예견될 뿐 쇠퇴함은 없다."

12 붓다께서는 라자가하 시의 깃자쿠타 산에서 많은 제자들에게 (다시 여러 가지) 법다운 이야기를 하셨다.

"계율은 이러하고 명상은 이러하고 지혜는 이러하다. 계율을 완전히 닦은 자는 큰 결과와 큰 공덕을 지닌 명상(의 경지)를 얻게 된다. 명상을 완전히 닦은 자는 큰 결과와 큰 공덕을 지닌 지혜를 얻게 된다. 지혜를 완전히 닦은 마음은 역류하는 여러 번뇌로부터 올바르게 해탈한다. 곧 애욕의 역류함, 존재[10]의 역류함, 밝힘 아닌 것의 역류함으로부터 (올바르게 해탈한다)."[11]

13 붓다께서는 라자가하 시에서 좋을 만큼 지내시고는 아난다 장로를 불러 말씀하셨다.

"아난다야, 암바랏티카 유원으로 나아가자."

"예, 붓다이시여."라고 하며 아난다 장로는 붓다께 응답하였다. 붓다께서는 큰 제자 승단과 함께 암바랏티카 유원에 이르셨다.[12] 붓다께서는 그곳 암바랏티카 유원에 있는 왕의 작은 객사에서 지내셨다. 붓다께서는 그곳 암바랏티카 유원 왕의 작은 객사에서도 많은 제자들에게 (여러 가지) 법다운 이야기를 하셨다.

"계율은 이러하고 명상은 이러하고 지혜는 이러하다. 계율을 완전히 닦은 자는 큰 결과와 큰 공덕을 지닌 명상(의 경지)를 얻게 된다. 명상을 완전히 닦은 자는 큰 결과와 큰 공덕을 지닌 지혜를 얻게 된다. 지혜를 완전히 닦은 마음은 역류하는 여러 번뇌로부터 올바르게 해탈한다. 곧 애욕의 역류함, 존재의 역류함, 밝힘 아닌 것의 역류함으로부터 (올바르게 해탈한다.)"

● ● ● ● ● ● ● ● ● ●

10) bhava를 '존재'로 역하고 말았다. 앞서 '재생(再生)의 근거'라는 의미가 있음을 언표한 적이 있거니와 번쇄함을 피하기 위해 일반적으로 채택하는 역어인 '존재'를 선택하였다. 여기서의 '존재'는 단순한 존재가 아니라 바로 '재생의 근거로서의 어떤 상태'를 말함을 알아야 할 것이다.
11) 『대반열반경』 전체를 통해서 가장 많이 되풀이 되는 설법의 내용이다. '계율 → 명상 → 지혜 → 해탈'의 과정으로 붓다의 설법이 정리되었음을 보여준다.
12) 제12단락부터 제18단락까지는 『반니원경』에 정확히 대응되지 않는다. 『반니원경』에서는 왕사성(라자가하)을 지나 파련불읍(파탈리가마)으로 가는 도중 한 왕의 정원에서 설법하는 장면을 담고 있다. 설법의 내용은 四諦와 八種行이다. 따라서 '4. 사리풋타의 사자후'는 보이지 않는다.

14 붓다께서는 암바랏티카 유원에서 좋을 만큼 지내시고 아난다 장로를 불러 말씀하셨다. "아난다야, 날란다로 나아가자."
"예, 붓다시여."라고 하여 아난다 장로는 붓다께 응답하였다. 붓다께서는 큰 제자승단과 함께 날란다에 이르셨다. 실로 붓다께서는 그곳 날란다에 있는 파바리카암바바나 동산에서 지내셨다.

4. 사리풋타의 사자후

15 장로 사리풋타가 붓다께서 계신 곳으로 왔다. 와서 붓다께 공손히 절한 다음 한쪽에 앉았다. 한쪽에 앉은 사리풋타 장로는 붓다께 아뢰었다.
"붓다시여, 저는 붓다에 대해 이와 같이 깨끗한 마음을 지니고 있습니다. 어떤 다른 수행자나 사제로서 붓다보다도 더 많은 것을 알고 있는 자는 과거에도 없었고 앞으로도 없을 것이고 지금도 없습니다. 바로 원만한 깨달음에서 말입니다."
"사리풋타야, 너는 훌륭하고 황소와 같은 말을 하는구나. 절대적인 (경지)가 파악되었구나. 사자후를 외치는구나. '붓다시여, 저는 붓다에 대해 이와 같이 깨끗한 마음을 지니고 있습니다. 어떤 다른 수행자나 사제로서 붓다보다도 더 많은 것을 아는 자는 과거에도 없었고 앞으로도 없을 것이고 지금도 없습니다. 바로 원만한 깨달음에서 말입니다.'라고. 사리풋타야, 너는 과거의 동등하시며 바르고 원만하게 깨달으신 모든 붓다들의 마음을 너의 마음으로 파악하여 (그런 사실을) 알게 된 것인가. 곧 '저 붓다들의 계율은 이와 같았고, 법은 이와 같았고, 지혜는 이와 같았고, (수행하며) 지낸 것은 이와 같았고, 해탈은 이와 같았다.'라고 (파악하였길래 그런 사실을 알게 된 것인가.)…미래의 붓다들의 마음을….'

"그렇지 않습니다. 붓다시여."

"다시 사리풋타야, 너는 동등하며 바르고 원만하게 깨달은 지금의 붓다인 나의 마음을 너의 마음으로 파악하여 그런 사실을 알게 된 것인가. 곧 '붓다의 계율은 이와 같고, 법은 이와 같고, 알아냄은 이와 같고, (수행하며) 지낸 것은 이와 같고, 해탈은 이와 같다'라고 (파악하였길래 그런 사실을 알게 된 것인가.)"

"그렇지 않습니다. 붓다시여."

"사리풋타야, 지금 너에게는 과거·미래·현재의 동등하시며 바르고 원만하게 깨달으신 붓다들의 마음을 (너의) 마음으로 파악할 (정도의) 지(적 능력)은 없다. 그런데 어떻게 네가 훌륭하고 황소와 같은 말을 하게 되었고, 절대적인 경지가 파악되어 사자후를 외치게 되었는가. 곧 '붓다시여, 저는 붓다에 대해 이와 같이 깨끗한 마음을 지니고 있습니다. 어떤 다른 수행자나 사제로서 붓다보다도 더 많은 것을 아는 자는 과거에도 없었고 미래에도 없을 것이고 지금도 없습니다. 바로 원만한 깨달음에서 말입니다.'라고."

16 "붓다시여, 저에게는 과거·미래·현재의 동등하시며 바르고 원만하게 깨달으신 붓다들의 마음을 (저의) 마음으로 파악할 (정도)의 지(적 능력)은 없습니다. 저는 (오직) 법에 입각하여 아는 것입니다. 붓다시여, 마치 다음과 같습니다. 변방에 어떤 왕의 도시가 하나 있습니다. 그 도시의 성은 주위를 둘러싸고 있는

굳건한 방벽을 갖추고 있는데, 그 성벽에는 문이 하나뿐인 입구가 있습니다. 그곳에 현명하고 명민하고 지혜로운 문지기가 있어서 모르는 자는 막고 아는 자만 들여보낼 것입니다. 그는 도시의 주위 도로를 빙 돌아다니며 방벽의 깨어진 곳과 열린 틈을 (찾아)보는데 고양이가 드나들 만한 것까지 볼 것입니다. 그는 이와 같이 생각할 것입니다. '큰 덩치를 가진 어떤 생명이든 이 도시를 드나드는 자는 모두 이 문으로 드나든다.'라고요.

이와 같이 붓다시여, 저는 법(이라는 문)에 입각해 알 뿐입니다. 곧 붓다시여, 과거의 동등하시며 바르고 원만하게 깨달으신 모든 붓다께서는, 마음에 때로서 (붙어 있고) 지혜를 약하게 하는 다섯 가지 덮개를 버렸습니다. 그리고 네 가지 기억해야 할 것에서 마음을 잘 확립시키고, 일곱 가지 깨달음의 인자에서 있는 그대로 닦으셨길래, 더 이상 없는 바르고 원만한 깨달음을 잘 깨달으셨던 것입니다.

붓다시여, 미래의 동등하시며 바르고 원만하게 깨달으실 모든 붓다께서도 마음에 때로서 (붙어 있고) 지혜를 약하게 하는 다섯 가지 덮개를 버립니다. 그리고 네 가지 기억해야 할 것에서 마음을 잘 확립시키고, 일곱 가지 깨달음의 인자에서 있는 그대로 닦으시길래, 더 이상 없는 바르고 원만한 깨달음을 잘 깨달으실 것입니다.

붓다시여, 지금의 동등하시며 바르고 원만하게 깨달으신 붓다께서도 마음에 때로서 (붙어 있고) 지혜를 약하게 하는 다섯 가지 덮개를 버립니다. 그리고 네 가지 기억해야 할 것에서 마음을 잘 확립시키고 일곱 가지 깨달음의 인자에서 있는 그대로 닦았길래, 더 이상 없는 바르고 원만한 깨달음을 잘 깨달으신 것입니다."

17 붓다께서는 그곳 날란다의 파바리카암바바나 동산에서 많은 제자들에게 (여러 가지) 법다운 이야기를 하셨다.

"계율은 이러하고 명상은 이러하고 지혜는 이러하다. 계율을 완전히 닦은 자는 큰 결과와 큰 공덕을 지닌 명상(의 경지)를 얻게 된다. 명상을 완전히 닦은 자는 큰 결과와 큰 공덕을 지닌 지혜를 얻게 된다. 지혜를 완전히 닦은 마음은 역류하는 여러 번뇌로부터 올바르게 해탈한다. 곧 애욕의 역류함, 존재의 역류함, 밝힘 아닌 것의 역류함으로부터 (올바르게 해탈한다.)"

5. 파탈리가마 마을 사람들에 대한 붓다의 교화

18 붓다께서는 날란다에서 좋을 만큼 지내시고는 아난다 장로를 불러 말씀하셨다. "아난다야, 파탈리가마로 나아가자."

"예, 붓다시여."라고 하며 아난다 장로는 붓다께 응답하였다.

붓다께서는 큰 제자 승단과 함께 파탈리가마에 이르셨다. 파탈리가마의 신자들은 붓다께서 파탈리가마에 도달하셨다는 소식을 들었다. 파탈리가마의 신자들은 붓다께서 계신 곳으로 왔다. 와서 붓다께 공손히 절하고 한쪽에 앉았다. 한쪽에 앉은 파탈리가마의 신자들은 붓다께 "붓다시여, 붓다께서는 거주하실 정사를 받아 주소서."라고 아뢰었다.

붓다께서는 침묵으로 허락하셨다. 파탈리가마의 신자들은 붓다께서 허락하심을 알고는 자리에서 일어나 공손히 절한 뒤 오른쪽으로 돈 다음 거주하실 정사가 있는 곳으로 갔다. 가서 깔아야 할 모든 것을 거주하실 정사에 깔고, 자리들을 준비하고 물항아리를 설치하고 기름등을 세운 다음 붓다께서 계신 곳으로 나아갔다. 가서 붓다께 공손히 절하고는 한쪽에 섰다. 한쪽에 선 파탈리가마의 신자들은 붓다께 "붓다시여, 깔아야 할 모든 것을 거주하실 정사에 깔았습니다. 자리들을 준비하였고 물항아리를 설치하였고 기름등을 세워 놓았습니다. 붓다시여, 붓다께서는 지금이 때인줄 아소서."라고 아뢰었다.

그리하여 붓다께서는 오후에 옷을 입으시고 발우와 법의를 들고 제자 승단과 함께 거주하실 정사로 향하여 나아갔다. 가서 발을 씻으시고 거주하실 정사로 들어가셔서 가운데 기둥에 의지한 채 앞을 향해 앉으셨다. 제자 승단도 발을 씻고 거주할 정사에 들어가 앞쪽 벽에 의지하여 붓다만을 앞에 모신 채 뒤쪽을 향해 앉았다.

19 붓다께서는 파탈리가마 신자들을 불러 말씀하셨다.[13]

"거사들아, 계율에 있어서 나쁘고 잘못된 길에 들게 되면, 다섯 가지 곤란함이 생긴다. 어떤 것이 다섯인가? 거사들아, 계율에 있어서 나쁘고 잘못된 길에 들게 되면 방일하게 되므로 커다란 재산의 손실을 겪게 된다. 이것이 계율에 있어서 나쁘고 잘못된 길에 들 경우 생기는 첫번째 곤란함이다.

● ● ● ● ● ● ● ● ● ● ● ●

[13] 『반니원경』에서는 정사의 낙성식에 참여하는 대목은 나타나지 않는다. 성 밖의 神樹 아래서 여러 대중들과 대화한다. 그 대화의 내용은 『대반열반경』과 비교적 일치한다.

다시 또 거사들아, 계율에 있어서 나쁘고 잘못된 길에 들게 되면 악한 소문이 일게 된다. 이것이 계율에 있어서 나쁘고 잘못된 길에 들 경우 생기는 두번째 곤란함이다.

다시 또 거사들아, 계율에 있어서 나쁘고 잘못된 길에 들게 되면 어떤 모임에 가더라도 즉 왕족의 모임, 사제계급의 모임, 거사의 모임, 수행자의 모임 등 (어떤 모임에) 가더라도 확신이 없어 주저하게 된다. 이것이 계율에 있어서 나쁘고 잘못된 길에 들 경우 생기는 세번째 곤란함이다.

다시 또 거사들아, 계율에 있어서 나쁘고 잘못된 길에 들게 되면 우둔한 채로 죽게 된다. 이것이 계율에 있어서 나쁘고 잘못된 길에 들 경우 생기는 네번째 곤란함이다.

다시 또 거사들아, 계율에 있어서 나쁘고 잘못된 길에 들게 되면 몸이 부서져 죽은 뒤 (즐거움에서) 멀어져 있는 곳 또는 나쁜 곳 또는 아래로 떨어져 있는 곳 또는 지옥에 태어난다. 이것이 계율에 있어서 나쁘고 잘못된 길에 들 경우 생기는 다섯번째 곤란함이다.

20 거사들아, 계율을 갖추고 완성하게 되면 다섯 가지 공덕이 생긴다. 어떤 것이 다섯인가? 거사들아, 계율을 갖추고 완성한 자는 방일하지 않으므로 커다란 재산을 얻게 된다. 이것이 계율을 갖추고 완성하게 될 경우 생기는 첫번째 공덕이다.

다시 또 거사들아, 계율을 갖추고 완성한 자에게는 착한 명성이 일게 된다. 이것이 계율을 갖추고 완성할 경우 생기는 두번째 공덕이다.

다시 또 거사들아, 계율을 갖추고 완성한 자는 어떤 모임을 가더라도 곧 왕족의 모임, 사제계급의 모임, 거사의 모임, 수행자의 모임 등 (어떤 모임)에 가더라도 확신에 차 주저함이란 없다. 이것이 계율을 갖추고 완성하게 될 경우 생기는 세번째 공덕이다.

다시 또 거사들아, 계율을 갖추고 완성한 자는 우둔하지 않은 채 죽게 된다. 이것이 계율을 갖추고 완성하게 될 경우 생기는 네번째 공덕이다.

다시 또 거사들아, 계율을 갖추고 완성한 자는 몸이 부서져 죽은 뒤 좋은 곳인 하늘 세상에 태어난다. 이것이 계율을 갖추고 완성하게 될 경우 생기는 다섯번째 공덕이다."

21 붓다께서는 밤이 깊도록 파탈리가마의 신자들을 법다운 이야기로 가르치고 받아지니게 하고 고무시키고 즐겁게 한 뒤, "거사들이여, 밤이 깊었다. 너희들은 지금이 때임을 알라."라고 지적하셨다.

"예, 붓다시여."라고 하며 파탈리가마의 신자들은 붓다께 응답한 뒤 자리에서 일어나 붓다께 공손히 절하고는 오른쪽으로 돈 다음 떠나갔다. 붓다께서는 파탈리가마의 신자들이 떠난 지 오래지 않아 비어 있는 정사로 들어가셨다.

6. 도시 파탈리풋타의 건축

22 그때 마가다 국의 대신인 수니다와 밧사카라는 밧지 국을 경계하여 파탈리가마에 도시를 건설하고 있었다. 그리고 그때 수천의 천신들이 파탈리가마의 땅을 쥐고 있었다.

그런데 큰 위력을 지닌 천신들이 어떤 부분의 땅을 보호하고 있다면, 큰 위력을 지닌 왕과 대신들의 마음은 바로 그 부분에 거주처를 짓는 것으로 기울어진다. (또) 중간 정도의 천신들이 어떤 부분의 땅을 보호하고 있다면, 중간 정도의 왕과 대신들의 마음은 바로 그 부분에 거주처를 짓는 것으로 기울어진다. (또) (보다) 열등한 천신들이 어떤 부분의 땅을 보호하고 있다면, 열등한 왕과 대신들의 마음은 바로 그 부분에 거주처를 짓는 것으로 기울어진다.

붓다께서는 인간의 영역을 넘어선 깨끗한 하늘 눈으로 수천의 천신들이 파탈리가마의 땅을 보호하고 있는 것을 보셨다. 그리하여 붓다께서는 밤이 지나 새벽에 일어나셔서 아난다 장로를 불러 말씀하셨다.

"아난다야, 파탈리가마에 누가 도시를 건설하고 있느냐."

"붓다시여, 마가다 국의 대신인 수니다와 밧사카라가 밧지 국을 경계하여 파탈리가마에 도시를 건설하고 있습니다."

"아난다야, 마치 삼십삼천의 천신들과 상의한 듯하구나. 그와 같이 아난다야, 마가다 국의 대신인 수니다와 밧사카라는 밧지 국을 경계하여 파탈리가마에 도시를 건설하고 있구나. 아난다야, 나는 인간의 영역을 넘어선 깨끗한 하늘 눈으로 수천의 천신들이 파탈리가마에서 땅을 보호하고 있는 것을 보았다. 아난다야, 큰 위력을 지닌 천신들이 어떤 부분의 땅을 보호하고 있다면, 큰 위력을 지닌 왕과 대신들의 마음은 바로 그 부분에 거주처를 짓는 것으로 기울어진다. 중간 정도의 천신들이 어떤 부분의 땅을 보호하고 있다면, 중간 정도의 왕과 대신들의 마음은 바로 그 부분에 거주처를 짓는 것으로 기울어진다. 보다 열등한 천신들이 어떤 부분의 땅을 보호하고 있다면, 열등한 왕과 대신들의 마음은

바로 그 부분에 거주처를 짓는 것으로 기울어진다.[14]

아난다야, 성스러운 자들이 들어가 (살고) 무역이 행해지는 이상 여기는 씨주머니가 터지듯이 (번창하여) 최고의 도시가 될 것이다. (그러나) 아난다야, 파탈리풋타도 (언젠가 무너지게 되니 그때는) 세 가지 장애(로 말미암을) 것이다. 곧 불로부터, 물로부터, 동맹의 깨어짐으로부터 (무너지게 될 것이다)."

23 마가다의 대신 수니다와 밧사카라가 붓다께서 계신 곳으로 왔다. 와서 붓다와 함께 인사를 나누고 안부와 근황을 여쭌 후에 한쪽에 섰다. 한쪽에 선 마가다의 대신 수니다와 밧사카라는 붓다께 아뢰었다.

"고타마께서는 제자들과 함께 오늘의 식사를 허락하소서." 붓다께서는 침묵으로 허락하셨다. 붓다께서 허락하셨음을 알고 마가다의 대신 수니다와 밧사카라는 자신의 거주처로 갔다. 가서 자신의 집에 훌륭한 여러 가지 음식을 준비시키고는 붓다께 시간을 알렸다.

"고타마시여, 때이옵니다. 식사가 준비되었습니다."

그리하여 붓다께서는 아침에 옷을 입으시고 발우와 법의를 들고 제자 승단과 함께 마가다의 대신 수니다와 밧사카라의 집으로

●●●●●●●●●●●●●

14) 『반니원경』에 의하면 "도리천〔三十三天〕의 모든 신들이 함께 이 땅을 수호하는 것을 보노라. 어떤 토지든지 천신의 보호를 받게 되면 반드시 편안하고 또 귀하게 되느니라. 또는 이 땅은 하늘 가운데 가까우니 이 땅을 맡은 신의 이름은 인의라고 한다. 인의가 수호하는 곳은 그 나라가 오랠수록 더욱 번영하나니 반드시 성현, 학자, 호걸 등이 많이 날 것이며 다른 나라는 이에 미치지 못하고 침해하지도 못하느니라 …." (한글 아함경, p.166)으로 되어 있다.

가셨다. 가셔서 준비된 자리에 앉으셨다. 마가다의 대신 수니다와 밧사카라는 붓다를 비롯하여 제자 승단에게 자신의 손으로 직접 훌륭한 여러 가지 음식들을 베풀며 봉사하였다. 마가다의 대신 수니다와 밧사카라는 붓다께서 식사를 끝마치고 발우에서 손이 내려졌을 때 다른 좋지 않은 자리를 가져다 한쪽에 앉았다. 붓다께서는 한쪽에 앉은 마가다의 대신 수니다와 밧사카라를 게송으로써 기쁘게 하셨다.

"계율을 갖추었고 절제할 줄 아는 청정 수행자들이 여럿 있다.
여기에 그들로 하여금 (편안한 수행생활을) 누리게 하는,
그 품성이 슬기로운 자가 주거를 짓는 곳이 있다.
그곳에 천신들이 있을 터이니 그들에게는 제물이 바쳐진다.
공양받은 천신들은 그를 공양하고
공경받은 천신들은 그를 공경한다.
그래서 그를 동정하니 어머니가 품에 안은 자식을 동정하듯 한다.
천신에게 동정받는 사람은 항상 경사스러움을 본다.[15]"

붓다께서는 마가다의 대신 수니다와 밧사카라를 이러한 게송으로 기쁘게 한 뒤 자리에서 일어나 떠나가셨다.

24 그런데 그때 마가다의 대신 수니다와 밧사카라는 붓다의 뒤

●●●●●●●●●●

15) 『반니원경』에는 붓다께서 수니다 등을 위해 축원을 하시는 대목이 자세히 설해진다. 그 축원의 끝은 "만일 벼슬하고자 하거나 또한 직위에 있으려는 이는 탐심을 내지 말 것이며 사치스런 생각·교만한 마음·포악한 마음·쾌락한 마음을 지니지 말 것이니라. 이 다섯 가지의 마음을 버리면 뒤에 허물과 뉘우침이 없으며 죽어서도 하늘에 태어나고 악도에 떨치는 죄를 면하리라."(한글아함경, p. 167)라고 맺어진다.

를 따르고 있었다. (그리고) "오늘 수행자 고타마께서 지나시는 문이 있다면 그것은 고타마의 문이라고 이름 불릴 것이다. 강가 강을 건너실 때 지나시는 나룻터가 있다면 그것은 고타마의 나룻터라고 불릴 것이다."라고 말했다. 그리하여 붓다께서 지나시는 문은 고타마의 문이라고 이름 붙여졌다.

붓다께서는 강가 강으로 가셨다. 그때 강가 강은 까마귀가 물을 마실 수 있을 만큼 물이 둑까지 가득 차 있었다. 저쪽 기슭으로 가고자 하여 어떤 사람들은 배를 구하고 있었고, 어떤 사람들은 뜨는 것을 구하고 있었고, 어떤 사람들은 뗏목을 묶고 있었다.

붓다께서는 제자 승단과 함께 마치 힘센 사람이 굽혀진 팔을 펴고, 펴진 팔을 굽히듯이 (쉽게) 강가 강의 이쪽 기슭에서 사라져 저쪽 기슭에 다시 서셨다.

붓다께서는 그쪽 기슭으로 가고자 하여 배를 구하거나 뜨는 것을 구하거나 뗏목을 묶고 있는 사람들을 보셨다. 붓다께서는 그 모습을 보시고 크게 느끼신 바가 있어 그때 감명 깊은 게송을 읊으셨다.

"호수에서처럼 다리를 만들어 걸쳐
흐르는 강을 건너는 사람들이 있다.
뗏목을 묶고 있는 사람도 있다.
(하지만) 지자들은 이미 건넜네."

―제 일 송분 끝―

7. 법의 거울이라는 법문

25 붓다께서는 아난다 장로를 불러 말씀하셨다. "아난다야, 고티가마로 가자."

"예, 붓다시여."라고 하며 아난다 장로는 붓다께 응답하였다. 붓다께서는 커다란 제자 승단과 함께 고티가마에 이르셨다. 붓다께서는 그곳 코티가마에서 지내셨다. 그곳에서 붓다께서는 제자들을 불러 말씀하셨다.

"제자들아, 네 가지 거룩한 진리를 깨닫지 못하고 꿰뚫지 못한 까닭에 나와 너희들은 이토록 긴 밤[16] 동안 유전하고 윤회한 것이다. 어떤 것이 넷인가?

제자들아, 괴로움의 거룩한 진리를 깨닫지 못하고 꿰뚫지 못한 까닭에 나와 너희들은 이토록 긴 밤 동안 유전하고 윤회하였다. 제자들아, 괴로움의 집기[17]라는 거룩한 진리를 깨닫지 못하고 꿰뚫지 못한 까닭에 나와 너희들은 이토록 긴 밤 동안 유전하고 윤회하였다.

제자들아, 괴로움의 멸함이라는 거룩한 진리를 깨닫지 못하고 꿰뚫지 못한 까닭에 나와 너희들은 이토록 긴 밤 동안 유전하고 윤회하였다.

●●●●●●●●●●●●●

16) '긴 밤 동안': 'dīghamaddhena'가 원문으로서 '긴 세월 동안'의 뜻이다. 이것을 한역에서는 長夜에(긴 밤 동안)로 많이 옮긴다. 잠못 이루는 밤만큼 지루한 것이 없다. 자연히 괴롭게 되는 것이 잠못드는 긴 밤이다. 아마도 그런 뜻을 담아 의역한 듯하다.
17) 集起(Samudaya): 고·집·멸·도의 사제 중 '집'의 충실한 한글 옮김이다.

제자들아, 괴로움의 멸함에 이르는 길이라는 거룩한 진리를 깨닫지 못하고 꿰뚫지 못한 까닭에 나와 너희들은 이토록 긴 밤 동안 유전하고 윤회하였다.

제자들아, 그러한 괴로움의 거룩한 진리를 깨달았고 꿰뚫었다. 괴로움의 집기라는 거룩한 진리를 깨달았고 꿰뚫었다. 괴로움의 멸함이라는 거룩한 진리를 깨달았고 꿰뚫었다. 괴로움의 멸함에 이르는 길이라는 거룩한 진리를 깨달았고 꿰뚫었다. (그리하여) 존재의 갈애는 끊어졌다. 존재에로 이끄는 것은 다하였다. 이제 다시 (받아야 하는) 존재는 없다."

붓다께서는 이렇게 설하셨다. 잘 가신 붓다께서는[18] 이렇게 설하시고는 다시 말씀하셨다.

"네 가지 거룩한 진리를 있는 그대로 보지 못한 까닭에 긴 밤 동안 이런 저런 삶에서 윤회하였네.

이 (진리) 저 (진리)를 (모두) 보았길래 존재로 이끄는 것이 제거되었고 괴로움의 뿌리는 잘리었고 이제 다시 (받을) 존재는 없구나."[19]

붓다께서는 그곳 코타가마에서 지내시면서 수많은 제자들에게 (다시 여러 가지) 법다운 이야기를 하셨다.

"계율은 이러하고 명상은 이러하고 지혜는 이러하다. 계율을 완전히 닦은 자는 큰 결과와 큰 공덕을 지닌 명상(의 경지)를 얻

●●●●●●●●●●●●●

18) 잘 가신 붓다 : sugata(선서, 善逝)의 한글 옮김이다.
19) 『반니원경』은 여기의 4제에 대한 설법대신 戒定慧 三學이 소개된다. 그리고 마음이 만사의 主임을 설하신다.

게 된다. 명상을 완전히 닦은 자는 큰 결과와 큰 공덕을 지닌 지혜를 얻게 된다. 지혜를 완전히 닦은 마음은 역류하는 여러 번뇌로부터 올바르게 해탈한다. 곧 애욕의 역류함, 존재의 역류함, 밝힘 아닌 것의 역류함으로부터[20] (올바르게 해탈한다.)"

26 붓다께서는 코타가마에서 좋을 만큼 지내시고는 아난다 장로를 불러 말씀하셨다. "아난다야, 나티카로 나아가자."

"예, 붓다시여."하고 아난다 장로는 붓다께 응답하였다. 붓다께서는 커다란 제자 승단과 함께 나티카에 이르셨다. 붓다께서는 그곳 나티카에 있는 긴자카 바삿타에서 지내셨다. 그런데 아난다 장로가 붓다께 다가왔다. 와서 붓다께 공손히 절하고는 한쪽에 앉았다. 한쪽에 앉은 아난다 장로는 붓다께 아뢰었다.

"붓다시여, 살리하라는 제자가 나티카에서 죽었습니다.[21] 그의 갈 곳은 어디이며 그의 미래는 무엇입니까? 붓다시여, 난다라는 여제자가 나티카에서 죽었습니다. 그녀의 갈 곳은 어디이며 그녀의 미래는 무엇입니까? 붓다시여, 수닷타라는 남자 신자가 나티카에서 죽었습니다. 그의 갈 곳은 어디이며 그의 미래는 무엇입니까?

붓다시여, 수자타라는 여자 신자가 나티카에서 죽었습니다. 그녀의 갈 곳은 어디이며 그녀의 미래는 무엇입니까? 붓다시여, 쿡쿠타라는 남자 신자가 나티카에서 죽었습니다. 그의 갈 곳은 어

●●●●●●●●●●

20) P.T.S 本에는 애욕의 역류함 대신 견해의 역류함(diṭṭhāsavā).
21) 『반니원경』에는 염병이 돌아서 사람들이 많이 죽었다고 설해진다. 그리고 『반니원경』에서는 남제자와 여제자의 죽음에 대해서는 설해지지 않는다.

디이며 그의 미래는 무엇입니까? 붓다시여, 칼림바라는 남자 신자가……붓다시여, 니카타라는 남자 신자가……붓다시여, 수밧다라는 남자 신자가 나키타에서 죽었습니다. 그의 갈 곳은 어디이며 그의 미래는 무엇입니까?"

27 "아난다야, 살리하 제자는 역류하는 여러 번뇌가 다하여 역류함 없는 마음의 해탈과 지혜의 해탈을 현재의 상태에서 스스로 잘 알고 똑똑히 보아 갖추어 지냈다.[22] 아난다야, 난다 여제자는 아래에 속하는 다섯 가지 결박[23]을 다하여 화생하고[24] 그곳에서 반열반하여 그 세상으로부터 돌아오지 않는 법이다.[25] 아난다야, 남자 신자 수닷타는 세 가지 결박[26]이 다하고 탐착·진에·치암이 엷어져 한 번 오는 자이니 이 세상에 한 번 와서 괴로움을 끝낼 것이다.[27] 아난다야, 여자 신자 수자타는 세 가지 결박이 다하여 흐름에 이른 자이니 아래로 떨어지지 않는 법이며 원만한 깨달음을 향하여 결정되어 있다.[28] 아난다야, 남자 신자 쿡쿠타는 다섯 가지 아래에 속하는 결박이 다하여 화생하고 그곳에서 반열반하여 그 세상으로부터 오지 않는 법이다. 아난다야, 남자 신자 칼림바는……아난다야, 남자 신자 니카타는…아난다야, 남자 신자 카팃사하는……아난다야, 남자 신자 툿타는…아난다야, 남자 신자

● ● ● ● ● ● ● ● ● ● ● ●

22) 동등한 자인 아라한(阿羅漢, arahant)의 설명이다.
23) 五下分結 : 탐욕·성냄·몸이 있다는 사견·계율과 금계에 대한 집착·의심.
24) 부모 등의 가시적인 원인이 없이 문득 다른 세계에 가서 태어나는 것.
25) 옴이 없는 자인 불환자(不還者, anāgamin)의 설명이다.
26) 三結. 몸이 있다는 사견·계율과 금계에 대한 집착·의심.
27) 한 번 옴이 있는 자인 一來者(Sakidāgamin)의 설명이다.
28) 흐름에 이른 자인 預流者(sotāpanna)의 설명이다.

산툿타는……아난다야, 남자 신자 밧다는…아난다야, 남자 신자 수밧다는 다섯 가지 아래에 속하는 결박이 다하여 화생하고 그곳에서 반열반하니 그 세상으로부터 오지 않는 법이다. 아난다야, 나티카에 있는 50명 이상의 남자 신자가 죽었는데, 다섯 가지 아래에 속하는 결박이 다하여 화생하고 그곳에서 반열반하니 그 세상으로부터 오지 않는 법이다. 아난다야, 나티카의 90명 이상의 남자 신자가 죽었는데 세 가지 결박이 다하고 탐착·진에·치암이 옅어져 한 번 오는 자이니 이 세상에 한 번 와서 괴로움을 끝낼 것이다. 아난다야, 나티카에 있는 500명 이상의 남자 신자가 죽었는데 세 가지 결박이 다하여 흐름에 이른 자이니 아래로 떨어지지 않는 법이고 원만한 깨달음을 향하여 결정되어 있다.

28 아난다야, 사람이 죽는다는 것은 놀라운 일이 아니다. 사람이 죽을 때마다 그렇게 오신 붓다께 와서 그 뜻을 묻는다면 이것은 그렇게 오신 붓다를 귀찮게 하는 것이다. 그래서 아난다야, 법의 거울이라는 법문을 설하겠다. 이 법문을 갖춘 거룩한 제자는 스스로 원할 때마다 스스로에게 답할 수 있을 것이다. '나에게는 지옥이 다하였고 축생이 다하였고 아귀의 영역이 다하였다. (즐거움에서) 멀어져 있는 곳 또는 나쁜 곳 또는 아래로 떨어져 있는 곳이 다하였다. 나는 흐름에 이르렀고 아래로 떨어지지 않는 법이고 원만한 깨달음을 향하여 결정되어 있다.'라고 답할 수 있을 것이다.

29 아난다야, 어떤 것이 법의 거울이라는 법문인가? 즉, 그 법문을 갖춘 거룩한 제자가 스스로 원할 때마다 스스로에게 '나에게는 지옥이 다하였고 축생이 다하였고 아귀의 영역이 다하였다. (즐거움에서) 멀어져 있는 곳 또는 나쁜 곳 또는 아래로 떨어져

있는 곳이 다하였다. 나는 흐름에 이르렀고 아래로 떨어지지 않는 법이고 원만한 깨달음을 향하여 결정되어 있다.'라고 답할 수 있는가.

여기에[29] 아난다야, 거룩한 제자가 붓다에 대하여 부서지지 않는 깨끗한 (믿음)을 갖추고 있다.

'이와 같이 저 붓다는 그렇게 온·동등한·바르고 원만하게 깨달은·밝힘에의 진행을 완성한·잘 간·세상을 아는·위없는·사람을 길들이는·천신과 인간의 스승인·깨달은 붓다이시다.'라는 (믿음을 갖추고 있다.)

법에 대하여 부서지지 않는 깨끗한 (믿음)을 갖추고 있다. '붓다에 의하여 법은 잘 설해졌으니 함께 볼 수 있고, 시간을 넘어섰고, 와서 볼 수 있고, 이끄는 것이고, 식자라면 스스로 알 수 있는 것이다.'라는 (믿음을 갖추고 있다.)

승단에 대하여 부서지지 않는 깨끗한 (믿음)을 갖추고 있다. '붓다의 제자 승단은 잘 도달했다. 붓다의 제자 승단은 곧게 도달했다. 붓다의 제자 승단은 이치에 맞게 도달했다. 붓다의 제자 승단은 바르게 도달했다. (여기서 붓다의 제자 승단이란) 네 쌍의 사람들 곧 여덟 명의 사람[30]들(을 말하는 것)이다. 이러한 붓다의 제자 승단은 희생을 바칠 만하고 제물을 올릴 만하고 합장할 만하여 더 이상 없는 세상의 복밭이다.'라는 (믿음을 갖추고 있

●●●●●●●●●●●●●

29) 『반니원경』에는 12연기설에 대하여 상세히 설해진 뒤 4불괴정(四不壞淨)이 설해진다. 그리고 '법의 거울'이라는 법문'의 명시는 나타나지 않는다.
30) 흔히 四雙八輩라고 하는 것으로 예류향·예류과·일래향·일래과·불환향·불환과·아라한향·아라한과의 성자들을 일컫는다.

다.)

 (끝으로) 성인들이 사랑하고 부서지지 않았고 갈라지지 않았고 얼룩덜룩하지 않고 오점이 없고 자유로운 노예같고 더럽지 않고 명상으로 전개되는 계율들을 (거룩한 제자가) 갖추고 있다.

 아난다야, 이것이 법의 거울이라는 법문이니 이것을 갖춘 거룩한 제자는 스스로 원할 때마다 스스로에게 답할 수 있을 것이다. '나에게는 지옥이 다하였고 축생이 다하였고 아귀의 영역이 다하였다. (즐거움에서) 멀어져 있는 곳 또는 나쁜 곳 또는 아래로 떨어져 있는 곳이 다하였다. 나는 흐름에 이르렀고 아래로 떨어지지 않는 법이고 원만한 깨달음을 향하여 결정되어 있다.'라고 답할 수 있는 것이다."

 붓다께서는 그곳 나티카의 긴자카바사타에서 많은 제자들에게 (다시 여러 가지) 법다운 이야기를 하셨다.

 "계율은 이러하고 명상은 이러하고 지혜는 이러하다. 계율이 완전히 닦여진 자는 큰 결과와 큰 공덕이 있는 명상(의 경지)를 얻게 된다. 명상이 완전히 닦여진 자는 큰 결과와 큰 공덕이 있는 지혜를 얻게 된다. 지혜가 완전히 닦여진 마음은 역류하는 여러 번뇌로부터 올바르게 해탈한다. 곧 애욕의 역류함, 존재의 역류함, 무명의 역류함으로부터 (올바르게 해탈한다.)"

30 붓다께서는 나티카에서 좋을 만큼 지내시고는 아난다 장로를 불러 말씀하셨다. "아난다야, 베살리로 나아가자."

 "예, 붓다시여."하고 존자 아난다 장로는 붓다께 응답하였다. 붓다께서는 커다란 제자 승단과 함께 베살리에 이르렀다. 붓다께서는 그곳 베살리에 있는 암바팔리의 동산에서 지내셨다. 그곳에서 붓다께서는 제자들을 불러 말씀하셨다.

"제자들아,[31] 너희들은 기억과 지혜를 갖추어 지내야 한다. 이것이 너희들에 대한 나의 가르침이다. 제자들아, 너희들은 어떻게 기억을 갖추어야 하는가. 제자들아, 너희들은 몸에서 몸을 보고 지내되 열중하고, 지혜와 기억을 갖추고 세상에서 탐욕과 근심을 제거하여 지내(야 한)다. 여러 느낌에서 느낌을 보고⋯⋯ 마음에서 마음을 보고⋯⋯여러 법에서 법을 보고 지내되, 열중하고 지혜와 기억을 갖추고 세상에서 탐욕과 근심을 제거하여 지내(야 한)다. 제자들아, 너희들은 이와 같이 기억을 갖추(어야 한)다.

그리고 제자들아, 너희들은 어떻게 지혜를 갖추는가? 제자들아, 너희들은 나아가고 물러설 때 (법도를) 알아내고 (그에 입각해) 움직(여야 한)다. (그와 같이) 앞을 보고 뒤를 볼 때 지혜에 입각해 움직이고, 굽히고 펼 때 지혜에 입각해 움직이고, 승가리와 발우와 법의를 지닐 때 지혜에 입각해 움직이고, 먹고 마시고 쓰고 맛볼 때 지혜에 입각해 움직이고, 가고 머물고 앉고 자고 깨고 말하고 침묵할 때도 지혜에 입각해 움직여(야 하)는 것이다. 제자들아, 너희들은 이와 같이 알아냄을 갖추(어야 한)다. 제자들아, 너희들은 기억과 지혜를 갖추어 지내야 한다. 이것이

●●●●●●●●●●●●●

31) 이 이후는 네 가지 기억의 확립〔四念處〕에 대해서 설해지는데, 붓다께서 이 가르침을 설하는 이유를 『반니원경』은 다음과 같이 전한다.
"창녀 암바팔리와 오백의 여자권속이 붓다께 예배드리러 다가오는 것을 보시고 여러 제자들에게 분부하신다 '저 내씨의 오백 여인을 보거든 다들 머리를 숙이고 안으로 관하여 너희들의 마음을 단정히 하여라. 저 아름답게 꾸민 옷은 마치 그림의 떡과 같나니라. 겉은 비록 채색이 찬란하지만 속에는 오줌과 똥으로 가득 차 있나니라. ⋯⋯.'"(한글 아함경, p.170)
아울러 『반니원경』은 4정근도 함께 설해주고 있다.

너희들에 대한 나의 가르침이다."³²⁾

8. 창녀 암바팔리

31 창녀 암바팔리는 "붓다께서 베살리에 도착하여 베살리에 있는 나의 망고 동산에 머무신다."라고 들었다. 창녀 암바팔리는 매우 훌륭한 여러 가지 수레를 준비하여 훌륭한 수레 위에 올라타고 훌륭한 수레로 베살리를 나와서 자신의 정원이 있는 곳으로 향해 갔다. 수레가 갈 수 있는 땅까지 수레로 간 다음 수레에서 내려 걸어서 붓다께서 계신 곳으로 다가왔다. 와서 붓다께 공손히 절하고 한쪽에 앉았다. 한쪽에 앉은 창녀 암바팔리에게 붓다께서는 법다운 이야기³³⁾로 교시하고 받아지니게 하고 고무시키고 기쁘게 하였다. 붓다의 법다운 이야기로 교시받고 받들게 되고 고무되고 기뻐하게 된 창녀 암바팔리는 붓다께 아뢰었다.

"붓다시여, 붓다께서는 제자 승단과 함께 내일의 식사를 허락하소서." 붓다께서는 침묵으로 하락하셨다. 창녀 암바팔리는 붓

●●●●●●●●●●●●●

32) 끝부분에 가서 『반니원경』은 "내가 부처되기 위하여 잡된 마음과 싸워 온 것이 시간으로 따지면 그 겁이 수 없으니 삿된 마음을 허락하지 않았으므로 이제 부처가 되었느니라. 너희들은 마음이 오랫동안 부정한 가운데 있었으니 스스로 뛰어나서 뭇 괴로움을 면할지니라. 저 여인이 오는 것을 볼지라도 마땅히 내가 가르친 것과 같이 해야 할 것이다." (한글 아함경, p.171)를 덧붙이고 있다.
33) 『반니원경』에 의하면 사음(邪淫)의 허물 다섯 가지와 사음하지 않는 자의 공덕 다섯 가지를 설하는 것으로 되어 있다.

다의 허락하심을 알고는 자리에서 일어나 어른께 공손히 절한 뒤 오른쪽으로 돌고 떠나갔다.

베살리에 있는 릿차비 족 사람들이 "붓다께서 베살리에 도착하여 베살리에 있는 암바팔리의 동산에서 지내신다."라고 들었다. 릿차비 족 사람들은 매우 훌륭한 여러 가지 수레들을 준비하여 훌륭한 수레 위에 올라타고 훌륭한 수레로 베살리에서 나왔다. 릿차비 족의 어떤 사람들은 푸른 색을 띠고 있었으며 그는 푸른 옷을 입고 푸른 장신구를 달고 있었다. 또 릿차비 족의 (다른) 어떤 사람들은 노란색을 띠고 있었으며 그는 노란 옷을 입고 노란 장신구를 달고 있었다. 또 릿차비 족의 (다른) 어떤 사람들은 붉은 색을 띠고 있었으며 그는 붉은 옷을 입고 붉은 장신구를 달고 있었다. 또 릿차비 족의 (다른) 어떤 사람들은 흰색을 띠고 있었으며 그는 흰옷을 입고 흰 장신구를 달고 있었다.

창녀 암바팔리는 릿차비 족 어린이들을 향하여 차축·바퀴·멍에를 굴리며 (수레를 몰아)왔다. 릿차비 족 사람들은 창녀 암바팔리에게 말하였다.

"암바팔리여, 어찌하여 릿차비 족의 어린이들을 향하여 차축·바퀴·멍에를 굴리며 (수레를 몰아)오는 것인가."

"여러분, 붓다께서 제자 승단과 함께 내일의 식사에 초청되었기 때문이오."

"암바팔리여, 십만의 릿차비 족이 붓다께 식사대접할 기회를 (양보해) 주시오."

"여러분, 만약 저에게 베살리에 있는 여러분의 영역을 다 준다 해도 저는 여러분에게 이와 같은 식사 (기회)를 (양보해) 줄 수 없소."

그리하여 그 릿차비 족 사람들은 손가락을 흔들면서 "야, 암바팔리에게 졌다. 야, 암바팔리에게 졌다."라고 말했다. (그런 뒤) 릿차비 족 사람들은 암바팔리의 동산으로 향해 갔다. 붓다께서는 릿차비 족 사람들이 멀리서 오는 것을 보셨다. 보시고는 제자들을 불러 말씀하셨다.

"제자들아, 너희들 가운데 삼십삼천의 천신을 보지 못한 자가 있다면 제자들아, 릿차비 족의 무리를 내려다보라. 제자들아, 릿차비 족의 무리를 쳐다보라. 제자들아, 릿차비 족의 무리를 살펴보라. 삼십삼천의 천신과 같구나."

릿차비 족 사람들은 수레가 갈 수 있는 땅까지 수레로 가서 수레에서 내린 다음 걸어서 붓다께서 계신 곳으로 왔다. 와서 붓다께 공손히 절하고 한쪽에 앉았다. 한쪽에 앉은 저 릿차비 족 사람들을 붓다께서는 법다운 이야기[34]로 교시하고 받아지니게 하고 고무시키고 기쁘게 하였다. 붓다의 법다운 이야기로 교시받고 받아지니고 고무되고 기뻐하게 된 릿차비 족 사람들은 붓다께 아뢰었다.

"붓다시여, 붓다께서는 내일의 식사를 제자 승단과 함께 허락하소서."

붓다께서는 그 릿차비 사람들에게 말씀하셨다.

"릿차비 족 사람들아, 나는 내일 창녀 암바팔리의 식사를 허락하였다."

●●●●●●●●●●

34) 『반니원경』에 의하면 릿차비 족들은 500명(의 대표자)가 상의를 벗어 모두 붓다께 공양 올리고 붓다께서는 沙門四果의 법을 설하시는 것으로 되어 있다.

그러자 릿차비 족 사람들은 (다시) 손가락을 흔들면서 "야, 암바팔리에게 졌다. 야, 암바팔리에게 졌다."라고 말하였다. 릿차비 족 사람들은 붓다의 말씀을 듣고 기뻐하고 즐거워한 뒤 자리에서 일어나 붓다께 공손히 절한 다음 오른쪽으로 돌고 떠나갔다.

32 창녀 암바팔리는 그날 밤이 지나자 자신의 정원에 훌륭한 여러 가지 음식을 준비시키고 붓다께 때를 알렸다.

"붓다시여, 때이옵니다. 식사가 준비되었습니다."

그리하여 붓다께서는 아침에 옷을 입으시고 발우와 법의를 들고 제자 승단과 함께 창녀 암바팔리가 사는 곳으로 갔다. 가셔서 준비된 자리에 앉으셨다. 창녀 암바팔리는 붓다를 비롯하여 제자 승단에게 훌륭한 여러 가지 음식을 자신의 손으로 직접 베풀고 봉사하였다. 창녀 암바팔리는 붓다께서 식사를 마치시고 발우에서 손을 놓으시자 다른 낮은 자리를 가져다 한쪽에 앉았다. 한쪽에 앉은 창녀 암바팔리는 붓다께 "붓다시여, 저는 붓다를 모신 이 제자 승단에게 이 정원을 드리고자 합니다."라고 아뢰었다. 붓다께서는 정원을 받으셨다.[35] 붓다께서는 창녀 암바팔리를 법다운 이야기로 교시하고 받아지니게 하고 고무시키고 기쁘게 하신 다음 자리에서 일어나 떠나가셨다. 실로 붓다께서는 그곳 베살리에 있는 암바팔리의 동산에서 지내시면서 많은 제자들에게

●●●●●●●●●●●●

[35] 『반니원경』에는 정사를 바치는 대목이 나오지 않는다. 그러나 보시가 지닌 다섯 가지 공덕을 붓다께서 설하시는 것이 보인다. 보시를 하면 "원수의 두려움이 없고, 명예를 많이 얻어 좋은 이름이 날로 퍼지며, 여러 사람이 사랑하고 공경할 것이며, 또 사람됨이 아낌이 없고 어질고 은혜스럽고 지혜로우리라. 이와 같이 허물 없이 안온하며 천상에 가서 나면 모든 하늘과 서로 즐거워하리라."(한글 아함경, p.175)

(여러 가지) 법다운 이야기를 하셨다.

"계율은 이러하고 명상은 이러하고 지혜는 이러하다. 계율이 완전히 닦인 자는 큰 결과와 큰 공덕을 지닌 명상(의 경지)를 얻게 된다. 명상이 완전히 닦인 자는 큰 결과와 큰 공덕을 지닌 지혜를 얻게 된다. 지혜가 완전히 닦인 마음은 역류하는 여러 번뇌로부터 올바르게 해탈한다. 곧 애욕의 역류함, 존재의 역류함, 밝힘 아닌 것의 역류함으로부터 (올바르게 해탈한다.)"

9. 벨루가마카에서 우안거에 드심
완전한 진리의 세계에 드심 I

33 붓다께서는 암바팔리의 동산에서 좋을 만큼 지내신 다음 아난다 장로를 불러 말씀하셨다.

"아난다야, 벨루가마카로 가자." "예, 붓다시여."라고 하며 아난다 장로는 붓다께 응답하였다.

붓다께서는 커다란 제자 승단과 함께 벨루가마카에 이르셨다. 붓다께서는 그곳 벨루가마카에서 지내셨다. 붓다께서는 제자들을 불러 말씀하셨다.

"제자들아, 너희들은 여기 베살리 주위에서 벗이나 도반들과 함께 우기의 안거에 들어라.[36] 그리고 나는 여기 벨루가마카에서

---
36) 『반니원경』에 의하면 벨루가마는 '죽방읍'인데, 흉년이 들어 한 곳에 모두 머물다가 끼니를 거를까 걱정하시어 여러 곳으로 흩어져 머물라고 하신다.

"예, 붓다시여."하며 그 제자들은 붓다께 응답한 뒤 베살리 주위에서 벗이나 도반들과 함께 우기의 안거에 들어갔다. 그리고 붓다께서는 그곳 벨루가마카에서 우기의 안거에 드셨다.

34 그런데 우기의 안거에 드신 붓다께 고통스러운 병이 일어났다. 죽음에 임박하는 강한 느낌들이 돌았다. 그때 실로 붓다께서는 기억과 지혜를 갖추시어 번민함이 없이 참으셨다.[37) 붓다께서는 '내가 시자를 부르지도 않고 제자 승단을 보지도 않은 채, 완전한 진리의 세계(인 반열반)에 든다는 것은 온당하지 않다. 나는 이 병을 정진력으로 되돌려 놓은 뒤 (흩어지는) 목숨의 결합 (상태를 유지하는 쪽으로) 결의하여 머물러야겠다.'라고 생각하셨다.

그리하여 붓다께서는 그 병을 정진력으로 되돌려 놓은 뒤 (흩어지는) 목숨의 결합 (상태를 유지하는 쪽으로) 결의하여 머무셨다. 붓다의 몸은 편안해졌다. 병석에서 일어난 붓다께서는 일어난지 얼마되지 않아 정사에서 나오셔서 정사의 그늘 아래 준비된 자리에 앉으셨다. 아난다 장로가 붓다께서 계신 곳으로 왔다. 와서 붓다께 공손히 절한 다음 한쪽에 앉았다. 한쪽에 앉은 아난다 장로는 붓다께 이렇게 말하였다.

"붓다시여, 붓다께서는 편안해 보이십니다. 붓다시여, 붓다께서는 참으실 만한 것으로 보이십니다. 그런데 붓다시여, 저의 몸은 마치 취한 것 같습니다. 저에게는 방향도 나타나지 않습니다.

●●●●●●●●●●●●●
37) 『반니원경』에 의하면, '不念衆想己定'에 드셨다고 한다.

붓다의 병환을 계기로 법이 저에게는 명확하지 않음을 알았습니다. 그렇지만 붓다시여, 저에게는 조금의 여유가 생겼습니다. 붓다께서 제자 승단에 대하여 아무것도 말씀하지 않으신 채로 완전한 진리의 세계(인 반열반)에 드실리는 없다라는 (여유가 생겼습니다.)"

35 "아난다야, 제자 승단이 나에게서 다시 무엇을 (더) 기다리는가. 아난다야, 안과 밖이 다르지 않게 나는 법을 설하였다. 아난다야, 여러 법을 (가르치는 데) 있어서 그렇게 오신 붓다에게는 스승으로서의 인색함이란 없었다. 아난다야, '제자 승단을 나는 보살필 것이다. 또는 제자 승단을 내가 가르칠 것이다.'라고 하는 생각이 (나에게 아직도) 있다면 아난다야, 제자 승단에 대하여 무엇인가 (더) 말할 것이 (나에게) 있을 것이다. (그러나) 아난다야, 그렇게 오신 붓다[38]에게는 '제자 승단을 나는 보살핀다. 또는 제자 승단은 내가 가르친다.'라는 생각이 (더 이상) 없다. 따라서 아난다야, 그렇게 오신 붓다가 제자 승단을 향하여 무엇을 (더) 말하겠는가. 아난다야, 나는 지금 늙었고 오래 되었고 고령이고 만년이고 노년에 이르렀다. 나의 나이는 80세이다. 아난다야, 마치 오래되어 초라한 달구지가 가죽끈의 도움으로 유지되듯이 그와 같이 아난다야, 그렇게 오신 붓다의 몸도 가죽끈과 같은 것으로 유지되고 있다. 아난다야, 그렇게 오신 붓다가 모든 모습을 사유하지 않아 어떤 느낌이(든) 멸하게 되면 모습 없는 마음의 삼매를 갖추어 지내게 되는데 아난다야, 이때 그렇게 오

---

38) 지금 법을 설하는 고타마 붓다를 말한다.

신 붓다의 몸은 더욱더 편안해진다.

 그러므로 아난다야, 자신을 등불로 삼고, 자신을 의지처로 삼으며, 남을 의지처로 삼지는 말아라. 법을 등불로 삼고, 법을 의지처로 삼으며, 다른 것을 의지처로 삼지는 말아라. 아난다야, 어떻게 (하는 것이) 붓다의 제자들이 자신을 등불로 삼고, 자신을 의지처로 삼으며, 남을 의지처로 삼지 않는 것인가. (그리고) 법을 등불로 삼고, 법을 의지처로 삼으며, 다른 것을 의지처로 삼지 않는 것인가. 여기에 아난다야, 제자들이 몸에서 몸을 보고 지내는 데 열중하고 지혜와 기억을 갖추고 세상에서 탐욕과 근심을 제거하여 지낸다. 여러 느낌에서……마음에서……여러 법에서 법을 보고 지내는 데 열중하고 지혜와 기억을 갖추고 세상에서 탐욕과 근심을 제거하여 지낸다.

 아난다야, 이와 같이 (하는 것이) 제자들이 자신을 등불로 삼고, 자신을 의지처로 삼으며, 남을 의지처로 삼지 않는 것이다. (그리고) 법을 등불로 삼고, 법을 의지처로 삼으며, 다른 것을 의지처로 삼지 않는 것이다. 아난다야, 지금 또는 내가 죽은 뒤에 자신을 등불로 삼고, 자신을 의지처로 삼으며, 남을 의지처로 삼지 않고 지내는 자가 있다면 그리고 법을 등불로 삼고, 법을 의지처로 삼으며, 다른 것을 의지처로 삼지 않고 지내는 자가 있다면 아난다야, 그 제자는 배우고자 하는 의욕이 있는 한 최상(의 경지)에 (가) 있게 될 것이다."

- 제 이 송분 끝 -

10. 차팔라 사당에서 목숨의 결합을 끊으심[39]

36 붓다께서 아침에 옷을 입으시고 발우와 법의를 들고 베살리에 걸식하러 들어가셨다. 베살리에서 걸식한 다음 식사를 마치시고 걸식에서 돌아온 뒤 아난다 장로를 불러 말씀하셨다.

"아난다야, 좌구를 챙겨라. 차팔라 사당으로 가서 낮동안 쉬자."

"예, 붓다시여."라고 하며 아난다 장로는 붓다께 응답한 뒤 좌구를 챙겨 붓다를 뒤따랐다. 붓다께서는 차팔라 사당으로 나아갔다. 가셔서 준비된 자리에 앉으셨다. 아난다 장로도 붓다께 공손히 절하고는 한쪽에 앉았다.

37 한쪽에 앉은 아난다 장로에게 붓다께서 말씀하셨다.

"아난다야, 베살리는 즐길 만하구나. 우데나 사당은 즐길 만하구나. 고타마카 사당은 즐길 만하구나. 사란다다 사당은 즐길 만하구나. 차팔라 사당은 즐길 만하구나. 아난다야, 누구든지 네 가지 하늘의 발(이라는 수행)을[40] 닦고 많이 짓고 버릇이 되게 하고 기초가 되게 하고 실행하고 친숙히 하며 잘 노력한다면, 그는

● ● ● ● ● ● ● ●

39) 붓다의 열반 과정은 본격적으로 여기서부터 시작된다. 앞서 벨루가마카에서 큰병을 느끼시고 바야흐로 열반을 생각하게 되신다. 열반에 있어 그 과정은 아난다 장로가 붓다께 수명의 연장을 권청하지 못하고 악마신이 붓다의 열반을 재촉하는 두 가지 측면에서 진행되는데 그 의미하는 바가 매우 깊다. 따라서 경전은 거듭하여 두 측면으로 된 똑같은 과정을 설하고 또 설한다. 본역에서도 전혀 생략하지 않고 그대로 옮겨 보았다. 생략을 고려해 보았지만 오히려 혼란을 더하는 듯하였다. 다소 지리한 듯 할테지만 꼼꼼히 읽어주기 바란다.

40) 神足(iddhi-pāda, Skṛddhi-pāda).

원하는 대로 일 겁 또는 일 겁여를 머물 수 있게 된다. 그런데 아난다야, 그렇게 오신 붓다인 나는 네 가지 하늘의 발(이라는 수행)을 닦고 많이 짓고 버릇이 되게 하고 기초가 되게 하고 실행하고 친숙히 하며 잘 노력하였다. (그래서) 아난다야, 그렇게 오신 붓다인 나는 원하기만 하면 일 겁 또는 일 겁여를 머물 수 있다."

그런데 아난다 장로는 붓다에 의하여 매우 훌륭한 징후가 제시되고 매우 훌륭한 광채가 만들어(져 빛나는) 데도 그것(의 의미)를 꿰뚫을 수 없었다. (그리하여) 붓다께 청하지를 못하였다. '붓다시여, 붓다께서는 일 겁을 머무소서. 많은 생명의 행복과 안락을 위하여, 잘 가신 붓다께서는 일 겁을 머무소서.'라고 청하지를 못한 것이다. 마치 악마가 그 마음 속에 스며든 것 같았다.

두번째로 붓다께서는……세번째로 붓다께서는 아난다 장로를 불러 말씀하셨다.

"아난다야, 베살리는 즐길 만하구나. 우데나 사당은 즐길 만하구나. 고타마카 사당은 즐길 만하구나. 삿탐바 사당은 즐길 만하구나. 바후풋타 사당은 즐길 만하구나. 사란다다 사당은 즐길 만하구나. 차팔라 사당은 즐길 만하구나. 누구든지 네 가지 하늘의 발(이라는 수행)을 닦고 많이 짓고 버릇이 되게 하고 기초가 되게 하고 실행하고 친숙히 하여 잘 노력한다면, 그는 원하는 대로 일 겁 또는 일 겁여를 머무를 수 있게 된다. 그런데 아난다야, 그렇게 오신 붓다인 나는 네 가지 하늘의 발(이라는 수행)을 닦고 많이 짓고 버릇이 되게 하고 기초가 되게 하고 실행하고 친숙히 하며 잘 노력하였다. (그래서) 아난다야, 그렇게 오신 붓다인 나는 원하기만 하면 일 겁 또는 일 겁여를 머무를 수 있다."

그런데 아난다 장로는 붓다에 의하여 매우 훌륭한 징후가 제시되고 매우 훌륭한 광채가 만들어(져 빛나는) 데도 그것(의 의미)를 꿰뚫을 수 없었다. (그리하여) 붓다께 청하지를 못하였다. '붓다시여, 붓다께서는 일 겁을 머무소서. 많은 생명의 행복과 안락을 위하여, 세상을 동정하시어 천신과 인간의 이익과 행복과 안락을 위하여, 잘 가신 붓다께서는 일 겁을 머무소서.'라고 청하지 못한 것이다. 마치 악마가 그 마음속에 스며든 것 같았다. 그리하여 붓다께서는 아난다 장로를 불러 말씀하셨다.

"아난다야, 가거라. 너는 지금이 때인줄 알아라."

"예, 붓다시여."라고 하며 아난다 장로는 붓다께 응답한 뒤 자리에서 일어나 공손히 절하고는 오른쪽으로 돌고서 멀지 않은 어떤 나무뿌리 위에 앉았다.

38 아난다 장로가 떠난 지 얼마되지 않아 악마신이 붓다께서 계신 곳으로 다가왔다. 와서 한쪽에 섰다. 한쪽에 선 악마신은 붓다께 말하였다.

"붓다시여, 붓다께서는 지금 완전한 진리의 세계에 드소서. 잘 가신 붓다께서는 완전한 진리의 세계에 드소서. 붓다시여, 지금 붓다께서는 완전한 진리의 세계에 드실 시간입니다. 붓다시여, 붓다께서는 이러한 말씀을 하셨습니다.

'악마야, 나의 (법을) 듣(고 깨달음을 추구하는) 남제자들은 슬기로워야 한다. (법으로) 인도되고, (법에) 확신을 가지고, (법에 대해) 들은 것이 많고, 법을 지니고, 법에 따라 법에 이르고, 바르게 이르고, 법에 따라 수행해야 하는 등의 (조건이) 이루어지지 않는다면, (나는 완전한 진리의 세계에 들 수 없다.) (그리고) 자신의 스승(의 법)을 받아지녀 (남을 위해) 설하고,

가르치고, 시설하고, 세우고, 연설하고, 분석하고, 설명하지 않는 다면, (역시 완전한 진리의 세계에 들 수 없다. 그리고) 논쟁이 일어날 경우, 법에 입각해 잘 반박하지 못하고 신비로움이[41] 갖추어진 법을 설하지 못한다면, 나는 결코 완전한 진리의 세계에 들 수 없다.'라고요.

붓다시여, 지금 붓다의 (법을) 듣(고 깨달음을 추구하는) 남제자들은 슬기롭습니다. (법으로) 인도되고, (법에) 확신을 가지고, (법에 대해) 들은 것이 많고, 법을 지니고, 법에 따라 법에 이르고, 바르게 이르고, 법에 따라 수행하고 있습니다. (그리고) 자신의 스승(의 법)을 받아지녀 (남을 위해) 설하고, 가르치고, 시설하고, 세우고, 연설하고, 분석하고, 설명하고 있습니다. (그리고) 논쟁이 일어날 경우 법에 따라 잘 반박하며 신비로움이 갖추어진 법을 설하고 있습니다. 붓다시여, 붓다께서는 지금 완전한 진리의 세계에 드소서. 잘 가신 붓다께서는 완전한 진리의 세계에 드소서. 붓다시여, 지금이 붓다께서 완전한 진리의 세계에 드실 시간입니다.

붓다시여, 붓다께서는 이러한 말씀도 하셨습니다. '악마야, 나의 (법을) 듣(고 깨달음을 추구하는) 여제자들은 슬기로워야 한다. (법으로) 인도되고, (법에) 확신을 가지고, (법에 대해) 들은 것이 많고, 법을 지니고, 법에 따라 법에 이르고, 바르게 하고, 법에 따라 수행해야 하는 등의 (조건)이 이루어지지 않는다면 (나는 완전한 진리의 세계에 들 수 없다.) (그리고) 자신의

●●●●●●●●●●●●●●●

41) 神變(paṭihāriya)으로 번역되어오던 말이다. '기적'의 뜻도 지니고 있다.

스승(의 법)을 받아지녀 (남을 위해) 설하고, 가르치고, 시설하고, 세우고, 연설하고, 분석하고, 설명하지 않는다면 (역시 완전한 진리의 세계에 들 수 없다. 그리고) 논쟁이 일어날 경우 법에 입각해 잘 반박하지 못하고 신비로움이 갖추어진 법을 설하지 못한다면 나는 결코 완전한 진리의 세계에 들 수 없다.'라고요.

붓다시여, 지금 붓다(의 법을) 듣(고 깨달음을 추구하는) 여제자들은 슬기롭습니다. (법으로) 인도되고, (법에) 확신을 가지고, (법에 대해) 들은 것이 많고, 법을 지니고, 법에 따라 법에 이르고, 바르게 이르고, 법에 따라 수행하고 있습니다. (그리고) 자신의 스승(의 법)을 받아지녀 (남을 위해) 설하고, 가르치고, 시설하고, 세우고, 연설하고, 분석하고, 설명하고 있습니다. (그리고) 논쟁이 일어날 경우 법에 따라 잘 반박하며 신비로움이 갖추어진 법을 설하고 있습니다. 붓다시여, 붓다께서는 지금 완전한 진리의 세계에 드소서. 잘 가신 붓다께서는 완전한 진리의 세계에 드소서. 붓다시여, 지금이 붓다께서 완전한 진리의 세계에 드실 시간입니다.

붓다시여, 붓다께서는 이러한 말씀도 하셨습니다. '악마야, 나의 (법을) 듣(고 깨달음을 추구하는) 남신자들은 슬기로워야 한다. (법으로) 인도되고, (법에) 확신을 가지고, (법에 대해) 들은 것이 많고, 법을 지니고, 법에 따라 법에 이르고, 바르게 이르고, 법에 따라 수행해야 하는 등의 (조건)이 이루어지지 않는다면 (나는 완전한 진리의 세계에 들 수 없다.)

(그리고) 자신의 스승(의 법)을 받아지녀 (남을 위해) 설하고, 가르치고, 시설하고, 세우고, 연설하고, 분석하고, 설명하지 않는다면 (역시 완전한 진리의 세계에 들 수 없다. 그리고) 논쟁

이 일어날 경우, 법에 입각해 잘 반박하지 못하고 신비로움이 갖추어진 법을 설하지 못한다면 나는 결코 완전한 진리의 세계에 들 수 없다.'라고요.

붓다시여, 지금 붓다(의 법을) 듣(고 깨달음을 추구하는) 남신자들은 슬기롭습니다. (법으로) 인도되고, (법에) 확신을 가지고, (법에 대해) 들은 것이 많고, 법을 지니고, 법에 따라 법에 이르고, 바르게 이르고, 법에 따라 수행하고 있습니다. (그리고) 자신의 스승(의 법)을 받아지녀 (남을 위해) 설하고, 가르치고, 시설하고, 세우고, 연설하고, 분석하고, 설명하고 있습니다. (그리고) 논쟁이 일어날 경우, 법에 따라 잘 반박하며 신비로움이 갖추어진 법을 설하고 있습니다. 붓다시여, 붓다께서는 지금 완전한 진리의 세계에 드소서. 잘가신 붓다께서는 완전한 진리의 세계에 드소서. 붓다시여, 지금이 붓다께서 완전한 진리의 세계에 드실 시간입니다.

붓다시여, 붓다께서는 이러한 말씀도 하셨습니다. '악마야 나의 (법을) 듣(고 깨달음을 추구하는) 여신자들은[42] 슬기로워야 한다. (법으로) 인도되고, (법에) 확신을 가지고, (법에 대해) 들은 것이 많고, 법을 지니고, 법에 따라 법에 이르고, 바르게 이르고, 법에 따라 수행해야 하는 등의 (조건)이 이루어지지 않는다면 (나는 완전한 진리의 세계에 들 수 없다.)

(그리고) 자신의 스승(의 법)을 받아지녀 (남을 위해) 설하

---

[42] 붓다께서는 출가 제자들 뿐만 아니라 재가의 신자들도 매우 귀하게 여기셨음을 알 수 있다.

고, 가르치고, 시설하고, 세우고, 연설하고, 분석하고, 설명하지 않는다면 (역시 완전한 진리의 세계에 들 수 없다. 그리고) 논쟁이 일어날 경우, 법에 입각해 잘 반박하지 못하고 신비로움이 갖추어진 법을 설하지 못한다면 나는 결코 완전한 진리의 세계에 들 수 없다.'라고요.

붓다시여, 지금 붓다(의 법을) 듣(고 깨달음을 추구하는) 여신자들은 슬기롭습니다. (법으로) 인도되고, (법에) 확신을 가지고, (법에 대해) 들은 것이 많고, 법을 지니고, 법에 따라 법에 이르고, 바르게 이르고, 법에 따라 수행하고 있습니다. (그리고) 자신의 스승(의 법)을 받아지녀 (남을 위해) 설하고, 가르치고, 시설하고, 세우고, 연설하고, 분석하고, 설명하고 있습니다. (그리고) 논쟁이 일어날 경우 법에 따라 잘 반박하며 신비로움이 갖추어진 법을 설하고 있습니다. 붓다시여, 붓다께서는 지금 완전한 진리의 세계에 드소서. 잘가신 붓다께서는 완전한 진리의 세계에 드소서. 붓다시여, 지금이 붓다께서 완전한 진리의 세계에 드실 시간입니다.

붓다시여, 붓다께서는 이러한 말씀도 하셨습니다.[43] '악마야, 나의 청정한 수행(법)이 번창하지 않고, 풍부해지지 않고, 확대되지 않고, 많은 사람이 지니지 않고, 늘어나지 않고, 천신과 인간에 이르기까지 잘 (전달되어) 정돈되지 않는다면 나는 결코 완전한 진리의 세계에 들지 않겠다.'라고요.

●●●●●●●●●●●●●
43) 『반니원경』은 악마신과의 대화를 매우 간략하게 전하고 있으며, 다섯번째의 조건인 '청정수행법의 충만'에 대한 언급은 없다.

그런데 붓다시여, 지금 붓다의 청정한 수행법은 번창하고, 풍부해지고, 확대되고, 많은 사람이 지니고, 늘어나고, 천신과 인간에 이르기까지 잘 (전달되어) 정돈되었습니다. 붓다시여, 붓다께서는 지금 완전한 진리의 세계에 드소서. 잘 가신 붓다께서는 완전한 진리의 세계에 드소서. 붓다시여, 지금이 붓다께서 완전한 진리의 세계에 드실 시간입니다."

이와 같이 말하였을 때 붓다께서는 악마신에게 말씀하셨다.

"악마야, 성가시게 하지 말라. 오래지 않아 그렇게 오신 붓다는 완전한 진리의 세계에 들 것이다. 지금부터 3개월이 지나면 그렇게 오신 붓다는 완전한 진리의 세계에 들 것이다."

39 그리하여 붓다께서는 차팔라 사당에서 기억과 지혜를 갖춘 채 목숨의 결합작용을 제거하셨다. 붓다께서 목숨의 결합작용을 제거하셨을 때, 두렵고 털이 곤두서는 대지의 진동이 있었다. 그리고 하늘에서는 천둥이 쳤다. 붓다께서는 이 일을 맞아 크게 느끼신 바가 있어 그때에 감명깊은 게송을 읊으셨다.

"저울질할 수 있기도 하고 없기도 한 존재의 기원
그 존재의 결합작용을 붓다는 풀어 버렸다.
안으로 즐거워하며 명상에 드신 붓다는
쇠사슬 갑옷 같은 자기 존재의 근원을 부수어 버렸다."

11. 대지 진동의 여덟 인연[44]

40 아난다 장로는 생각하였다. '야, 놀라운 일이다. 야, 일찍이 없었던 일이다. 땅이 크게 흔들렸다. 땅이 아주 크게 흔들렸다. 두렵고 털이 곤두선다. 하늘에서는 천둥까지 쳤다. 이러한 대지의 진동이 나타나는 데는 어떤 원인, 어떤 인연이 있는 것일까.'

그리하여 아난다 장로는 붓다께서 계신 곳으로 다가왔다. 와서 붓다께 공손히 절하고는 한쪽에 앉았다. 한쪽에 앉은 아난다 장로는 붓다께 아뢰었다.

"붓다시여, 놀라운 일입니다. 붓다시여, 일찍이 없었던 일입니다. 붓다시여, 땅이 크게 흔들렸습니다. 붓다시여, 땅이 아주 크게 흔들렸습니다. 두렵고 털이 곤두섰습니다. 하늘에서는 천둥도 쳤습니다. 이러한 대지의 진동이 나타나는 데는 어떤 원인, 어떤 인연이 있는 것입니까?"

41 "아난다야, 대지의 진동이 나타나는 데는 여덟 가지 원인, 여덟 가지 인연이 있다. 어떤 것이 여덟인가! 아난다야, 이 대지는 물 위에 놓여 있고 물은 바람 위에 놓여 있고 바람은 허공에 머문다. 아난다야, 큰 바람이 불 때가 있다. 큰 바람이 불면 물이 흔들린다. 물이 흔들리면 대지가 흔들리는 것이다. 이것이 대지의 진동을 나타나게 하는 첫번째 원인, 첫번째 인연이다.

다시 또 아난다야, 신통을 갖추고 있고 마음의 지배력이 완성되어 있는 수행자 또는 사제가 있다. 혹은 대신통과 대위엄을 갖

---

44) 『반니원경』의 내용과 거의 일치한다.

춘 천신이 있다. 그들은 땅은 작고 물을 무량하다라는 생각을 닦고 있는데 그들이 이 땅을 흔들고 진동시키는 것이다. 이것이 대지의 진동을 나타나게 하는 두번째 원인이며 두번째 인연이다.

다시 또 아난다야, 구도자가 도솔천에서 죽어, 기억과 지혜를 갖추어 모태에 들 때 이 땅은 흔들리고 진동한다. 이것이 대지의 진동을 나타나게 하는 세번째 원인이며 세번째 인연이다.

다시 또 아난다야, 구도자가 기억과 지혜를 갖추어 모태에서 나올 때, 이 땅은 흔들리고 진동한다. 이것이 대지의 진동을 나타나게 하는 네번째 원인이며 네번째 인연이다.

다시 또 아난다야, 그렇게 오신 붓다가 더 이상 없는 바르고 원만한 깨달음을 잘 깨닫는다. 그때 이 땅은 흔들리고 진동한다. 이것이 대지의 진동을 나타나게 하는 다섯번째 원인이며 다섯번째 인연이다.

다시 또 아난다야, 그렇게 오신 붓다가 더 이상 없는 법의 바퀴를 굴린다. 그때 이 땅은 흔들리고 진동한다. 이것이 대지의 진동을 나타나게 하는 여섯번째 원인이며 여섯번째 인연이다.

다시 또 아난다야, 그렇게 오신 붓다가 기억과 지혜를 갖춘 채, 목숨의 결합작용을 제거한다. 그때 이 땅은 흔들리고 진동한다. 이것이 대지의 진동을 나타나게 하는 일곱번째 원인이며 일곱번째 인연이다.

다시 또 아난다야, 그렇게 오신 붓다가 남음없이 진리의 계층 (올 항해) 완전한 진리의 세계에 든다. 그때 이 땅은 흔들리고 진동한다. 이것이 대지의 진동을 나타나게 하는 여덟번째 원인이며 여덟번째 인연이다.

아난다야, 이것들이 대지의 진동을 나타나게 하는 여덟 가지 원인이며 여덟 가지 인연이다."

12. 여덟 모임[45]

42 "아난다야, 여덟 가지 모임이 있다. 어떤 것이 여덟인가. 왕족의 모임, 사제계급의 모임, 거사의 모임, 수행자의 모임, 사대왕천 천신들의 모임, 삼십삼천 천신들의 모임, 마신의 모임, 범신의 모임이 그들이다. 아난다야, 나는 수백의 왕족의 모임에 다가가 그들을 잘 알고 있다. 나는 과거에 그들과 함께 모였고, 함께 이야기하였고 대화하였다. 그곳에서 나는 그들과 같은 용모이었고 그들과 같은 소리를 지녔다. 나는 법다운 이야기로 교시하고 받아지니게 하고 고무시키고 기쁘게 하였다. (그러나) 말하는 나를 그들은 알지 못했다. '누가 말하고 있는가. 천신인가, 인간인가.'라고 하며. 법다운 이야기로 교시하고 받아지니게 하고 고무시키고 기쁘게 한 뒤 나는 사라졌다. (그러나) 사라진 나를 그들은 알지 못했다. '누가 사라졌는가. 천신인가, 인간인가.'라고 하며.

다시 아난다야, 나는 수백의 사제계급의 모임에 (다가가) 그들을 잘 알고 있다. ……거사의 모임…수행자의 모임……사대왕천 천신들의 모임……삼십삼천 천신들의 모임……마신의 모임……

---

45) 12. 여덟 모임, 13. 여덟 가지 정복하여 가는 곳, 14. 여덟 가지 해탈, 15. 마신이 청하는 이야기(제46, 47단락)는 『반니원경』의 경우 생략된 듯하다.

범신의 모임에 다가가 그들을 잘 알고 있다. 나는 과거에 그들과 함께 모였고, 함께 이야기하였고 대화하였다. 그곳에서 나는 그들과 같은 용모이었고 그들과 같은 소리를 지녔다. 나는 법다운 이야기로 교시하고 받아지니게 하고 고무시키고 기쁘게 하였다. (그러나) 말하는 나를 그들은 알지 못했다. '누가 말하고 있는가. 천신인가, 인간인가.'라고 하며. 법다운 이야기로 교시하고 받아지니게 하고 고무시키고 기쁘게 한 뒤 나는 사라졌다. (그러나) 사라진 나를 그들은 알지 못했다. '누가 사라졌는가. 천신인가, 인간인가.'라고 하며. 아난다야, 이것이 여덟 가지 모임이다."

13. 여덟 가지 정복하여 가는 곳

43 "아난다야, 여덟 가지 정복하여 가는 곳이 있다. 어떤 것이 여덟인가. 안으로 색의 생각을 지닌 자가 혼자서 밖으로 색깔이 좋고 나쁜 작은 색들을 본다. (그리고) '이들을 정복하여 알고 본다.'라는 생각을 지니고 있다. 이것이 첫번째 정복하여 가는 곳이다.

안으로 색의 생각을 지닌 자가 혼자서 밖으로 색깔이 좋고 나쁜 무량한 색들을 본다. (그리고) '이들을 정복하여 알고 본다.'라는 생각을 지니고 있다. 이것이 두번째 정복하여 가는 곳이다.

안으로 색의 생각이 없는 자가 혼자서 밖으로 색깔이 좋고 나쁜 작은 색들을 본다. (그리고) '이들을 정복하여 알고 본다.'라는 생각을 지니고 있다. 이것이 세번째 정복하여 가는 곳이다.

안으로 색의 생각이 없는 자가 혼자서 밖으로 색깔이 좋고 나쁜 무량한 색들을 본다. (그리고) '이들을 정복하여 알고 본다.' 라는 생각을 지니고 있다. 이것이 네번째 정복하여 가는 곳이다.
  안으로 색의 생각이 없는 자가 혼자서 밖으로 색을 보되 푸르고 푸른 색깔이고, 푸른 빛깔이고, 푸른 빛인 색을 보고 있다. 마치 움마 꽃이 푸르고 푸른 색깔이고, 푸른 빛깔이고, 푸른 빛이 듯이 또 바라나시 산(產)의 천이 양면이 빛나되 푸르고 푸른 색깔이고, 푸른 빛깔이고, 푸른 빛이 듯이 이와 같이 안으로 색의 생각이 없는 자가 혼자서 밖으로 색을 보되 푸르고 푸른 색깔이고, 푸른 빛깔이고, 푸른 빛인 색을 보고 있다. (그리고) '이들을 정복하여 알고 본다.'라는 생각을 지니고 있다. 이것이 다섯번째 정복하여 가는 곳이다.
  안으로 색의 생각이 없는 자가 혼자서 밖으로 색을 보되 노랗고 노란 색깔이고, 노란 빛깔이고, 노란 빛인 색을 보고 있다. 마치 카니카라 꽃이 노랗고 노란 색깔이고, 노란 빛깔이고, 노란 빛이 듯이 또 바라나시 산의 천이 양면이 빛나되 노랗고 노란 색깔이고, 노란 빛깔이고, 노란 빛이 듯이 이와 같이 안으로 색의 생각이 없는 자가 혼자서 밖으로 색을 보되 노랗고 노란 색깔이고, 노란 빛깔이고, 노란 빛의 색을 보고 있다. (그리고) '이들을 정복하여 알고 본다.'라는 생각을 지니고 있다. 이것이 여섯번째 정복하여 가는 곳이다.
  안으로 색의 생각이 없는 자가 혼자서 밖으로 색을 보되 붉고 붉은 색깔이고, 붉은 빛깔이고, 붉은 빛인 색을 보고 있다. 마치 반두지바카 꽃이 붉고 붉은 색깔이고, 붉은 빛깔이고, 붉은 빛이 듯이 또 바라나시 산의 천이 양면이 빛나되 붉고 붉은 색깔이고,

붉은 빛깔이고, 붉은 빛이 듯이 이와 같이 안으로 색의 생각이 없는 자가 혼자서 밖으로 색을 보되 붉고 붉은 색깔이고, 붉은 빛깔이고, 붉은 빛의 색을 보고 있다. (그리고) '이들을 정복하여 알고 본다.'라는 생각을 지니고 있다. 이것이 일곱번째 정복하여 가는 곳이다.

안으로 색의 생각이 없는 자가 혼자서 밖으로 색을 보되 희고 흰 색깔이고, 흰 빛깔이고, 흰 빛인 색을 보고 있다. 마치 샛별이 희고 흰 색깔이고, 흰 빛깔이고, 흰 빛이 듯이 또 바라나시 산의 천이 양면이 빛나되 희고 흰 색깔이고, 흰 빛깔이고, 흰 빛이 듯이 이와 같이 안으로 색의 생각이 없는 자가 혼자서 밖으로 색을 보되 희고 흰 색깔이고, 흰 빛깔이고, 흰 빛의 색을 보고 있다. (그리고) '이들을 정복하여 알고 본다.'라는 생각을 지니고 있다. 이것이 여덟번째 정복하여 가는 곳이다. 아난다야, 이것들이 여덟 가지 정복하여 가는 것이다."

14. 여덟 가지 해탈

44 "아난다야, 여덟 가지 해탈이 있다. 어떤 것이 여덟인가. 색을 지닌 자가 색들을 본다. 이것이 첫번째 해탈이다. 안으로 색을 지니지 않은 자가 밖으로 색들을 본다. 이것이 두번째 해탈이다. 밝음을 향해 지향한다. 이것이 세번째 해탈이다.

모든 경우에서 색의 생각들을 극복하고, 걸림의 생각들을 없애고, 다양성의 생각을 뜻하지 않아 '허공은 가없다.'라고 하는 가

없는 허공의 포섭처를 갖추어 지낸다. 이것이 네번째의 해탈이다.

모든 경우에서 가없는 허공의 포섭처를 극복하여 '식별은 가없다.'라고 하는 가없는 식별의 포섭처를 갖추어 지낸다. 이것이 다섯번째 해탈이다.

모든 경우에서 가없는 식별의 포섭처를 극복하여 '어떤 것도 없다.'라고 하는 어떤 것도 없음의 포섭처를 갖추어 지낸다. 이것이 여섯번째의 해탈이다.

모든 경우에서 어떤 것도 없음의 포섭처를 극복하여 생각도 아니고 생각아닌 것도 아님의 포섭처를 갖추어 지낸다. 이것이 일곱번째 해탈이다.

모든 경우에서 생각도 아니고 생각 아닌 것도 아님의 포섭처를 극복하여 생각과 느낀 바의 소멸을 갖추어 지낸다. 이것이 여덟번째 해탈이다. 아난다야, 이것들이 여덟 가지 해탈이다."

15. 마신이 청하는 이야기

45 "한때 나는 아난다야, 우루벨라의 네란자라 강가에 있는 아자팔라닉로다 나무에서 지냈는데 그때 나는 처음으로 원만히 잘 깨달은 붓다였다. 그런데 아난다야, 악마신이 나에게 다가왔다. 다가와서 한쪽에 섰다. 아난다야, 한쪽에 선 악마신은 나에게 이렇게 말하였다.

'붓다시여, 붓다께서는 지금 완전한 진리의 세계에 드소서. 잘 가신 붓다께서는 지금 완전한 진리의 세계에 드소서. 붓다시여,

지금은 붓다께서 완전한 진리의 세계에 드실 시간입니다.'

이와 같이 청할 때 아난다야, 나는 악마신에게 말하였다.

'악마야, 나의 (법을) 듣고 (깨달음을 추구하는) 남제자들은 슬기로워야 한다. (법으로) 인도되고, (법에) 확신을 가지고, (법에 대해) 들은 것이 많고, 법을 지니고, 법에 따라 법에 이르고, 바르게 이르고, 법에 따라 수행해야 하는 등의 (조건)이 이루어지지 않는다면 (나는 완전한 진리의 세계에 들 수 없다.)

(그리고) 자신의 스승(의 법)을 받아지녀 (남을 위해) 설하고, 가르치고, 시설하고, 세우고, 연설하고, 분석하고, 설명하지 않는다면 (역시 완전한 진리의 세계에 들 수 없다. 그리고) 논쟁이 일어날 경우, 법에 입각해 잘 반박하지 못하고 신비로움이 갖추어진 법을 설하지 못한다면 나는 결코 완전한 진리의 세계에 들 수 없다.

또 악마야, 나의 (법)을 듣(고 깨달음을 추구하는) 여제자들은 슬기로워야 한다. (법으로) 인도되고, (법에) 확신을 가지고, (법에 대해) 들은 것이 많고, 법을 지니고, 법에 따라 법에 이르고, 바르게 이르고, 법에 따라 수행해야 하는 등의 (조건)이 이루어지지 않는다면 (나는 완전한 진리의 세계에 들 수 없다.)

(그리고) 자신의 스승(의 법)을 받아지녀 (남을 위해) 설하고, 가르치고, 시설하고, 세우고, 연설하고, 분석하고, 설명하지 않는다면 (역시 완전한 진리의 세계에 들 수 없다. 그리고) 논쟁이 일어날 경우, 법에 입각해 잘 반박하지 못하고 신비로움이 갖추어진 법을 설하지 못한다면 나는 결코 완전한 진리의 세계에 들 수 없다.

또 악마야, 나의 (법)을 듣(고 깨달음을 추구하는) 남신자들은 슬기로워야 한다. (법으로) 인도되고, (법에) 확신을 가지고, (법에 대해) 들은 것이 많고, 법을 지니고, 법에 따라 법에 이르고, 바르게 이르고, 법에 따라 수행해야 하는 등의 (조건)이 이루어지지 않는다면 (나는 완전한 진리의 세계에 들 수 없다.)

 (그리고) 자신의 스승(의 법)을 받아지녀 (남을 위해) 설하고, 가르치고, 시설하고, 세우고, 연설하고, 분석하고, 설명하지 않는다면 (역시 완전한 진리의 세계에 들 수 없다. 그리고) 논쟁이 일어날 경우, 법에 입각해 잘 반박하지 못하고 신비로움이 갖추어진 법을 설하지 못한다면 나는 결코 완전한 진리의 세계에 들 수 없다.

 또 악마야, 나의 (법)을 듣(고 깨달음을 추구하는) 여신자들이 슬기로워야 한다. (법으로) 인도되고, (법에) 확신을 가지고, (법에 대해) 들은 것이 많고, 법을 지니고, 법에 따라 법에 이르고, 바르게 이르고, 법에 따라 수행해야 하는 등의 (조건)이 이루어지지 않는다면 (나는 완전한 진리의 세계에 들 수 없다.)

 (그리고) 자신의 스승(의 법)을 받아지녀 (남을 위해) 설하고, 가르치고, 시설하고, 세우고, 연설하고, 분석하고, 설명하지 않는다면 (역시 완전한 진리의 세계에 들 수 없다. 그리고) 논쟁이 일어날 경우, 법에 입각해 잘 반박하지 못하고 신비로움이 갖추어진 법을 설하지 못한다면 나는 결코 완전한 진리의 세계에 들 수 없다.

 또 악마야, 나의 청정한 수행(법)이 번창하지 않고, 풍부해지지 않고, 확대되지 않고, 많은 사람이 지니지 않고, 늘어나지 않고, 천신과 인간에 이르기까지 잘 (전달되어) 정돈되지 않는다면 나는 결코 완전한 진리의 세계에 들 수 없다.'

46 아난다야, 오늘 차팔라 사당에 있는 나에게 악마신이 다가왔다. 와서 한쪽에 섰다. 아난다야, 한쪽에 선 악마신은 나에게 이렇게 말하였다.

'붓다시여, 붓다께서는 지금 완전한 진리의 세계에 드소서. 잘 가신 붓다시여, 완전한 진리의 세계에 드소서. 붓다시여, 지금이 붓다께서 완전한 진리의 세계에 드실 시간입니다. 붓다시여, 붓다께서는 이러한 말씀을 하셨습니다. —악마신아, 나는 나의 (법을) 듣(고 깨달음을 추구하는) 남제자들이……나의 (법을) 듣(고 깨달음을 추구하는) 여제자들이……나의 (법을) 듣(고 깨달음을 추구하는) 남신자들이……나의 (법을) 듣(고 깨달음을 추구하는) 여신자들이……나의 청정한 수행(법)이 번창하지 않고, 풍부해지지 않고, 확대되지 않고, 많은 사람이 지니지 않고, 늘어나지 않고, 천신과 인간에 이르기까지 잘 (전달되어) 정돈되지 않는다면, 나는 결코 완전한 진리의 세계에 들지 않겠다.—라고요.

그런데 붓다시여, 지금 붓다의 청정한 수행(법)은 번창하고, 풍부해지고, 확대되고, 많은 사람이 지니고, 늘어나고, 천신과 인간에 이르기까지 잘 (전달되어) 정돈되었습니다. 붓다시여, 붓다께서는 완전한 진리의 세계에 드소서. 잘 가신 붓다께서는 완전한 진리의 세계에 드소서. 붓다시여, 지금이 붓다께서 완전한 진리의 세계에 드실 시간입니다.'

47 이와 같이 청하였을 때 나는 악마신에게 '악마야, 성가시게 하지 말라. 오래지 않아 그렇게 오신 붓다는 완전한 진리의 세계에 들 것이다. 지금부터 3개월이 지나면 그렇게 오신 붓다는 완전한 진리의 세계에 들 것이다.'라고 하였다.

아난다야, (그리하여) 오늘 차팔라 사당에서 그렇게 오신 붓다는 기억과 지혜를 갖춘 채 목숨의 결합작용을 제거하였다."

16. 아난다의 청하는 이야기

48 이와 같이 설하셨을 때 아난다 장로는 붓다께 아뢰었다.
"붓다시여, 붓다께서는 일 겁을 머무소서. 많은 생명의 행복과 안락을 위하여, 세상을 동정하시어, 천신과 인간의 이익과 행복과 안락을 위하여 잘 가신 붓다께서는 일 겁을 머무소서."
"아난다야, 지금은 안 된다. 그렇게 오신 붓다에게 청하지 말라. 아난다야, 지금은 그렇게 오신 붓다에게 청할 때가 못된다."
두번째로 아난다 장로는……세번째로 아난다 장로는 붓다께 아뢰었다.
"붓다시여, 붓다께서는 일 겁을 머무소서. 많은 생명의 행복과 안락을 위하여, 세상을 동정하시어, 천신과 인간의 이익과 행복과 안락을 위하여 잘 가신 붓다께서는 일 겁을 머무소서."
"아난다야, 너는 그렇게 오신 붓다의 깨달음을 믿는가?"
"예, 붓다시여."
"그러면 아난다야, 너는 어찌하여 세번씩이나 그렇게 오신 붓다를 압박하는가?"
"붓다시여, 저는 붓다의 면전에서 이렇게 들었으며 파악했습니다. '아난다야, 누구든지 네 가지 하늘의 발이라는 (수행)을 닦고, 많이 짓고, 버릇이 되게 하고, 기초가 되게 하고, 실행하고, 친숙히 하며, 잘 노력한다면 그는 원하는 대로 일 겁 또는 일 겁여를 머물 수 있게 된다. 그런데 아난다야, 그렇게 오신 붓다인 나는 네 가지 하늘의 발이라는 (수행)을 닦고, 많이 짓고, 버릇이 되게 하고, 기초가 되게 하고, 실행하고, 친숙히 하며 잘 노력하였다. 그래서 아난다야, 그렇게 오신 붓다인 나는 원하기만 하면 일 겁 또는 일 겁여를 머물 수 있다.'라고요."

"아난다야, 너는 믿느냐."

"예, 붓다시여."

"그렇다면 아난다야, 실로 너는 잘못했으며 나쁜 짓을 한 것이 된다. 왜냐하면 그렇게 오신 붓다에 의하여 매우 훌륭한 징후가 제시되고 매우 훌륭한 광채가 만들어져 (빛났)는 데도 불구하고 너는 그것(의 의미)를 꿰뚫지 못하였다. (그리하여) 그렇게 오신 붓다께 청하지를 못하였다. '붓다시여, 붓다께서는 일 겁을 머무소서. 많은 생명의 행복과 안락을 위하여, 세상을 동정하시어, 천신과 인간의 이익과 행복과 안락을 위하여 잘 가신 붓다는 일 겁을 머무소서.'라고 요청하지 못했다. 만약 아난다야, 네가 그렇게 오신 붓다께 청하였다면, 그렇게 오신 붓다는 너의 두번째 말까지는 버렸을 것이다. (그러나) 세번째 말은 허락하였을 것이다. 따라서 아난다야, 너는 잘못했으며 나쁜 짓을 한 것이 된다.

49 아난다야, 한때 나는 라자가하 성에 있는 깃자쿠타 산에서[46]

●●●●●●●●●●

[46] 16. 아난다의 청하는 이야기의 제49~52단락까지는 여러 곳에서 붓다와 아난다 장로 사이에 수명의 연장에 대한 암시와 아난다의 권청하지 못함이 있었음을 보여준다. 『반니원경』에서는 모두 줄이고 있는 듯하다.

지냈다. 그때도 나는 너를 불러 말했다. '아난다야, 라자가하는 즐길 만하구나. 아난다야, 깃자쿠다 산은 즐길 만하구나. 아난다야, 누구든지 네 가지 하늘의 발(이라는 수행)을 닦고, 많이 짓고, 버릇이 되게 하고, 기초가 되게 하고……실행하고, 친숙히 하며 잘 노력한다면, 그는 원하는 대로 일 겁 또는 일 겁여를 머물 수 있게 된다. 그런데 아난다야, 그렇게 오신 붓다인 나는 네 가지 하늘의 발(이라는 수행)을 닦고, 많이 짓고, 버릇이 되게 하고, 실행하고, 친숙히 하며 잘 노력하였다. (그래서) 아난다야, 그렇게 오신 붓다인 나는 원하기만 하면 일 겁 또는 일 겁여를 머물 수 있다.'라고.

그런데 너는 붓다에 의해 매우 훌륭한 징후가 제시되고 매우 훌륭한 광채가 만들어져 (빛나는) 데도 불구하고 그것(의 의미)를 꿰뚫지 못하였다. (그리하여) 그렇게 오신 붓다께 청하지를 못하였다. '붓다시여, 붓다께서 일 겁을 머무소서. 많은 생명의 행복과 안락을 위하여, 세상을 동정하시어, 천신과 인간의 이익과 행복과 안락을 위하여 잘가신 붓다께서는 일 겁을 머무소서.'라고 (청하지 못했다.) 만약 아난다야, 네가 그렇게 오신 붓다께 청하였다면, 그렇게 오신 붓다는 너의 두번째 말까지는 버렸을 것이다. (그러나) 세번째 말은 허락하였을 것이다. 따라서 아난다야, 너는 잘못했으며 나쁜 짓을 한 것이 된다.

50 한때에 나는 아난다야, 그곳 라자가하 성의 고타마닉로다 나무에서 지냈다……그곳 라자가하 성의 초라파파타에서 지냈다……그곳 라자가하 성의 베바라팟사에 있는 삿타판니구하에서 지냈다……그곳 라자가하 성의 이시길라나팟사에 있는 칼라실라에서 지냈다……그곳 라자가하 성의 시타바나에 있는 삽파손디

카팜바라에서 지냈다……그곳 라자가하 성의 타포다라마에서 지냈다……그곳 라자가하 성의 벨루바나에 있는 칼란다카니바파에서 지냈다……그곳 라자가하 성의 지바캄바바나에서 지냈다……그곳 라자가하 성의 맛다쿳치에 있는 미가다야에서 지냈다. 그곳에서도 아난다야, 나는 너를 불러 말했다.

'아난다야, 라자가하는 즐길 만하구나. 깃자쿠다 산은 즐길 만하구나. 고타마닉로다는 즐길 만하구나 초라파파타는 즐길 만하구나. 베바라팟사에 있는 삿타판니구하는 즐길 만하구나. 이시길라나팟사에 있는 칼라실라는 즐길 만하구나. 시타바나에 있는 삽파손디카팝바라는 즐길 만하구나. 타포다라마는 즐길 만하구나. 벨루바나에 있는 칼란다카니바파는 즐길 만하구나. 지바캄바바나는 즐길 만하구나. 맛다쿳치에 있는 미가다야는 즐길 만하구나. 아난다야, 누구든지 네 가지 하늘의 발(이라는 수행)을 닦고 많이 짓고, 버릇이 되게 하고, 기초가 되게 하고, 실행하고, 친숙히 하고 잘 노력한다……그렇게 오신 붓다인 나는 원하기만 하면 일 겁 또는 일 겁여를 머물 수 있다.'라고.

그런데 너는 붓다에 의하여 매우 훌륭한 징후가 제시되고 매우 훌륭한 광채가 만들어(져 빛나는) 데도 그것(의 의미)를 꿰뚫을 수 없었다. (그리하여) 붓다께 청하지를 못하였다. '붓다시여, 붓다께서는 일 겁을 머무소서. 많은 생명의 행복과 안락을 위하여, 세상을 동정하시어, 천신과 인간의 이익과 행복과 안락을 위하여 잘 가신 붓다께서는 일 겁을 머무소서.'라고 (청하지 못했다.) 만약 아난다야, 네가 그렇게 오신 붓다께 청하였다면 그렇게 오신 붓다는 너의 두번째 말까지는 버렸을 것이다. (그러나) 세번째 말은 허락하였을 것이다. 따라서 아난다야, 너는 잘못했으며 나쁜 짓을 한 것이 된다.

51 한때에 나는 아난다야, 여기 베살리의 우데나 사당에서 지냈다. 그곳에서도 나는 아난다야, 너를 불러 말했다. '아난다야, 베살리는 즐길 만하구나. 우데나 사당은 즐길 만하구나. 아난다야, 누구든지 네 가지 하늘의 발(이라는 수행)을 닦고, 많이 짓고, 버릇이 되게 하고, 기초가 되게 하고, 실행하고, 친숙히 하며 잘 노력한다면, 그는 원하는 대로 일 겁 또는 일 겁여를 머물 수 있게 된다. 그런데 아난다야, 그렇게 오신 붓다인 나는 네 가지 하늘의 발(이라는 수행)을 닦고, 많이 짓고, 버릇이 되게 하고, 실행하고, 친숙히 하며 잘 노력하였다. (그래서) 아난다야, 그렇게 오신 붓다인 나는 원하기만 하면 일 겁 또는 일 겁여를 머물수 있다.'라고.

그런데 너는 붓다에 의해 매우 훌륭한 징후가 제시되고 매우 훌륭한 광채가 만들어져 (빛나는) 데도 불구하고 그것(의 의미)를 꿰뚫지 못하였다. (그리하여) 그렇게 오신 붓다께 청하지를 못하였다. '붓다시여, 붓다께서는 일 겁을 머무소서. 많은 생명의 행복과 안락을 위하여, 세상을 동정하시어, 천신과 인간의 이익과 행복과 안락을 위하여 잘가신 붓다께서는 일 겁을 머무소서.'라고 (청하지 못하였다.) 만약 네가 그렇게 오신 붓다께 청하였다면 그렇게 오신 붓다는 너의 두번째 말까지는 버렸을 것이다. (그러나) 세번째 말은 허락하였을 것이다. 따라서 아난다야, 너는 잘못했으며 나쁜 짓을 한 것이 된다.

52 한때에 나는 아난다야, 이곳 베살리의 고타마카 사당에서 지냈다……이곳 베살리의 삿탐바 사당에서 지냈다……이곳 베살리의 바후풋타 사당에서 지냈다……이곳 베살리의 사란다 사당

에서 지냈다……이제, 오늘 나는 아난다야, 차팔라 사당에서 너를 불러 말했다. '아난다야, 베살리는 즐길 만하구나. 우데나 사당은 즐길 만하구나. 고타마카 사당은 즐길 만하구나. 삿탐바 사당은 즐길 만하구나. 바후풋타 사당은 즐길 만하구나. 사란다 사당은 즐길 만하구나. 차팔라 사당은 즐길 만하구나. 아난다야, 누구든지 네 가지 하늘의 발(이라는 수행)을 닦고, 많이 짓고, 버릇이 되게 하고, 기초가 되게 하고, 실행하고, 친숙히 하며 잘 노력한다면, 그는 원하는 대로 일 겁 또는 일 겁여를 머물 수 있게 된다. 그런데 아난다야, 그렇게 오신 붓다인 나는 네 가지 하늘의 발(이라는 수행)을 닦고, 많이 짓고, 버릇이 되게 하고, 기초가 되게 하고, 실행하고, 친숙히 하며 잘 노력하였다. (그래서) 아난다야, 그렇게 오신 붓다인 나는 원하기만 하면 일 겁 또는 일 겁여를 머물 수 있다.'라고.

그런데 너는 붓다에 의해 매우 훌륭한 징후가 제시되고 매우 훌륭한 광채가 만들어져 (빛나는) 데도 불구하고 그것(의 의미)를 꿰뚫지 못하였다. (그리하여) 그렇게 오신 붓다께 청하지를 못하였다. '붓다시여, 붓다께서는 일 겁을 머무소서. 많은 생명의 행복과 안락을 위하여, 세상을 동정하시어, 천신과 인간의 이익과 행복과 안락을 위하여 잘가신 붓다께서는 일 겁을 머무소서.' 라고 청하지를 못하였다. 만약 네가 그렇게 오신 붓다께 청하였다면 그렇게 오신 붓다는 너의 두번째 말까지는 버렸을 것이다. (그러나) 세번째 말은 허락하였을 것이다. 따라서 아난다야, 너는 잘못했으며 나쁜 짓을 한 것이 된다.

53 아난다야, 내가 이전에 이야기하지 않았느냐. 모든 사랑스럽고 마음에 맞는 것과는 이곳 저곳 나뉘어지게 되고 헤어지게 되

고 달라지게 된다는 것을. 아난다야, 지금 어디에서 그 (영원한) 것을 얻을 수 있겠는가. (이미) 생하였고, 이루어졌고, 결합된 것이고, 부서지는 법을 부서지지 말라고 할 수는 없는 것이다. 이 (몸을 유지하는) 법들을…. 아난다야, 그렇게 오신 붓다는 (이미) 포기하고, 뱉고, 벗어났고, 버리고, 단념하였고, 목숨의 결합 작용을 제거하였다. 그렇게 오신 붓다는 결단코 말한다. 오래지 않아 그렇게 오신 붓다는 완전한 진리의 세계에 들 것이다. 지금부터 3개월이 지나면 그렇게 오신 붓다는 완전한 진리의 세계에 들 것이다. 그렇게 오신 붓다가 목숨의 원인이 되는 곳으로 다시 돌아가는 일은 있을 수 없다. 아난다야, 마하바나의 뾰족지붕 회당으로 가자."

"예, 붓다시여."라고 하며 아난다 장로는 붓다께 응답하였다.

17. 마하바나에서의 설법

54 붓다께서는 아난다 장로와 함께 마하바나에 있는 뾰족지붕 회당으로 가셨다. 가셔서 아난다 장로를 불러 말씀하셨다.

"가거라, 아난다야. 가서 베살리에 의지하여 살고 있는 제자들을 모두 시자의 회당으로 모이게 하라."

"예, 붓다시여."라고 하며 아난다 장로는 붓다께 응답한 뒤, 베살리에 의지하여 살고 있는 제자들을 모두 시자의 회당으로 모이게 하고 붓다께서 계신 곳으로 왔다. 와서 붓다께 공손히 절하고 한쪽에 섰다. 한쪽에 선 아난다 장로는 붓다께 아뢰었다.

"붓다시여, 제자 승단이 모였습니다. 붓다시여, 붓다께서는 지금이 때인줄 아소서."

55 붓다께서는 시자의 회당으로 가셨다. 가셔서 준비된 자리에 앉으셨다. 앉으신 뒤 붓다께서는 제자들을 불러 말씀하셨다.

"제자들아, 내가 잘 알아서 너희에게 설한 법들을 너희들은 잘 받아지녀 익히고 닦고 많이 지어야 한다. 그럴 때 이 청정한 수행(법)은 오래 지속되고 오래 머물게 된다. 그리고 많은 사람의 행복과 안락을 위한 게 되고, 세상을 동정한 게 되고, 천신과 인간의 이익과 행복과 안락을 위한 게 된다. 그러면 제자들아, 어떤 법이 내가 잘 알아 너희에게 설한 법으로서 너희들이 잘 받아지녀 익히고 닦고 많이 지을 때 이 청정한 수행(법)이 오래 지속되고 오래 머물게 되는 것인가. 그리하여 많은 사람의 행복과 안락을 위한 게 되고, 세상을 동정한 게 되고, 천신과 인간의 이익과 행복과 안락을 위한 것이 되는가? 곧 네 가지 기억의 확립, 네 가지 바른 정진, 네 가지 하늘의 발, 다섯 가지 능력기관, 다섯 가지 힘, 일곱 가지 깨달음의 인자, 여덟 가지 거룩한 길이 그것이다.[47] 제자들아, 이 법들이 내가 잘 알아서 너희에게 설한 법으로서 너희들이 잘 받아지녀 익히고 닦고 많이 지을 때 이 청정한 수행(법)이 오래 지속되고 오래 머물게 되며, 많은 사람의 행복과 안락을 위하게 되고, 세상을 동정한 게 되고, 천신과 인간의

---

47) 차례대로 四念處, 四正勤, 四神足, 五根, 五力, 七覺支, 八支聖道로 구성된 三十七 助道法을 말한다. 『반니원경』에 의하면 여기에 四禪行도 더해져 있다. 아울러 각각에 대한 설명도 매우 자세히 이루어져 있다.

이익과 행복과 안락을 위한 것이 된다."

56 붓다께서는 제자들을 불러 말씀하셨다.

"제자들아, 나는 지금 너희들을 불러 말한다.—결합(된 것)은 흩어지는 법이니 방일하지 말고 정진하라. 오래지 않아 그렇게 오신 붓다는 완전한 진리의 세계에 들 것이다. 지금부터 3개월이 지나면 그렇게 오신 붓다는 완전한 진리의 세계에 들 것이다."

붓다께서는 이렇게 설하셨다. 이렇게 설한 뒤 잘가신 붓다께서는 다시 이렇게 말씀하셨다.

"내 나이는 완전히 익어버렸고 목숨은 조금뿐이다.

내 스스로에게 의지한 채 너희를 버리고 나는 갈 것이다.

제자들아, 방일하지 말고 기억을 갖추고 계율을 잘 지켜라.

명상에 잘들고 사유를 잘하고 그 마음을 잘 보호하도록 해라.

이 교법과 계율에서 방일하지 않고 지낸다면

그는 재생과 윤회를 버리고 괴로움을 끝낼 것이다."

- 베살리를 최후로 봄

57 붓다께서는 아침에 옷을 입으시고 발우와 법의를 들고 베살리에 걸식하러 들어가셨다. 베살리에서 걸식을 행하여 식사를 끝낸 뒤 걸식에서 돌아와, 용이 지켜보는 베살리를 보시고는 아난다 장로를 불러 말씀하셨다.

"아난다야, 그렇게 오신 붓다가 베살리를 보는 것은 이것이 마지막이다. 아난다야, 반다가마로 가자."

"예, 붓다시여."라고 하며 아난다 장로는 붓다께 응답하였다.

58 붓다께서는 큰 제자 승단과 함께 반다가마에 이르셨다. 붓다께서는 그곳 반다가마에서 지내셨다. 그곳에서 붓다께서는 제자

들을 불러 말씀하셨다.
 "제자들아, 네 가지 법을 깨닫지 못하고 꿰뚫지 못한 까닭에 나와 너희들은 이토록 긴 밤 동안 유전하고 윤회한 것이다. 어떤 것이 넷인가. 제자들아, 거룩한 계율을 깨닫지 못하고 꿰뚫지 못한 까닭에 나와 너희들은 이토록 긴 밤 동안 유전하고 윤회하였다. 제자들아, 거룩한 명상을 깨닫지 못하고 꿰뚫지 못한 까닭에 나와 너희들은 이토록 긴 밤 동안 유전하고 윤회하였다. 제자들아, 거룩한 지혜를 깨닫지 못하고 꿰뚫지 못한 까닭에 나와 너희들은 이토록 긴 밤 동안 유전하고 윤회하였다. 제자들아, 거룩한 해탈을 깨닫지 못하고 꿰뚫지 못한 까닭에 나와 너희들은 이토록 긴 밤 동안 유전하고 윤회하였다. 제자들아, 그러한 거룩한 계율을 깨달았고 꿰뚫었다. 거룩한 명상을 깨달았고 꿰뚫었다. 거룩한 지혜를 깨달았고 꿰뚫었다. 거룩한 해탈을 깨달았고 꿰뚫었다. (그리하여) 존재에의 (맹목적인) 갈애가 끊어졌다. 존재로 이끄는 것이 다하였다. 이제 다시 (받아야 하는) 존재는 없다."
 붓다께서는 이렇게 설하셨다. 잘가신 붓다는 이렇게 설하시고는 다시 말씀하셨다.
 "더 이상 없는 계율, 명상, 지혜 그리고 해탈이 있다.
 명예로운 고타마가 이 법들을 깨달았다.
 이와 같이 붓다는 잘 알아서 제자들에게 법을 설하셨다.
 붓다는 괴로움을 끝냈다.
 눈 있는 자는 완전한 진리의 세계에 드셨다."
 붓다께서는 그곳 반다가마에서 지내시면서 많은 제자들에게 (다시 여러 가지) 법다운 이야기를 하셨다.
 "계율은 이러하고 명상은 이러하고 지혜는 이러하다. 계율을 완전히 닦은 자는 큰 결과와 큰 공덕을 지닌 명상(의 경지)를 얻게 된다. 명상을 완전히 닦은 자는 큰 결과와 큰 공덕을 지닌 지혜를 얻게 된다. 지혜를 완전히 닦은 마음은 역류하는 번뇌로부터 올바르게 해탈한다. 곧 애욕의 역류함, 존재의 역류함, 밝힘 아닌 것의 역류함으로부터 (올바르게 해탈한다.)"[48]

18. 네 가지 큰 근거

59 붓다께서는 반다가마에서 좋을 만큼 지내시고는 아난다 장로를 불러 말씀하셨다.
 "아난다야, 핫티가마와 암바가마와 잠부가마와 보가나가라로 가자."
 "예, 붓다시여."라고 하며 아난다 장로는 붓다께 응답하였다. 붓다께서는 커다란 제자 승단과 함께 보가나가라에 이르셨다. 붓다께서는 그곳 보가나가라의 아난다 사당에서 지내셨다. 그곳에서 붓다께서는 제자들을 불러 말씀하셨다.
 "제자들아, 네 가지 큰 근거를 설하겠다. 듣고 잘 생각하여라. 설하겠다."
 "예, 붓다시여."라고 하며 그 제자들은 붓다께 응답하였다. 붓

────────────────

48) 『반니원경』에 의하면 이 부분에 이르러 12. 여덟 모임에 상응하는 내용이 자세히 설해지고 있다.(한글 아함경, p.184~186)

다께서는 말씀하셨다.

60 "제자들아, 어떤 제자가 이와 같이 말할 것이다. '벗들이여, 나는 붓다의 면전에서 이것을 들었고 면전에서 이것을 파악했다. 곧 이것이 교법이고 이것이 계율이고 이것이 스승의 가르침이다 라고 (파악했다).' 제자들아, 그 제자의 이야기에 대해서는 기뻐하지도 말고 물리치지도 말아야 한다. 기뻐하지도 물리치지도 말고, 그 문구를 잘 받아지녀 경전에 마땅히 설파되어 있는가를 보고, 율전에 마땅히 교시되어 있는가를 보라. 경전에 설파되어 있는가 또 율전에 교시되어 있는가를 보는데 만약 경전에 설파되어 있지 않고 율전에 교시되어 있지 않다면 여기서 결론에 이르러야 한다. '진실로 이것은 저 붓다의 말씀이 아니다. 이 제자가 잘못 파악했다.'라고. 제자들아, 이것은 이렇게 던져 버려야 한다.

(그리고) 경전에 설파되어 있는가, 율전에 교시되어 있는가를 보는데 만약 경전에 설파되어 있고 율전에 교시되어 있다면 여기서 결론에 이르러야 한다. '진실로 이것은 저 붓다의 말씀이다. 이 제자가 잘 파악했다.'라고. 제자들아, 이러한 첫번째의 큰 (판단) 근거를 지니도록 해라.

제자들아, 어떤 제자가 이와 같이 말할 것이다. '어떤 곳에 장로 제자가 있고 상수 제자가 있는 승단이 살고 있다. 나는 그 승단의 면전에서 이것을 들었고 면전에서 이것을 파악했다. 곧, 이것이 교법이고 이것이 계율이고 이것이 스승의 가르침이다라고 (파악했다).' 제자들아, 그 제자의 이야기에 대해서는 기뻐하지도 말고 물리치지도 말아야 한다. 기뻐하지도 물리치지도 말고, 그 문구를 잘 받아지녀 경전에 마땅히 설파되어 있는가, 또 율전에 교시되어 있는가를 보는데, 만약 경전에 설파되어 있지 않고, 또 율전에 교시되어 있지 않다면 여기서 결론에 이르러야 한다. '진실로 이것은 저 붓다의 말씀이 아니다. 그 승단이 잘못 파악했다.'라고.

제자들아, 이것은 이렇게 던져 버려야 한다. (그리고) 경전에 설파되어 있는가, 율전에 교시되어 있는가를 보는데 만약 경전에 설파되어 있고, 율전에 교시되어 있다면 여기서 결론에 이르러야 한다. '진실로 이것은 저 붓다의 말씀이다. 그 승단이 잘 파악했다.'라고. 제자들아, 이러한 두번째의 큰 (판단)근거를 지니도록 하라.

다시 제자들아, 어떤 제자가 이와 같이 말할 것이다. '어떤 곳에 수많은 장로 제자가 살고 있는데 그들은 들은 것이 많고 전승된 것[49]에 정통하고 교법을 지니고 계율을 지니고 논의의 주제[50]를 지니고 있다. 나는 그 장로들의 면전에서 이것을 들었고 면전에서 이것을 파악했다. 곧 이것이 교법이고 이것이 계율이고 이것이 스승의 가르침이다라고 (파악했다).'

제자들아, 그 제자의 이야기에 대해서는 기뻐하지도 말고 물리치지도 말아야 한다. 기뻐하지도 물리치지도 말고 그 문구를 잘 받아지녀 경전에 마땅히 설파되어 있는가를 보고 율전에 교시되어 있는가를 보는데, 만약 경전에 설파되어 있고 율전에 교시되어 있다면 여기서 결론에 이르러야 한다. '진실로 이것은 저 붓다

---

49) āgama·(阿含)를 옮긴 것이다. '전승되어 온 것'을 뜻하는 말이다.
50) '논의의 주제'는 論母(mātikā)를 말한다. 이것이 궁극적으로 논전(abhidhamma)으로 발전한다.

의 말씀이다. 그 장로들이 잘 파악했다.'라고. 제자들아, 이러한 세번째의 큰 (판단)근거를 지니도록 하라.

다시 제자들아, 어떤 제자가 이와 같이 말할 것이다. '어떤 곳에 한 명의 장로 제자가 살고 있는데 그는 들은 것이 많고, 전승된 것에 정통하고, 교법을 지니고, 계율을 지니고, 논의의 주제를 지니고 있다. 나는 그 장로의 면전에서 이것을 들었고 면전에서 이것을 파악했다. 곧 이것이 교법이고 이것이 계율이고 이것이 스승의 가르침이다라고 (파악했다).'

제자들아, 그 제자의 이야기에 대해서는 기뻐하지도 말고 물리치지도 말아야 한다. 기뻐하지도 물리치지도 말고, 그 문구를 잘 받아지녀 경전에 마땅히 설파되어 있는가를 보고, 율전에 마땅히 교시되어 있는가를 보라. 경전에 설파되어 있는가, 율전에 교시되어 있는가를 보는데 만약 경전에 설파되어 있지 않고, 율전에 교시되어 있지 않다면 여기서 결론에 이르러야 한다. '진실로 이것은 저 붓다의 말씀이 아니다. 그 장로가 잘못 파악했다.'라고. 제자들아, 이것은 이렇게 던져 버려야 한다. (그리고) 경전에 설파되어 있는가, 율전에 교시되어 있는가를 보는데 만약 경전에 설파되어 있고 율전에 교시되어 있다면 여기서 결론에 이르러야 한다. '진실로 이것은 저 붓다의 말씀이다. 그 장로가 잘 파악했다.'라고. 제자들아, 이러한 네번째의 큰 (판단)근거를 지니도록 해라. 제자들아, 이러한 네 가지 큰 근거들을 지니도록 해라."

61 부처님께서는 그곳 보가나가라의 아난다 사당에서 많은 비구들에게 이러한 법다운 이야기를 하셨다.

"계율은 이러하고 명상은 이러하고 지혜는 이러하다. 계율을 완전히 닦은 자는 큰 결과와 큰 공덕을 지닌 명상(의 경지)를 얻게 된다. 명상을 완전히 닦는 자는 큰 결과와 큰 공덕을 지닌 지혜를 얻게 된다. 지혜를 완전히 닦은 마음은 역류하는 여러 번뇌로부터 올바르게 해탈한다. 곧 애욕의 역류함, 존재의 역류함, 밝힘 아닌 것의 역류함으로부터 (올바르게 해탈한다.)"

19. 금세공업자 춘다의 이야기

62 붓다께서는 보가나가라에서 좋을 만큼 지내신 뒤 아난다 장로를 불러 말씀하셨다.
"아난다야, 파바로 가자."
"예, 붓다시여."라고 하며 아난다 장로는 붓다께 응답하였다. 붓다께서는 커다란 제자 승단과 함께 파바에 이르셨다. 붓다께서는 그곳 파바에 있는 금세공업자 춘다의 망고동산에서 지내셨다. 금세공업자 춘다는 붓다께서 파바에 도착하셔서 그의 망고동산에서 지내신다라고 들었다. 그리하여 금세공업자 춘다는 붓다께서 계신 곳으로 왔다. 와서 공손히 절하고 한쪽에 앉았다. 한쪽에 앉은 금세공업자 춘다에게 붓다께서는 법다운 이야기로 교시하고 받아지니게 하고 고무시키고 기쁘게 하였다.
붓다의 법다운 이야기로 교시받고 받아지니고 고무되고 기뻐하게 된 금세공업자 춘다는 붓다께 "붓다시여, 붓다께서는 제자 승단과 함께 내일의 식사를 허락하소서."라고 말하였다.
붓다께서는 침묵으로 허락하셨다. 금세공업자 춘다는 붓다의 허락하심을 알고서 자리에서 일어나 붓다께 공손히 절한 다음 오른쪽으로 돌아서 떠나갔다.

　금세공업자 춘다는 그 밤이 지나자 자신의 거처에다 훌륭한 여러 가지 음식을 준비시켰고 또 부드러운 돼지고기를 풍부하게 준비시켰다. 그런 뒤 붓다께 때를 알렸다. "붓다시여, 때이옵니다. 식사가 준비되었습니다."라고 (알렸다.)

　그리하여 붓다께서는 오전에 옷을 입으시고 발우와 법의를 들고 제자 승단과 함께 금세공업자 춘다의 거처로 다가갔다. 가서 준비된 자리에 앉으셨다. 앉으신 뒤 붓다께서는 금세공업자 춘다를 불러 말씀하셨다.

　"춘다야, 나에게는 부드러운 돼지고기[51]로 봉사하라. 그리고 제자 승단에게는 준비된 여러 가지 다른 음식들로써 봉사하라."

　"예, 붓다시여."라고 하며 금세공업자 춘다는 붓다께 응답한 뒤 붓다께는 준비된 부드러운 돼지고기로 봉사하고, 제자 승단에게는 준비된 여러 가지 다른 음식들로써 봉사하였다. 그리고 붓다께서는 금세공업자 춘다를 불러 말씀하셨다.

　"춘다야, 부드러운 돼지고기가 남았는데 이것을 구멍 속에 묻어 버려라. 춘다야, 천신, 마신, 범신을 포함한 세상과 수행자, 사제를 포함한 인간 등 천신과 인간들 중에 이 (음식)을 완전히 먹고 완전히 소화하는 자는, 그렇게 오신 붓다를 제외하고는 보지 못하였다."

● ● ● ● ● ● ● ● ● ● ● ●

51) Sūkaramaddava의 옮김이다. '버섯'의 일종이라는 견해도 있다. 『반니원경』에 의하면 공양물의 내용은 소개되지 않고 있다. 대신 특이한 일로서는 공양도중 한 심술궂은 제자가 물 마시는 그릇을 깨뜨리는 장면이 나온다.

"예, 붓다시여."라고 하며 금세공업자 춘다는 붓다께 응답한 뒤 남게 된 부드러운 돼지고기를 구멍에 묻어 버리고 붓다께서 계신 곳으로 왔다. 와서 붓다께 공손히 절하고는 한쪽에 앉았다. 한쪽에 앉은 금세공업자 춘다에게 붓다께서는 법다운 이야기[52]로 교시하고 받아지니게 하고 고무시키고 기쁘게 한 후 자리에서 일어나 떠나가셨다.

63 금세공업자 춘다의 식사를 드시고 난 붓다께서는 격렬한 병환이 일어났다. 피를 배변하였으며 죽음에 임박하는 신랄한 느낌이 떠돌았다. 실로 붓다께서는 기억과 지혜를 갖추시고 번민하지 않는 마음으로 참으셨다. 붓다께서는 아난다 장로를 불러 말씀하셨다.

"아난다야, 쿠시나라로 가자."

"예, 붓다시여."라고 하며 아난다 장로는 붓다께 응답하였다.

'나는 들었네. 금세공업자 춘다의 음식을 드시고는 붓다께서는 죽음에 임박하는 신랄한 병에 부딪치셨다라고.'

부드러운 돼지고기를 드신 스승에게는 신랄한 병이 일어난 것이다. 씻고 싶으신 붓다께서는 쿠시나라라는 도시로 가자고 말씀하셨다.

● ● ● ● ● ● ● ● ● ● ●

52) 『반니원경』에 의하면 뛰어난 사문, 도를 통달한 사문, 도를 의지해 생활하는 사문, 도를 더럽히는 사문 등 4종의 사문에 대한 자세한 설법이 베풀어지고 있다. 그리고 『반니원경』은 이쯤에서 下卷이 시작된다.

20. 그렇게 오신 붓다의 신통
— 수레로 끊어진 강에 맑은 물이 흐르다[53]

64 붓다께서는 길에서 나와 어떤 나무뿌리로 가셨다. 가서서 아난다 장로를 불러 말씀하셨다.

"자, 아난다야. 너는 나의 대의(大衣)를 네 겹으로 준비하라. 아난다야, 나는 피로하여 앉아야겠다."

"예, 붓다시여."라고 하며 아난다 장로는 붓다께 응답한 뒤 대의를 네 겹으로 준비했다. 붓다께서는 준비된 자리에 앉으셨다. 앉으신 뒤 붓다께서는 아난다 장로를 불러 말씀하셨다.

"자, 아난다야. 너는 마실 물을 갖고 오너라. 아난다야, 나는 목이 말라서 물을 마셔야겠다." 이와 같이 말씀하셨을 때 아난다 장로는 붓다께 아뢰었다.

"붓다시여, 지금 약 500대의 수레가 지나갔습니다. 수레바퀴로 (하천이) 끊어져 물은 조금뿐이며 탁하고 더럽게 흐릅니다. 붓다시여, 여기서 멀지 않은 곳에 카쿠다 강이 있는데 그 물이 투명하고 좋아 보이고 차고 맑아 쉴 만한 곳이며 즐길 만한 곳입니다. 붓다께서는 그곳에서 물을 드시고 몸을 차게 하소서."

두번째로 붓다께서는 아난다 장로를 불러 말씀하셨다.

"자, 아난다야. 너는 마실 물을 갖고 오너라. 나는 목이 말라서 물을 마셔야겠다." 두번째로 아난다 장로는 붓다께 아뢰었다.

●●●●●●●●●●●●

53) 『반니원경』에서는 흐린물을 떠와서 얼굴과 발만 씻으시는 것으로 묘사되어 있으며 이 『대반열반경』처럼 신통이 전개되지는 않는다.

"붓다시여, 지금 약 500대의 수레가 지나갔습니다. 수레바퀴로 (하천이) 끊어져 물은 조금뿐이며 탁하고 더럽게 흐릅니다. 붓다시여, 여기서 멀지 않은 곳에 카쿠다 강이 있는데 그 물이 투명하고 좋아 보이고 차고 맑아 쉴 만한 곳이며 즐길 만한 곳입니다. 붓다께서는 그곳에서 물을 드시고 몸을 차게 하소서."

세번째로 붓다께서는 아난다 장로를 불러 말씀하셨다.

"자, 아난다야. 너는 마실 물을 가져 오너라. 아난다야, 나는 목이 말라서 물을 마셔야겠다."

"예, 붓다시여."라고 하며 아난다 장로는 부처님께 응답한 뒤 발우를 들고 그 강으로 갔다. 그런데 수레바퀴로 끊어져 (물이) 조금뿐이며 탁하고 더럽게 흐르던 그 하천은 아난다 장로가 다가갔을 때 투명하고 맑고 더럽지 않게 흐르고 있었다. 그리하여 아난다 장로는 이렇게 생각하였다. '아, 놀라운 일이다. 아, 일찍이 없었던 일이다. 그렇게 오신 붓다의 큰 신통 큰 위엄이란! 실로 이 하천은 수레바퀴로 끊어져 (물이) 조금뿐이었으며 탁하고 더럽게 흐르고 있었는데 내가 왔을 때는 투명하고 맑고 더럽지 않게 흐르는구나!' (아난다 장로는) 발우에 물을 담아서 붓다께서 계신 곳으로 왔다. 와서 붓다께 아뢰었다.

"붓다시여, 놀라운 일입니다. 붓다시여, 일찍이 없었던 일입니다. 그렇게 오신 붓다의 큰 신통 큰 위엄이란! 지금 그 하천은 수레바퀴로 끊어져 물이 조금뿐이었으며 탁하고 더럽게 흐르고 있었는데 제가 갔을 때는 투명하고 맑고 더럽지 않게 흘렀습니다. 붓다시여, 물을 드소서. 잘 가신 붓다시여, 물을 드소서."

그리하여 붓다께서는 물을 드셨다.

21. 푹쿠사 말라풋타의 이야기

65 그때 알라라 칼라마의 제자인 푹쿠사 말라풋타가 쿠시나라에서 파바로 가는 큰 길을 지나고 있었다. 푹쿠사 말라풋타는 붓다께서 어떤 나무뿌리 위에 앉아 계신 것을 보았다. 보고서는 붓다께서 계신 곳으로 왔다. 와서는 붓다께 공손히 절하고는 한쪽에 앉았다. 한쪽에 앉은 푹쿠사 말라풋타는 붓다께 이렇게 말하였다.

"붓다시여, 놀라운 일입니다. 붓다시여, 일찍이 없었던 일입니다. 붓다시여, 출가자로서 살아간다는 것을 말입니다. 붓다시여, 예전에 알라라 칼라마가 큰 길을 지나다 길에서 벗어나 어떤 나무뿌리 위에서 낮 동안의 휴식을 위해 앉았습니다. 그런데 붓다시여, 500대 정도의 수레가 알라라 칼라마의 아주 가까이로 지나갔습니다. 붓다시여, 어떤 사람이 그 수레를 뒤따라가다가 알라라 칼라마가 있는 곳으로 왔습니다. 와서 알라라 칼라마에게 이렇게 말했습니다.

'어른이시여[54], 약 500대의 수레가 지나가는 것을 보았습니까.'
'친구여, 나는 보지 못하였다.'

---

[54] '어른이시여'라는 말의 원어는 지금까지 빈번히 사용해 온 '붓다시여'라고 하는 말의 원어와 동일하다. 'bhante'가 그것이다. 이 말은 자신보다 지극히 높은 이를 부를 때 쓰는 일반적인 호칭어로서 꼭 붓다에게만 국한해서 썼던 것은 아니다. 이 말을 世尊으로 번역하는 경우가 많으나 그럴 경우 붓다 외의 다른 인물에게 이 말이 사용되었을 때도 '세존'이라는 말을 쓰게 되는 오류가 발생한다. 따라서 붓다를 지칭할 때 쓰이는 'bhante'는 '붓다시여'로, 다른 인물을 지칭할 때 쓰이는 'bhante'는 '어른이시여'로 옮기는 것은 온당하다고 생각한다.

'어른이시여, 무슨 소리라도 들었습니까'
'친구여, 나는 소리를 듣지 못하였다.'
'그러면 어른이시여, 잠들어 있었습니까.'
'친구여, 나는 잠들지 않았다.'
'그러면 어른이시여, 생각이 있는 것입니까.'
'친구여, 그렇다.'
'어른이시여, 당신은 생각이 있고 깨어 있으면서 약 500대의 수레가 아주 가까이 지나가는 것을 보지도 못했고 소리를 듣지도 못했습니다. 어른이시여, 당신의 대의가 먼지로 뒤덮여 있습니까?'
'친구여, 그렇다.'
그리하여 붓다시여, 그 사람은 이렇게 생각하였습니다.
'아, 놀라운 일이다. 아, 일찍이 없었던 일이다. (이러한) 출가자로서 살아간다는 것은 말이다. 실로 생각이 있고 깨어 있으면서 약 500대의 수레가 아주 가까이 지나가는 것을 보지도 못했고 소리를 듣지도 못했다니.'
(그리하여) 알라라 칼라마에게 큰 믿음을 선언하고 떠나갔습니다."

66 "푹쿠사야, 어떻게 생각하느냐. 생각이 있고 깨어 있으면서 약 500대의 수레가 아주 가까이 지나가는 것을 보지도 않고 소리를 듣지도 않는 것과, 생각이 있고 깨어 있으면서 하늘에서 비가 내리고 천둥소리가 나고 번개불이 번쩍이고 벼락이 터져 나오는 데도, 보지도 않고 소리를 듣지도 않는 것 중에 어느 것이 더 하기 어렵고 더 도달하기 어렵다라고 생각하는가."

"붓다시여, 500대의 수레로 무엇을 하겠으며, 600대의 수레 또는 700대의 수레 또는 800대의 수레 또는 900대의 수레 또는 십만 대의 수레라도 무엇을 하겠습니까. 생각이 있고 깨어있으면서 하늘에서 비가 내리고 천둥소리가 나고 번갯불이 번쩍이고 벼락이 터져 나오는 데도 보지도 못했고 소리를 듣지도 못한 것이 더 하기 어렵고 도달하기 어려운 것입니다."

"푹쿠사야, 한때 나는 아투마에 있는 왕겨집에서 지냈다. 그때 하늘에서 비가 내리고 천둥소리가 나고 번개불이 번쩍이고 벼락이 터져 나와 두 명의 농부 형제와 쟁기에 매인 네 마리 소가 죽었다. 푹쿠사야, 아투마에서 많은 군중이 나와서 두 명의 농부 형제와 쟁기에 매인 네 마리 소가 죽어 있는 곳으로 왔다. 푹쿠사야, 그때 나는 왕겨집에서 나와 왕겨집 문 앞에서 경행하고 있었다.

푹쿠사야, 그 많은 군중가운데 어떤 사람이 내가 있는 곳으로 왔다. 와서 나에게 공손히 절하고 한쪽에 섰다. 푹쿠사야, 한쪽에 선 그 사람에게 나는 말했다.

'친구여, 이 많은 군중들이 왜 모였는가.'

'어른이시여, 지금 하늘에서 비가 내리고 천둥소리가 나고 번갯불이 번쩍이고 벼락이 터져 나와 두 명의 농부 형제와 쟁기에 매인 네 마리 소가 죽었습니다. (그래서) 여기에 많은 군중이 모였습니다. 그런데 어른이시여, 어디에 계셨습니까.'

'친구여, 나는 여기에 있었다.'

'그러면 어른이시여, 무엇을 보았습니까.'

'친구여, 나는 보지 못했다.'

'그러면 어른이시여, 무슨 소리를 들었습니까.'

'친구여, 나는 소리를 듣지 못했다.'

'그러면 어른이시여, 잠들어 있었습니까.'

'친구여, 나는 잠들지 않았다.'

'그러면 어른이시여, 생각이 있었던 것입니까.'

'친구여, 그렇다.'

'어른이시여, 당신은 생각이 있고 깨어 있으면서 하늘에서 비가 내리고 천둥소리가 나고 번갯불이 번쩍이고 벼락이 터져 나오는데도 보지도 못했고 소리를 듣지도 못했습니까.'

'친구여, 그렇다.'

그리하여 푹쿠사야, 그 사람은 이렇게 생각하였다. '아, 놀라운 일이다. 아, 일찍이 없었던 일이다. (이러한) 출가자로 살아간다는 것은 말이다. 생각이 있고 깨어 있으면서 하늘에서 비가 내리고 천둥소리가 나고 번갯불이 번쩍이고 벼락이 터져 나오는 데도 보지도 못했고 소리를 듣지도 못했다니!' (그리하여 그는) 나에게 큰 믿음을 선언하고 나에게 공손히 절한 다음 오른쪽으로 돌고서 떠나갔다."

이렇게 설하셨을 때 푹쿠사 말라풋타는 붓다께 아뢰었다.

"붓다시여, 제가 알라라 칼라마에게 지녔던 믿음을 큰 바람에 날려 버리고 급류가 흐르는 강에 띄어 버립니다. 붓다시여, 뛰어나십니다. 붓다시여, 뛰어나십니다. 붓다시여, 마치 뒤집힌 것을 바로 세우고 덮힌 것을 벗겨내고 모르는 자에게 길을 안내하는 것 같습니다. 어둠 속에서 기름등을 켜 눈 있는 자라면 색을 보게끔 붓다시여, 붓다께서는 그와 같이 여러 단계로 법을 드러내셨습니다. 붓다시여, 저는 붓다께 귀의하오며 교법과 제자 승단에 귀의하옵니다. 붓다께서는 저를 신자로서 받아 주옵소서. 오늘부터 생명이 다 할 때까지 귀의하겠습니다."

67 그리하여 푹쿠사 말라풋타는 "이봐, 자네는 금빛이 나는 내

옷 한 벌을 가져오라."고 사람을 불러 말했다.

"예, 어른이시여."라고 하며 그 사람은 푹쿠사 말라풋타에게 답한 뒤 금빛나는 옷 한 벌을 가져왔다.

"붓다시여, 붓다께서는 저를 동정하시어 이 금빛나는 옷 한 벌을 받아주소서."라고 하며 (바쳤다.)

"그렇다면 푹쿠사야, 하나는 나에게 입혀주고 하나는 아난다를 주어라."

"예, 붓다시여."라고 하며 푹쿠사 말라풋타는 붓다께 응답한 뒤 하나는 붓다께 입혀드리고 하나는 아난다 장로에게 주었다. 그리하여 붓다께서는 푹쿠사 말라풋타에게 법다운 이야기로 교시하고 받아지니게 하고 고무시키고 기쁘게 하였다. 붓다의 법다운 이야기로 교시받고 받아 지니고 고무되고 기뻐한 푹쿠사 말라풋타는 자리에서 일어나 붓다께 공손히 절하고 오른쪽으로 돌아서 떠나갔다.

68 아난다 장로는 푹쿠사 말라풋타가 떠난 지 얼마되지 않아 그 금빛나는 옷을 붓다의 몸 가까이에 놓았다. 붓다의 몸 가까이에 놓여진 그 옷은 광택이 제거된 것처럼 보였다. 그리하여 아난다 장로는 붓다께 아뢰었다.

"붓다시여, 놀라운 일입니다. 붓다시여, 일찍이 없었던 일입니다. 붓다시여, 붓다의 몸 가까이에 놓여진 이 금빛나는 옷이 광택이 제거된 것처럼 보일 정도로 그렇게 오신 붓다의 피부빛은 순결하고 순백합니다."

"그렇다, 아난다야. 그렇다, 아난다야. 그렇게 오신 붓다의 피부 빛은 두 때에 극도로 순결하고 순백해진다. 어떤 두 때인가. 아난다야, 그렇게 오신 붓다가 더 이상 없는 바르고 원만한 깨달음을 잘 깨닫는 밤과 남음 없이 열반의 계층에서 완전한 진리의 세계로 드는 밤이 있다. 아난다야, 이 두 때에 그렇게 오신 붓다의 피부 빛은 극도로 순결하고 순백해진다. 그런데 아난다야, 오늘밤 세번째 시간대[55]에 쿠시나라의 우파바타나에 위치한 말라 사람들의 살라나무 숲에 있는 한 쌍의 살라나무 사이에서 그렇게 오신 붓다는 완전한 진리의 세계에 들 것이다. 아난다야, 카쿠다 강으로 가자."

"예, 붓다시여."라고 하며 아난다 장로는 붓다께 응답하였다.

"금빛 나는 옷 한 벌을 푸쿠사가 가져왔네.

그것을 입은 스승은 눈빛처럼 빛나네."

69 붓다께서는 커다란 제자 승단과 함께 카쿠다 강으로 가셨다. 가서서 카쿠다 강에 들어가 목욕하시고 물을 마시시고 다시 올라와 망고 숲을 향하여 가셨다. 가셔서는 춘다카 장로를 불러 말씀하셨다.

"자, 춘다카야. 너는 대의를 네 겹으로 준비하라. 춘다카야, 나는 피로하여 쉬어야겠다."

"예, 붓다시여."라고 하며 춘다카 장로는 붓다께 응답한 뒤 대의를 네 겹으로 준비했다. 붓다께서는 오른쪽 옆구리를 (땅에 대고) 사자와를 하시고 발에 발을 포개시고 기억과 지혜를 갖추신 채 일어남의 생각에 잠기셨다. 그리고 춘다카 장로는 그곳 붓다

---

[55] 인도의 전통적인 시간 관념으로, 밤은 오늘날로 볼 때 저녁 9시부터 아침 6시까지의 9시간이다. 이중 첫번째 시간대가 저녁 9시~밤12시, 두번째 시간대가 밤12시~새벽3시, 세번째 시간대가 새벽3시~아침6시이다.

의 앞에 앉았다.

물이 투명하고 좋아 보이며, 맑은 카쿠다 강으로
붓다는 가셨다.
세상에서 짝할 이 없는 그렇게 오신 스승은
매우 지친 모습으로 (물에) 드셨다.

목욕하고 물을 마시고 다시 올라온 스승은
제자집단의 가운데에서 존경받으시는 분이다.
여기서 여러 법을 설하신 붓다,
그 큰 도인께서는 망고 숲으로 다가가셨다.

춘다카라는 제자를 불러
내가 눕고자 하니 대의를 네 겹으로 펴라고 말씀하셨다.
스스로 닦여진 분으로부터 재촉받은 춘다카는
재빨리 대의를 네 겹으로 폈다.
매우 지친 모습의 스승은 누우셨고
춘다카 또한 그 앞에 앉았다.

22. 똑 같은 결과를 지닌 두 가지 공양

70 붓다께서는 아난다 장로를 불러 말씀하셨다.
"아난다야, 금세공업자 춘다에게 어떤 후회가 일어났을 것이다. '친구 춘다여, 그렇게 오신 붓다께서 그대의 마지막 공양을 드시고 완전한 진리의 세계에 드시게 되었으니, 그것은 그대에게 매우 좋지 못한 것이다.'라고 (누군가) 말한다면 (춘다는 크게 후회할 것이다.)

아난다야, (다음과 같이 말하여) 금세공업자 춘다의 후회를 몰아내어야 한다. '친구 춘다여, 그렇게 오신 붓다께서 그대의 마지막 공양을 드시고 완전한 진리의 세계에 드시게 되었으니 그것은 그대에게 매우 좋은 일이다. 친구 춘다여, 붓다의 면전에서 나는 들었고 면전에서 파악한 것이 있다. 똑 같은 결과와 똑 같은 대가를 지니는 두 가지 공양이 있으니 다른 공양들에 비해 극도로 결과가 크고 공덕이 큰 것이다. 어떤 것이 둘인가. 어떤 공양을 드시고 그렇게 오신 붓다께서 더 이상 없는 바르고 원만한 깨달음을 잘 깨달으며, 또 어떤 공양을 드시고 그렇게 오신 붓다께서 남음 없이 진리의 계층에서 완전한 진리의 세계로 들어가니, 바로 이 두 공양이 똑 같은 결과와 똑 같은 대가를 지니며 다른 공양들에 비해 극도로 결과가 크고 공덕이 큰 것이다. 금세공업자인 존자 춘다는 목숨을 (향해) 굴러가는 업을 쌓았다. 금세공업자인 존자 춘다는 아름다움을 (향해) 굴러가는 업을 쌓았다. 금세공업자인 존자 춘다는 즐거움을 (향해) 굴러가는 업을 쌓았다. 금세공업자인 존자 춘다는 명성을 (향해) 굴러가는 업을 쌓았다. 금세공업자인 존자 춘다는 하늘을 (향해) 굴러가는 업을 쌓았다.'

아난다야, 금세공업자인 춘다의 후회는 이와 같이 (말해 주어서) 몰아내어야 한다."

붓다께서는 이 일을 맞아 크게 느끼신 바가 있어 감명깊은 (게송)을 읊으셨다.

"보시하는 이에게는 복이 늘어간다.
절제하는 이에게는 원한이 쌓이지 않는다.
선한 자는 악을 버린다.
탐착·진에·치암이 다하여 그는 진리의 세계에 든다.56)"

―제 사 송분 끝―

23. 진리계에 들기 위해 침대에 누우신 붓다
완전한 진리의 세계 II

71 붓다께서는 아난다 장로를 불러 말씀하셨다. "아난다야, 히란나바티 강의 건너편에 있는 쿠시나라의 우파밧타나에 위치한 말라 사람들의 살라 숲으로 가자."

"예, 붓다시여."라고 하며 아난다 장로는 붓다께 응답하였다. 붓다께서는 커다란 제자 승단과 함께 히란나바티 강의 건너편에 있는 쿠시나라의 우파밧타나에 위치한 말라 사람들의 살라 숲으로 가셨다. 가서 아난다 장로를 불러 말씀하셨다.

"자, 아난다야. 너는 한 쌍의 살라나무 사이에다 머리 놓일 부분을 북쪽으로 하는 나의 침대를 준비하라. 아난다야, 나는 피곤하여 누워야겠다."

──────────

56) 『반니원경』에 의하면 梵檀罰과 七覺支를 이어서 설한다.(『한글 아함경』, p. 194~195) 그리고 범단벌의 내용은 『대반열반경』의 경우 제89단락에 나타난다.

"예, 붓다시여." 하며 아난다 장로는 붓다께 응답한 뒤 한 쌍의 살라나무 사이에다 머리 놓일 부분을 북쪽으로 하는 침대를 준비하였다. 붓다께서는 오른쪽 옆구리로 사자와를 하였고 발에 발을 포개었고 기억과 지혜를 갖추셨다.

그때 한 쌍의 살라나무의 모든 열매와 꽃은 때 아니게 만개하였다. 그것들은 그렇게 오신 붓다의 몸 위에 이리저리 흩뿌려졌으니 그렇게 오신 붓다를 공양하기 위함이었다. 하늘의 만다라바 꽃들도 허공으로부터 떨어졌다. 그것들도 그렇게 오신 붓다의 몸 위에 이리저리 흩뿌려졌으니 그렇게 오신 붓다를 공양하기 위함이었다. 하늘의 찬다나 향도 허공으로부터 떨어졌다. 그것들도 그렇게 오신 붓다의 몸 위에 이리저리 흩뿌려졌으니 그렇게 오신 붓다를 공양하기 위함이었다. 하늘의 음악도 허공에서 연주되었으니 그렇게 오신 붓다를 공양하기 위함이었고, 하늘의 노래도 허공에서 불리어졌으니 그렇게 오신 붓다를 공양하기 위함이었다.

72 붓다께서는 아난다 장로를 불러 말씀하셨다.[57]

"아난다야, 한 쌍의 살라나무의 모든 꽃과 열매가 때 아니게 만개하고 있다. 그것은 그렇게 오신 붓다의 몸 위에 이리저리 흩뿌려지고 있으니 그렇게 오신 붓다를 공양하기 위함이다. 하늘의

●●●●●●●●●●

57) 제72~79단락의 내용이 『반니원경』에는 보이지 않는다. 단, 제73단락의 내용은 『반니원경』의 순서에 입각할 때, 제82단락의 '아난다의 놀라운 법'의 설명 다음에 나타난다. 그러나 그 내용도 정확히 일치하는 것은 아니다. 『대반열반경』의 제73단락과 『한글 아함경』(p.199. 3~17줄)을 비교 해 볼 것.
그리고 제77단락 유해의 처리에 관한 것은 『반니원경』의 경우, 대선견전륜왕의 기사 다음에 나온다.(『한글 아함경』 p.205 참조)

만다라바 꽃도 허공으로부터 떨어진다. 그것들도 그렇게 오신 붓다의 몸 위에 이리저리 흩뿌려지고 있으니 그렇게 오신 붓다를 공양하기 위함이다. 하늘의 찬다나 향도 허공으로부터 떨어진다. 그것들도 그렇게 오신 붓다의 몸 위에 이리저리 흩뿌려지고 있으니 그렇게 오신 붓다를 공양하기 위함이다. 하늘의 음악도 허공에서 연주되고 있으니 그렇게 오신 붓다를 공양하기 위함이다. 하늘의 노래도 허공에서 불리어지고 있으니 그렇게 오신 붓다를 공양하기 위함이다.

(그러나) 아난다야, 이 정도로는 그렇게 오신 붓다를 존경하고 존중하고 우러러 보고 공양하고 공경한 것이라고 할 수 없다. 아난다야, 남제자, 여제자, 남신자, 여신자가 법에 따라 법에 이르고 바르게 이르고 법에 따라 실행하며 지내야 한다. 그들이 존경하고 존중하고 우러러보고 공양하고 공경한다면 최고의 공양이 된다. 그러므로 아난다야, 법에 따라 법에 이르고 바르게 이르고 법에 따라 실행하며 지내도록 해라. 아난다야, 너희들은 이와 같이 배워야 한다."

- 우파바나 장로를 사양함

73 그때 우파바나 장로가 붓다 앞에 서서 붓다께 부채질하고 있었다. 그런데 붓다께서는 우파바나 장로를 사양하셨다. "제자야, 물러나라. 내 앞에 서 있지 말라."라고 하시며.

아난다 장로는 생각하였다. '우파바나 장로는 긴 밤 동안 붓다의 시자로서 곁에서 사려하고 옆에서 행동하였다. 그런데 붓다께서는 마지막 시간대에 우파바나 장로를 사양하셨다. 제자야, 물러나라. 내 앞에 서 있지 말라고 하시며 어떤 원인, 어떤 인연으로 붓다께서는 우파바나 장로를 사양하셨을까. 제자야, 물러나라. 내 앞에 서 있지 말라라고 하시며.' 그리하여 아난다 장로는 붓다께 아뢰었다.

"붓다시여, 이 우파바나 장로는 긴 밤 동안 붓다의 시자로서 곁에서 사려하고 옆에서 행동하였습니다. 그런데 붓다께서는 세 번째 시간대에 우파바나 장로를 물리치고 계십니다. '제자야, 물러나라. 내 앞에 서 있지 말라.'라고 하시면서요. 붓다시여, 어떤 인연, 어떤 원인으로 붓다께서는 우파바나 장로를 물리치셨습니까. '제자야, 물러나라 내 앞에 서 있지 말라.'라고 하시면서요."

"아난다야, 열 가지 세계에서 대부분의 천신들이 그렇게 오신 붓다를 뵙기 위해 모였다. 아난다야, 쿠시나라의 우파바타나에 위치한 말라 사람들의 살라 숲으로부터 주위 12요자나[58]에 이르기까지는 대위력의 천신들에 의해 채워지지 않은 부분이란 털끝으로 찌를 만큼도 없다. 아난다야, 천신들은 안달이 나 있다. '실로 먼곳에서 그렇게 오신 붓다를 뵙기 위해 왔다. 또 언제 어디서 그렇게 온 동등한 바르고 원만하게 깨달은 붓다께서 세상에 태어나실까. 오늘밤 세번째 시간대에 그렇게 오신 붓다께서는 완전한 진리의 세계에 드실 것이다. 그런데 대위력을 지닌 이 붓다의 제자가 붓다의 앞에 서서 가리고 있다. (그래서) 우리는 세번째 시간대에 그렇게 오신 붓다를 뵈올 수가 없구나.'라고 하며 (안달이 나 있다.)"

●●●●●●●●●●●

[58] 길이의 단위 Yojana이다. 우마차 한 대로서 여행할 수 있는 거리를 말한다. 현대의 길이 단위로는 약 7마일 곧 11km를 약간 넘는 거리이다.

74 "그런데 붓다시여, 붓다께서는 천신들의 모습을 어떤 (모습)으로 생각하고 계십니까."

"아난다야, 허공에서 땅을 생각하는 천신들은 머리를 풀어 헤치고 운다. 팔을 펴며 운다. 땅에 떨어져 엎드리기도 한다. 앞으로 또는 뒤로 구르기도 한다. '붓다께서는 너무도 빨리 완전한 진리의 세계에 드실 것이다. 잘가신 붓다께서는 너무도 빨리 완전한 진리의 세계에 드실 것이다. 세상의 눈이 너무도 빨리 사라질 것이다.'라고 하며.

아난다야, 땅에서 땅을 생각하는 천신들도 머리를 풀어 헤치고 운다. 팔을 펴며 운다. 땅에 떨어져 엎드리기도 한다. 앞으로 또는 뒤로 구르기도 한다. '붓다께서는 너무도 빨리 완전한 진리의 세계에 드실 것이다. 잘가신 붓다께서는 너무도 빨리 완전한 진리의 세계에 드실 것이다. 세상의 눈이 너무도 빨리 없어질 것이다.'라고 하며.

그리고 탐착을 제거한 천신들은 기억과 지혜를 갖춘 채 참고 있다. '결합(된 것)들은 덧없으니 그 (영원한) 것을 어떻게 얻을 수 있으리오.'라고 하며."

• 느낌을 일으킬 만한 네 곳
75 "붓다시여, 예전에 여러 방향에서 우기를 지내던 제자들이 그렇게 오신 붓다를 뵙기 위해 왔습니다. (그리하여) 저는 마음을 닦은 그 제자들을 볼 수 있었고 모실 수 있었습니다. 그런데 붓다시여, 붓다께서 가시고 나면 마음을 닦은 제자들을 저는 볼 수 없게 되고 모실 수 없게 됩니다."

"아난다야, (다음의) 네 가지 (장소)가 믿음 있는 선남자들이 볼 만하고 느낄 만한 곳이다. 어떤 것이 넷인가? '여기에서 그렇게 오신 붓다께서 태어났다.'라고 (할 수 있는 장소가) 아난다야, 믿음 있는 선남자들이 볼 만하고 느낄 만한 곳이다. '여기에서 그렇게 오신 붓다께서 더 이상 없는 바르고 원만한 깨달음을 잘 깨달았다.'라고 (할 수 있는 장소가) 아난다야, 믿음 있는 선남자들이 볼 만하고 느낄 만한 곳이다.

'여기에서 그렇게 오신 붓다께서 더 이상없는 법의 바퀴를 굴리셨다.'라고 (할 수 있는 장소가) 아난다야, 믿음 있는 선남자들이 볼 만하며 느낄 만한 곳이다. '여기에서 그렇게 오신 붓다께서 남음없이 진리의 계층(을 향해) 완전한 진리의 세계에 드셨다.'라고 (할 수 있는 장소가) 아난다야, 믿음 있는 선남자들이 볼 만하여 느낄 만한 곳이다. 아난다야, 이 네 가지 (장소)가 믿음 있는 선남자들이 볼 만하고 느낄 만한 곳이다.

아난다야, 믿음 있는 남제자, 여제자, 남신자, 여신자가 (그 네 가지 장소에) 올 것이다. '여기에서 그렇게 오신 붓다께서 태어나셨다.'라고 하며, 또 '여기에서 그렇게 오신 붓다께서 더 이상 없는 바르고 원만한 깨달음을 잘 깨달으셨다.'라고 하며, 또 '여기에서 그렇게 오신 붓다께서 더 이상없는 법의 바퀴를 굴리셨다.'라고 하며, 또 '여기에서 그렇게 오신 붓다께서 남음없이 진리의 계층(을 향해) 완전한 진리의 세계에 드셨다.'라고 하며. 아난다야, 누구든지 사당에서 유행하다 깨끗한 마음으로 죽으면, 그 모두는 몸이 부서져 죽은 뒤 좋은 곳인 하늘 세상에 태어난다."

- 아난다의 질문

76 "붓다시여, 여인에 대해서는 어떤 길을 따라야 합니까."

"아난다야, 보지 말아라."
"붓다시여, 보았을 경우 어떤 길을 따라야 합니까."
"아난다야, 말하지 말아라."
"붓다시여, 말하였을 경우 어떤 길을 따라야 합니까."
"아난다야, 기억을 일으켜 세워야 한다."

77 "붓다시여, 저희는 그렇게 오신 붓다의 유해에 대해서 어떤 방식을 따라야 합니까."

"아난다야, 너는 그렇게 오신 붓다의 유해를 공양하는 것에 대해 걱정하지 말아라. 아난다야, 너는 최상의 목적에 전념하며 수행하라. 최상의 목적에 방일하지 말고 열심히 노력하며 지내거라. 아난다야, 그렇게 오신 붓다에게 깨끗한 (신앙의) 마음을 지니고 있는 왕족의 현자와 사제계급의 현자와 거사의 현자들이 있다. 그들이 그렇게 오신 붓다의 유해를 공양할 것이다."

78 "다시 붓다시여, 그렇게 오신 붓다의 유해는 어떠한 방식을 따르게 됩니까?"

"아난다야, 정법통치왕의 유해가 처리되는 방식이 있으니 그렇게 오신 붓다의 유해는 그 방식을 따라야 한다."

"다시 붓다시여, 정법통치왕의 유해는 어떤 방식을 따릅니까?"

"아난다야, 정법통치왕의 유해는 상처없는 천으로 둘러싼다. 상처없는 천으로 둘러싼 뒤 넓은 무명천으로 둘러싼다. 넓은 무명천으로 둘러싼 뒤 상처없는 천으로 둘러싼다. 이런 방법으로 500겹을 정법통치왕의 유해에 둘러싼 뒤, 철로 된 기름통에 넣었다가 또 하나의 철로된 기름통으로 덮어 봉한 뒤 모든 향을 갖춘 화장용 장작더미를 만들어 정법통치왕의 유해를 불태운다. 큰 사거리에 정법통치왕의 탑을 세운다. 아난다야, 정법통치왕의 유해는 이와 같은 방식을 따른다. 아난다야, 정법통치왕의 유해가 처리되는 방식이 그러하니 그렇게 오신 붓다의 유해는 그 방식을 따라야 한다.

큰 사거리에 정법통치왕의 탑을 만들어 놓았는데, 그곳에 화환, 향, 화장재료 등을 올리고 공손히 절하고 그 마음을 깨끗이 하는 자에게는 긴 밤에 행복이 있고 안락이 있을 것이다."

• 탑을 지을 만한 사람

79 "아난다야, 탑을 지을 만한 네 가지가 있다. 어떤 것이 넷인가. 그렇게 온 동등한 바르고 원만하게 깨달으신 붓다(를 위해서는) 탑을 지을 만하다. 하나에 대해 원만하게 깨달으신 붓다[59] (를 위해서는) 탑을 지을 만하다. 그렇게 오신 붓다의 제자를 (위해서는) 탑을 지을 만하다. 정법통치왕(을 위해서는) 탑을 지을 만하다.

아난다야, 어떤 이익이 있길래[60] 그렇게 온 동등한 바르고 원만하게 깨달으신 붓다의 탑을 지을 만하다고 하는가. '이것이 저 동등한 바르고 원만하게 깨달으신 붓다의 탑이다.'라고 하며. 아난다야, 많은 사람이 마음을 깨끗이 한다. 그곳에서 마음을 깨끗이 한 뒤, 그들은 몸이 부서져 죽은 뒤 좋은 곳인 하늘 세상에 태

●●●●●●●●●●●●●●●●

59) Pacceka-Sam Buddha의 譯語이다. 이 말은 Sk.로 Praty-eka-Sam-Buddha로서 "하나(eka)에 대해 (prati) 원만하게 (sam) 깨달으신 붓다(Buddha)"로서 직역되는 말이다.
60) 원어는 Paticca(Pratitya)로서 '기대어' '의지하여' '연하여'의 뜻을 지닌 말이다. 의역하였다.

어난다. 아난다야, 이러한 이익이 있기에 그렇게 온 동등한 바르고 원만하게 깨달으신 붓다(를 위해서는) 탑을 지을 만한 것이다.

아난다야, 어떤 이익이 있길래 하나에 대하여 원만히 깨달으신 붓다의 탑을 지을 만하다고 하는가. '이것이 저 하나에 대하여 원만히 깨달으신 붓다의 탑이다.'라고 하며. 아난다야, 많은 사람이 마음을 깨끗이 한다. 그곳에서 마음을 깨끗이 한 뒤, 그들은 몸이 부서져 죽은 뒤 좋은 곳인 하늘 세상에 태어난다. 아난다야, 이러한 이익이 있기에 하나에 대하여 원만히 깨달으신 붓다(를 위해서는) 탑을 지을 만한 것이다.

아난다야, 어떤 이익이 있길래 그렇게 오신 붓다의 제자 탑을 지을 만하다고 하는가. '이것이 저 그렇게 오신 붓다의 제자 탑이다.'라고 하며. 아난다야, 많은 사람이 마음을 깨끗이 한다. 그곳에서 마음을 깨끗이 한 뒤, 그들은 몸이 부서져 죽은 뒤 좋은 곳인 하늘 세상에 태어난다. 아난다야, 이러한 이익이 있기에 그렇게 오신 붓다의 제자(를 위해서는) 탑을 지을 만한 것이다.

아난다야, 어떤 이익이 있길래 정법통치왕의 탑을 지을 만하다고 하는가. '이것이 저 정법통치왕의 탑이다.'라고 하며. 아난다야, 많은 사람이 부서져 죽은 뒤 좋은 곳인 하늘 세상에 태어난다. 아난다야, 이러한 이익이 있기에 정법통치왕(을 위해서는) 탑을 지을 만한 것이다. 아난다야, 이 넷(을 위해서는) 탑을 지을 만한 것이다."

● 아난다의 놀라운 법

80 아난다 장로는 정사로 들어가 문 위에 가로로 댄 돌을 붙잡고 "나는 아직 배울 것이 많고 해야할 것이 많은데 나를 동정하

시던 스승께서는 (이제 곧) 완전한 진리의 세계에 드실 것이다."라고 하며 (울고 있었다.) 붓다께서는 제자들을 불러 말씀하셨다.

"제자들아, 아난다는 어디에 있는가."

"붓다시여, 아난다 장로는 정사로 들어가 문 위에 가로로 댄 돌을 붙잡고 울면서 서 있습니다. '나는 아직 배울 것이 많고 해야할 것이 많은데 나를 동정하시던 스승께서는 ('이제 곧) 완전한 진리의 세계에 드실 것이다.'라고 하며 (울고 있습니다.)"

붓다께서는 어떤 제자를 불러 말씀하셨다.

"제자야, 너는 내 말이라 하고 아난다를 불러 말하라.—친구 아난다야, 스승께서 그대를 부르신다라고."

"예, 붓다시여."라고 하며 그 제자는 붓다께 응답한 뒤 아난다 장로가 있는 곳으로 갔다. 가서 아난다 장로에게 말하였다.

"친구 아난다여, 스승께서 그대를 부르신다."

"알았소, 친구여."라고 하며 아난다 장로는 그 제자에게 답한 뒤 붓다께서 계신 곳으로 다가왔다. 와서 붓다께 공손히 절하고는 한쪽에 앉았다. 한쪽에 앉은 아난다 장로에게 붓다께서는 말씀하셨다.

"됐다. 아난다야, 슬퍼하지 말아라. 울지 말아라. 아난다야, 이전에 내가 말하지 않았느냐. '모든 사랑스럽고 뜻에 맞는 것과는 이곳 저곳 나뉘어지게 되고 헤어지게 되고 달라지게 된다.'라고. 아난다야, 지금 어디에서 그 (영원한) 것을 얻을 수 있겠는가. 그렇게 오신 붓다의 몸은 생한 것이고 이루어진 것이고 결합된 것이고 부서지는 법으로서, 그 몸이 (결코) 부서지지 않는다라고 하는 그런 경우는 있을 수 없다. 아난다야, 긴 밤 동안 그렇게 오신 붓다를 너는 우정어린 행동으로 모셨다. 그 행동은 행복과 안락을 갖추었고 둘이 아니었고 무량한 것이었다. (또) 우정어린 말로써 모셨다. 그 말은 행복과 안락을 갖추었고 둘이 아니었고 무량한 것이었다. (또) 우정어린 마음으로 모셨다. 그 마음은 행복과 안락을 갖추었고 둘이 아니었고 무량한 것이었다. 아난다야, 너는 복을 지었다. 정진수행하라. 역류하는 번뇌를 재빨리 다 할 것이다."

81 붓다께서는 제자들을 불러 말씀하셨다.

"제자들아, 과거의 동등하시며 바르고 원만하게 깨달으신 붓다들께도 최고의 시자들이 있었으니 마치 나에게 있는 아난다와 같았다. 제자들아, 미래의 동등하시며 바르고 원만하게 깨달으신 붓다들께도 최고의 시자들이 있을 것이니 마치 나에게 있는 아난다와 같은 것이다. 제자들아, 아난다는 슬기롭다. 제자들아, 아난다는 현명하다. (아난다는) 제자들이 그렇게 오신 붓다를 뵈러 갈 수 있는 (적절한) 때를 알았고 남제자, 여제자, 남신자, 여신자 그리고 왕, 왕의 대신, 다른 사상가, 다른 사상가의 제자들이 그렇게 오신 붓다를 뵈러갈 수 있는 (적절한) 때를 알고 있었다.

82 제자들아, 아난다에게는 놀랍고 일찍이 없었던 네 가지 법이 있다. 어떤 것이 넷인가?

제자들아, 만약 남제자들의 무리가 아난다를 보러간다면 봄으로써 뜻을 잡게 된다. 그곳에서 만약 아난다가 법을 설한다면 설법으로 또 한 번 뜻을 잡게 된다. 제자들아, 남제자들의 무리가 만족하지 않는다면 아난다는 침묵한다.

제자들아, 만약 여제자들의 무리가 아난다를 보러간다면 봄으로써 뜻을 잡게 된다. 그곳에서 만약 아난다가 법을 설한다면 설법으로 또 한 번 뜻을 잡게 된다. 제자들아, 여제자들의 무리가 만족하지 않는다면 아난다는 침묵한다.

제자들아, 만약 남신자들의 무리가 아난다를 보러 간다면 봄으로써 뜻을 잡게 된다. 그곳에서 만약 아난다가 법을 설한다면 설법으로 또 한 번 뜻을 잡게 된다. 남제자들아, 신자들의 무리가 만족하지 않는다면 아난다는 침묵한다.

제자들아, 만약 여신자들의 무리가 아난다를 보러 간다면 봄으로써 뜻을 잡게 된다. 그곳에서 만약 아난다가 법을 설한다면 설법으로 또 한 번 뜻을 잡게 된다. 제자들아, 여신자들의 무리가 만족하지 않는다면 아난다는 침묵한다. 제자들아, 이것들이 아난다에게 있는 놀랍고 일찍이 없었던 네 가지 법이다.

제자들아, 정법통치왕에게는 놀랍고 일찍이 없었던 네 가지 법이 있다. 어떤 것이 넷인가? 제자들아, 만약 왕족의 무리가 정법통치왕을 보러간다면 봄으로써 뜻을 잡게 된다. 그곳에서 만약 정법통치왕이 말을 한다면 말로써 또 한 번 뜻을 잡게 된다. 제자들아, 왕족의 무리가 만족하지 않는다면 정법통치왕은 침묵한다. 만약 제자들아, 사제계급의 무리가……거사의 무리가……수행자의 무리가 정법통치왕을 보러간다면 봄으로써 뜻을 잡게 된다. 만약 그곳에서 정법통치왕이 말을 한다면, 말로써 또 한 번 뜻을 잡게 된다. 제자들아, 수행자의 무리가 만족하지 않는다면 정법통치왕은 침묵한다. 이와 같이 제자들아, 아난다에게는 놀랍고 일찍이 없었던 네 가지 법이 있다.

제자들아, 만약 남제자들의 무리가 아난다를 보러간다면 봄으로써 뜻을 잡게 된다. 그곳에서 만약 아난다가 법을 설한다면 설법으로 또 한 번 뜻을 잡게 된다. 제자들아, 남제자들의 무리가 만약 만족하지 않는다면 아난다는 침묵한다.

만약 여제자의 무리가……남신자의 무리가……여신자의 무리가 아난다를 보러 간다면, 봄으로써 뜻을 잡게 된다. 그곳에서 만약 아난다가 법을 설한다면 설법으로 또 한 번 뜻을 잡게 된다. 제자들아, 여신자의 무리가 만족하지 않는다면 아난다는 침묵한다. 제자들아, 이것들이 아난다에게 있는 놀랍고 일찍이 없었던 네 가지 법이다."

• 마하수닷사나의 이야기

83 이와 같이 설하셨을 때 아난다 장로는 붓다께 아뢰었다.

"붓다시여, 붓다께서는 이 조그맣고 황폐한 지방도시에서 완전한 진리의 세계에 들지는 마소서. 붓다시여, 다른 큰 도시들이 있습니다. 곧 참파, 라자가하, 사밧티, 사케타, 코삼비, 바라나시 등이 있으니 붓다께서는 그곳에서 완전한 진리의 세계에 드소서. 그곳에는 큰 집을 가진 왕족 사제계급 거사들로서 그렇게 오신 붓다에 대해 그 마음을 깨끗이 한 자가 많이 있습니다. 그들이 그렇게 오신 붓다의 유해를 공양할 것입니다."

"아난다야, 그와 같이 말하지 말라. 아난다야, 그와 같이 말하지 말라. '조그맣고 황폐한 지방도시'라고 (말하지 말라.) 아난다야, 옛날에 마하수닷사나라고 하는 법다운 정법통치왕이[61] 있었

---

61) 『반니원경』에 의하면 이 전륜성왕(정법통치왕)의 이야기는 장황하게 계속된다. 그리고 팔리 장니카야에서도 제2권 제4경(Mahā-sudassana Sutta)에 그 내용이 독립되어 설해지고 있다.

는데, 법의 왕이고 (대륙의) 네 끝을 소유하고 정복자이고 전 대륙을 안전하게 하고 일곱 보배를 갖추었다. 아난다야, 여기 쿠시나라는 쿠사바티라고 하는 마하수닷사나 왕의 왕도로서 동서로 길이가 12요자나이었고 남북으로 넓이가 7요자나이었다. 아난다야, 쿠사바티 왕도는 번창하고 부유하고 사람이 많고 사람으로 가득 찼고 먹을 것이 풍부하였다. 마치 아난다야, 천신들에게는 알라카만다라는 왕도가 있으니 번창하고 부유하고 천신이 많고 야차[62]로 가득 찼고 먹을 것이 풍부한 것과 같이 아난다야, 쿠사바티 왕도는 번창하고 부유하고 사람이 많고 사람으로 가득 찼고 먹을 것이 풍부하였다. 아난다야, 쿠사바티 왕도는 낮과 밤으로 열 가지 소리가 끊이지 않았다. 곧 코끼리 소리, 말 소리, 수레 소리, 베리북 소리, 무딩가북 소리, 비나라는 현악기 소리, 노래 소리, 소라 소리, 삼마라는 타악기 소리, 손바닥 마주치는 소리, 열번째로 먹어라 마셔라 즐겨라 하는 소리로 끊이지 않았다.

　가거라 아난다야, 너는 쿠시나라에 들어가 쿠시나라의 말라 사람들에게 알려라. '바셋타야,[63] 오늘밤 세번째 시간대에 그렇게 오신 붓다께서 완전한 진리의 세계에 드실 것이다. 바셋타야, 나아가라. 바셋타야, 나아가라. 뒤에 후회하지 말라. 내가 집 또는 밭에 있을 때 그렇게 오신 붓다께서 완전한 진리의 세계에 드셨

●●●●●●●●●●●

62) 야차(Yakkha)는 신력이 있는 존재이긴하나, 다소 佛法에 적대적이거나 미온적인 태도를 지닌 신적 존재이다. 그리하여 불법을 훼방놓고 불제자들을 해치는 경우를 종종 볼 수 있다. 그리고 붓다께서는 보통 천신(deva)들을 '야차'라고 호칭하시기도 한다.
63) Vāseṭṭha, 말라 족 사람들에 대한 별칭이다.

다. (그래서) 밤의 세번째 시간대에 그렇게 오신 붓다를 뵈올 수 없었구나라고 하며 후회하지 말라.'라고."

"예, 어른이시여."라고 하며 아난다 장로는 붓다께 응답한 뒤 옷을 입고 발우와 법의를 들고 자신의 시자를 데리고 쿠시나라로 들어갔다.

• 말라 사람들의 인사

84 그때 쿠시나라의 말라 사람들은 어떤 일 때문에 씨족 회의장에 모여 있었다. 아난다 장로는 쿠시나라의 말라 사람들이 있는 씨족 회의장으로 갔다. 가서 쿠시나라의 말라 사람들에게 알렸다.

"바셋타야, 오늘밤 세번째 시간대에 그렇게 오신 붓다께서 완전한 진리의 세계에 드실 것이다. 바셋타야, 나아가라. 바셋타야, 나아가라. 뒤에 후회하지 말라. '내가 집 또는 밭에 있을 때 그렇게 오신 붓다께서 완전한 진리의 세계에 드셨다. 나는 밤의 세번째 시간대에 그렇게 오신 붓다를 뵈올 수 없었구나.'라고 하며 후회하지 말라."

아난다 장로에게 이야기를 듣고서 말라 사람과 말라 사람의 아들과 며느리와 아내들은 비탄에 잠기고 근심에 빠지고 마음이 괴로워, 어떤 사람들은 머리를 풀어 헤쳐 울었고 팔을 내던지며 울었고 땅에 넘어져 엎드리기도 하였고 앞으로 또는 뒤로 구르기도 하였다.

"붓다께서는 너무도 빨리 완전한 진리의 세계에 드시는 것이다. 잘가신 붓다께서는 머무도 빨리 완전한 진리의 세계에 드시는 것이다. 세상의 눈이 너무도 빨리 사라지는 것이다."라고 하며. 그리하여 말라 사람과 말라 사람의 며느리와 아내들은 비탄에 잠기고 근심에 빠지고 마음에 괴로움을 간직한 채, 우파바타나의 말라 사람들의 살라 숲에 있는 아난다 장로에게 나아갔다. 아난다 장로는 생각하였다.

'만약, 내가 쿠시나라의 말라 사람 한 명, 한 명씩 붓다께 인사시킨다면 붓다께서 쿠시나라의 말라 사람들에게 인사를 받는 중에 날이 밝아올 것이다. 나는 쿠시나라의 말라 사람들을 가족별로 모아서 붓다께 인사하도록 해야겠다. －붓다시여, 이런 이름의 말라 사람이 아들, 아내, 모임, 친척들과 함께 붓다의 발에 머리로서 절하옵니다.－ 라고 하며.'

그리하여 아난다 장로는 쿠시나라의 말라 사람들을 가족별로 모아서 붓다께 인사를 여쭙게 하였다.

"붓다시여, 이런 이름의 말라 사람이 아들, 아내, 모임, 친척들과 함께 붓다의 발에 머리로서 절하옵니다."라고 하며. 아난다 장로는 이런 방편으로 (밤의) 첫번째 시간대에 쿠시나라의 말라 사람들이 붓다께 (모두) 인사하도록 하였다.

• 방랑 종교인 수밧다의 이야기

85 그때 수밧다라는 방랑 종교인이 쿠시나라에 머물고 있었다. 방랑 종교인 수밧다는 "오늘밤 수행자 고타마께서 완전한 진리의 세계에 들 것이다."라고 들었다.

방랑 종교인 수밧다는 생각하였다. '방랑 종교인들 중 늙고 오래된 스승의 스승들께서 말씀하는 것을 들었다. －언제 어느 곳이고 그렇게 온 동등한 바르고 원만하게 깨달으신 붓다께서 세상에 태어나신다.－라고. (그런데) 오늘밤 세번째 시간대에 수행자 고타마께서 완전한 진리의 세계에 들 것이다. 나에게는 법에 대해 어떤 의심이 일어나 있다. 나는 수행자 고타마를 믿고 있는데 수행자 고타마께서 나에게 그 의심을 제거할 수 있는 법을 설해 주실 수 있을 것이다.'

그리하여 방랑 종교인 수밧다는 우파바타나의 말라 사람들의 살라 숲에 있는 아난다 장로에게로 갔다. 가서 아난다 장로에게 말하였다.

"아난다여, 방랑 종교인들 중 늙고, 오래된 스승의 스승들께서 말씀하는 것을 들었소. '언제 어느 곳이고 그렇게 온 동등한 바르고 원만하게 깨달으신 붓다께서 세상에 태어나신다.'라고. (그런데) 오늘밤 세번째 시간대에 수행자 고타마께서 완전한 진리의 세계에 들 것이오. 나에게는 법에 대해 어떤 의심이 일어나 있소. 나는 수행자 고타마를 믿고 있는데 수행자 고타마께서 나에게 그 의심을 제거할 수 있는 법을 설해 주실 수 있을 것이오. 아난다여, 내가 수행자 고타마를 뵈올 수 있었으면 좋겠소."

이와 같이 말하였을 때 아난다 장로는 방랑 종교인 수밧다에게 말하였다. "됐습니다. 친구 수밧다여, 그렇게 오신 붓다를 괴롭히지 마시오. 붓다께서는 피로하십니다."

두번째로 방랑 종교인 수밧다는……세번째로 방랑 종교인 수밧다는 아난다 장로에게 말하였다.

"아난다여, 방랑 종교인들 중 늙고 오래된 스승의 스승들께서 말씀하는 것을 들었소. '언제 어느 곳이고 그렇게 온 동등한 바르고 원만하게 깨달으신 붓다께서 세상에 태어나신다.'라고. (그런데) 오늘밤 세번째 시간대에 수행자 고타마께서 완전한 진리의 세계에 들 것이오. 나에게는 법에 대해 어떤 의심이 일어나 있소.

나는 수행자 고타마를 믿고 있는데 수행자 고타마께서 나에게 그 의심을 제거할 수 있는 법을 설해주실 수 있을 것이오. 아난다여, 내가 수행자 고타마를 뵈올 수 있었으면 좋겠소."

세번째로 아난다 장로는 방랑 종교인 수밧다에게 이렇게 말하였다.

"됐습니다. 친구 수밧다여, 그렇게 오신 붓다를 괴롭히지 마시오. 붓다께서는 피로하십니다."

86 붓다께서는 아난다 장로와 방랑 종교인 수밧다 사이의 이러한 대화를 들으셨다. 붓다께서는 아난다 장로를 불러 말씀하셨다.

"아난다야, 됐다. 수밧다를 막지 말라. 아난다야, 수밧다는 그렇게 오신 붓다를 매우 뵙고 싶어한다. 수밧다가 나에게 질문할 모든 것은 알고 싶기 때문이지 나를 괴롭히고 싶어 질문하는 것은 아니다. 내가 질문을 듣고 답해 준다면 그는 재빨리 알게 될 것이다."

(그리하여) 아난다 장로는 방랑 종교인 수밧다에게 말했다.

"친구 수밧다여, 가보시오. 붓다께서 당신에게 기회를 주셨소." 그리하여 방랑 종교인 수밧다는 붓다께서 계신 곳으로 왔다. 붓다와 함께 앉은 방랑 종교인 수밧다는 붓다께 여쭈었다.

"고타마시여, 수행자 또는 사제로서 승단을 지니고, 집단을 지니고, 집단의 스승이고, 알려져 있고, 명예롭고, 가르침을 열었고, 많은 사람들에게 훌륭하다고 존경받는 이들이 있습니다. 푸라나—카사파, 막칼리—고살라, 아지타—케사캄발라, 파쿠다—캇차야나, 산자야—벨랏타풋타, 니간타—나타풋타 등 입니다. 그런데 이들 모두는 자신들의 주장에 대해 잘 알고 있는 것입니까? 또는 모두들 모르고 있는 것입니까? 또는 일부는 알고 일부는 모르는 것입니까?"

"됐다. 수밧다야, 그들 모두가 자신들의 주장에 대해 잘 알고 있는 것인가, 모두가 잘 모르고 있는 것인가. 또는 일부는 알고 일부는 모르는 것인가 하는 질문은 그만 둬라. 수밧다야, 너에게 법을 설하겠다. 그것을 듣고 잘 사유하여라. 내가 설하겠다."

"예, 붓다시여."라고 하며 방랑 종교인 수밧다는 붓다께 응답하였다.

87 "수밧다야, 거룩한 여덟 가지 길이 존재하지 않는 교법과 계율에는 수행자도 존재하지 않는다. 그곳에는 두번째 수행자도 존재하지 않고, 세번째 수행자도 존재하지 않고, 네번째 수행자도 존재하지 않는다. 수밧다야, 거룩한 여덟 가지 길이 존재하는 교법과 계율에는 수행자도 존재한다. 그곳에 두번째 수행자도 존재하고, 세번째 수행자도 존재하고, 네번째 수행자도 존재한다. (그런데) 수밧다야, 여기(나의 교법과 계율)에는 수행자가 있다. 여기에 두번째 수행자가 있고, 세번째 수행자가 있고, 네번째 수행자가 있다. 다른 수행자들에 대한 논쟁은 비어 있는 것이다. (그러나) 수밧다야, (나의) 이 제자들은 바르게 지낼 것이다. 동등한 (나의 제)자들[64]에 의해 세상은 비어 있지 않을 것이다.

수밧다야, 30년에서 1년을 뺀 나이에
무엇이 선인가를 찾아 출가하였다.
50년에 1년을 더한 세월 동안

---

64) 아라한(阿羅漢, Arahant) 제자를 말한다.

출가 생활을 한 나는 수밧다야,
이치와 법을 가르치며 돌아다녔다.
이밖에 수행자는 없는 것이다.

두번째 수행자도 없다. 세번째 수행자도 없다. 네번째 수행자도 없다. 다른 수행자들에 대한 논쟁은 비어 있는 것이다. 수밧다야, (나의) 이 제자들은 바르게 지낼 것이다. 동등한 (나의 제)자들에 의해 세상은 비어 있지 않을 것이다."

88 이와 같이 설하셨을 때 방랑 종교인 수밧다는 붓다께 아뢰었다.

"붓다시여, 뛰어나십니다. 붓다시여, 뛰어나십니다. 붓다시여, 마치 뒤집힌 것을 바로 세우고, 덮힌 것을 벗겨내고, 모르는 자에게 길을 안내하는 것 같습니다. 어둠 속에서 기름등을 켜, 눈 있는 자라면 색을 보게끔 붓다시여, 붓다께서는 그와 같이 여러 단계로 법을 드러내셨습니다. 붓다시여, 저는 붓다께 귀의하오며 교법과 제자 승단에 귀의하옵니다. 붓다시여, 붓다의 곁에서 출가를 하고 구족계를 얻고 싶습니다."

"수밧다야, 이전에 다른 가르침에 있었던 사람이 이 교법과 계율에서 출가를 바라고 구족계를 바랄 경우, 그는 4개월을 예비로 살아야 한다. 4개월이 지난 뒤, 마음을 일으킨 붓다의 제자들이 출가를 시키고 붓다의 제자가 되게 하는 구족계를 준다. 여기에는 물론 사람에 따라 차별이 있다."

"붓다시여, 만약 이전에 다른 가르침에 있었던 사람이 이 교법과 계율에서 출가를 바라고 구족계를 바랄 경우 4개월을 예비로 살아야 하고 4개월이 지난 뒤, 마음을 일으킨 붓다의 제자가 출가를 시키고 붓다의 제자가 되게 하는 구족계를 준다면, 저는 4년을 예비로 살겠으며 4년이 지난 뒤, 마음을 일으킨 붓다의 제자들께서 저를 출가시키고 붓다의 제자가 되게 하는 구족계를 주셔도 좋습니다."

그리하여 붓다께서는 아난다 장로를 불러 말씀하셨다. "그렇다면 아난다야, 수밧다를 출가시켜라."

"예, 붓다시여."라고 하며 아난다 장로는 붓다께 응답하였다.

방랑 종교인 수밧다는 아난다 장로에게 말했다.

"친구 아난다여, 여기 스승의 면전에서 제자가 되는 의식을 받았음은 매우 이익되는 일입니다."

방랑 종교인 수밧다는 붓다의 곁에서 출가할 수 있었고 구족계를 얻었다. 구족계를 받은 수밧다 장로는 홀로 떨어져 게으르지 않으며 열심히 노력하고 지냈다. 그리하여 오래지 않아서 선남자가 올바로 출가할 때 지녔던 최고의 목적인 청정한 수행의 완성을 현재의 상태에서 스스로 잘 알고 똑똑히 보아 구족하여 지냈다.

"나의 생은 다하였고, 청정한 수행은 이미 섰고, 할 바는 다하였고, 이제 다시 (받을) 것은 없다."라고 잘 알았다. 수밧다 장로는 여러 동등한 자들 가운데 한 명이 되었다. 붓다의 눈으로 본 마지막 제자이었다.[65]

―제 오 송분 끝―

● ● ● ● ● ● ● ● ● ●

[65] 『반니원경』에 의하면 외도의 수행자들이 붓다께서 열반하신 뒤에 붓다의 제자가 되려할 경우, 취해야 할 조처와 절차에 대해서 계속하여 설하고 있다.

그리고 『대반열반경』의 경우 제75단락에서 설해진 내용이 여기서 (『한글 아함경』, p. 211, 20~23) 나타나고 있다.

• 그렇게 오신 붓다의 마지막 말씀

89 붓다께서 아난다 장로를 불러 말씀하셨다.

"아난다야, 너는 이와 같이 생각할 것이다. '스승의 말씀은 끝났다. 우리의 스승은 이제 계시지 않는다.'라고. 그러나 아난다야, 그와 같이 보아서는 안 된다. 아난다야, 내가 설하고 시설한 교법과 계율이 있으니 그것이 내가 떠난 뒤 너희들의 스승이다. 아난다야, 지금 제자들은 서로에게 친구라는 말은 상용하지만 내가 떠난 뒤는 그와 같이 상용해서는 안 된다. 아난다야, (나의) 장로 제자는 신참 제자에 대해 이름 또는 성씨 또는 친구의 말을 상용해야 한다. 그러나 신참 제자는 장로 제자에 대해 '어른이시여.' 또는 '장로이시여.'라고 불러야 한다. 아난다야, 승단이 원한다면 내가 떠난 뒤 작디 작은 학습문[66]들은 제거하도록 해라. (그리고) 아난다야, 찬나라는 제자에게는 내가 떠난 뒤 범신의 매가 가해져야 한다."

"어른이시여, 어떤 것이 범신의 매입니까."

"아난다야, 찬나라는 제자가 필요한 어떤 사람에게 말을 할 것이다. 그러나 제자들은 그와 결코 말해서는 안 되고 충고해서도 안 되고 가르쳐 주어서도 안 된다."

90 붓다께서 제자들을 불러 말씀하셨다.

"제자들아, 한 명의 제자라도 붓다와 교법과 승단과 도와 길에 의혹이나 당혹함이 있다면 묻도록 하라. 제자들아, 뒤에 후회하

---

66) 학습문 : sikkha-pada의 역어이다. 이 말은 學處, 學則, 戒条, 戒法을 뜻하는 말로서 일종의 계율의 조목에 해당한다.

지 말라. '나는 붓다의 면전에 있었는데 면전에서 붓다께 질문하지 못했구나.'라고 하며."

이와 같이 설하셨을 때 그 제자들은 침묵하였다. 두번째로 붓다께서는……세번째로 붓다께서 제자들을 불러 말씀하셨다.

"제자들아, 한 명의 제자라도 붓다와 교법과 승단과 도와 길에 의혹이나 당혹함이 있다면 묻도록 하라. 제자들아, 뒤에 후회하지 말라. '나는 붓다의 면전에 있었는데 면전에서 붓다께 질문하지 못했구나.'라고 하며."

세번째도 그 제자들은 침묵하였다. 그리하여 붓다께서는 제자들을 불러 말씀하셨다.

"제자들아, 스승을 존중해서 물을 수 없다면 도반끼리 말하도록 하라." 이와 같이 설하셨을 때 그 제자들은 침묵하였다.

아난다 장로는 붓다께 아뢰었다.

"붓다시여, 놀라운 일입니다. 붓다시여, 일찍이 없었던 일입니다. 붓다시여, 저는 이 제자 승단에 대해 마음이 깨끗해졌습니다. 한 제자에게도 붓다와 교법과 승단과 도와 길에 대해 의혹함이나 당혹함이 없는 것입니다."

"아난다야, 너는 깨끗한 믿음을 말하였다. 아난다야, 그 (믿음)은 오직 그렇게 오신 붓다의 앎에 (의한) 것이다. 이 제자 승단에는 한 제자도 붓다와 교법과 승단과 도와 길에 대해 의혹함이나 당혹함이 없다. 아난다야, 이 500명의 제자들 가운데 마지막 제자조차 흐름에 이르렀고 아래로 떨어지지 않는 법이고 원만한 깨달음을 향하여 결정되어 있는 것이다."

91 붓다께서는 제자들을 불러 말씀하셨다.

"자, 제자들아. 지금 나는 너희들을 불러 말한다. 결합(된 것)

들은 흩어지는 법이다. 방일하지 말고 정진하여라."
이것이 그렇게 오신 붓다의 마지막 말씀이다.

• 완전한 진리의 세계에 드시는 이야기

92 그리하여 붓다께서는 제1 선정에 드셨다. 제1 선정에서 일어나 제2 선정에 드셨다. 제2 선정에서 일어나 제3 선정에 드셨다. 제3 선정에서 일어나 제4 선정에 드셨다. 제4 선정에서 일어나 가없는 허공의 포섭처에 드셨다. 가없는 허공의 포섭처에서 일어나 가없는 식별의 포섭처에 드셨다. 가없는 식별의 포섭처에서 일어나 어떤 것도 아님의 포섭처에 드셨다. 어떤 것도 아님의 포섭처에서 일어나 생각도 아니고 생각 아닌 것도 아님의 포섭처에 드셨다. 생각도 아니고 생각아닌 것도 아님의 포섭처에서 일어나 생각과 느낀 바의 소멸(이라는 경지)에 드셨다.

아난다 장로는 아누룻다 장로에게 이렇게 말하였다.

"아누룻다 어른이시여, 붓다께서는 완전한 진리의 세계에 드셨습니까?"

"친구 아난다여, 붓다께서는 아직 완전한 진리의 세계에 들지 않으셨소. 생각과 느낀 바의 소멸(이라는 경지)에 들어 계시오."

붓다께서는 생각과 느낀 바의 소멸(이라는 경지)에서 일어나 생각도 아니고 생각 아닌 것도 아님의 포섭처에 드셨다. 생각도 아니고 생각 아닌 것도 아님의 포섭처에서 일어나 어떤 것도 아님의 포섭처에 드셨다. 어떤 것도 아님의 포섭처에서 일어나 가없는 식별의 포섭처에 드셨다. 가없는 식별의 포섭처에서 일어나 가없는 허공의 포섭처에 드셨다. 가없는 허공이 포섭처에서 일어나 제4 선정에 드셨다. 제4 선정에서 일어나 제3 선정에 드셨다.

제3 선정에서 일어나 제2 선정에 드셨다. 제2 선정에서 일어나 제1 선정에 드셨다. 제1 선정에서 일어나 제2 선정에 드셨다. 제2 선정에서 일어나 제3 선정에 드셨다. 제3 선정에서 일어나 제4 선정에 드셨다. 제4 선정에서 일어나 곧바로 붓다께서는 완전한 진리의 세계에 드셨다.

93 붓다께서 완전한 진리의 세계에 드셨을 때 그와 동시에 두렵고 털이 곤두서는 대지의 진동이 있었다. 그리고 천둥도 울렸다. 붓다께서 완전한 진리의 세계에 드셨을 때 그와 동시에 사함바티 범신이 이러한 게송을 읊었다.

"모든 중생들은 (언젠가) 세상에서(의) 축적물을 던져 버린다.
그곳에 이와 같은 스승이 있으니 세상에서 짝할 이 없다.
그렇게 온 분, 힘을 얻은 분, 원만히 깨달은 분은 완전한 진리의 세계에 드셨다."

94 붓다께서 완전한 진리의 세계에 드셨을 때 그와 동시에 천신들의 왕 사카는 이러한 게송을 읊었다.

"모든 결합(된 것)들은 덧없다. 일어났다 흩어지는 법이다.
일어난 뒤 사라진다. 결합들의 고요해짐 그것이 즐거움이다."

95 붓다께서 완전한 진리의 세계에 드셨을 때 그와 동시에 아누룻다 장로는 이러한 게송들을 읊었다.

"그와 같은 마음이 굳게 머무는 이에게는

숨의 내쉼도 들이쉼도 없었다.
흔들림 없는 붓다는 고요함에 의지하여 돌아가셨다.
둔하지 않은 마음으로 괴로운 느낌을 참으셨다.
등불이 (빛나는) 마음으로
완전한 진리의 세계에 들어 해탈하셨다."

96 붓다께서 완전한 진리의 세계에 드셨을 때 그와 동시에 아난다 장로는 이러한 게송을 읊었다.

"그때 두려움이 있었다. 그때 털이 곤두섬이 있었다.
모든 특질을 갖추고 원만히 깨달은 분이
완전한 진리의 세계에 드셨을 때."

97 붓다께서 완전한 진리의 세계에 드셨을 때 아직 탐착이 제거되지 않은 일부 제자들은 팔을 내던지며 울고 땅에 넘어져 엎드리고 앞으로 또는 뒤로 굴러댔다.
"붓다께서는 너무도 빨리 완전한 진리의 세계에 드셨다. 잘가신 붓다께서는 너무도 빨리 완전한 진리의 세계에 드셨다. 세상의 눈이 너무도 빨리 사라졌다."라고 하며.
그런데 탐착을 제거한 제자들은 기억과 지혜를 갖춘 채 참고 있었다. "결합(된 것)들은 덧없는 것, (영원한) 것을 어디서 얻겠는가."라고 하며.

98 아누룻다 장로가 붓다의 (다른) 제자들을 불러 말하였다.
"됐소. 친구여, 슬퍼하지 마시오. 울지 마시오. 친구여, 붓다께서 이전에 말하지 않았소. '모든 사랑스럽고 뜻에 맞는 것과는 이곳 저곳 흩어지게 되고 나뉘게 되고 달라지게 된다.'라고. 친구여, 어디에서 그 (영원한) 것을 얻겠는가. 생한 것이고 이루어진 것이고 결합된 것이고 부서지는 법을 두고, 부서지지 말라라고 하는 경우는 있을 수 없다. 친구여, 천신들이 안달이 나 있다."

"어른이시여, 당신은 천신들이 어떤 모습으로 있다고 사유하시오."

"친구 아난다여, 허공에서 땅을 생각하는 천신들은 머리를 풀어 헤치고 운다. 팔을 펴며 운다. 땅에 떨어져 엎드리기도 한다. 앞으로 또는 뒤로 구르기도 한다. '붓다께서는 너무도 빨리 완전한 진리의 세계에 드셨다. 잘가신 붓다께서는 너무도 빨리 완전한 진리의 세계에 드셨다. 세상의 눈이 너무도 빨리 사라지셨다.' 라고 하며.

친구 아난다여, 땅에서 땅을 생각하는 천신들도 머리를 풀어 헤치고 운다. 팔을 펴며 운다. 땅에 떨어져 엎드리기도 한다. 앞으로 또는 뒤로 구르기도 한다. '붓다께서는 너무도 빨리 완전한 진리의 세계에 드셨다. 잘가신 붓다께서는 너무도 빨리 완전한 진리의 세계에 드셨다. 세상의 눈이 너무도 빨리 사라지셨다.'라고 하며.

그리고 탐착을 제거한 천신들은 기억과 지혜를 갖춘 채 참고 있다. '결합(된 것)들은 덧없으니 그 (영원한) 것을 어떻게 얻을 수 있으리오.'라고 하며."

그리하여 아누룻다 장로와 아난다 장로는 그 밤의 남은 시간을 법다운 이야기를 하며 보냈다.

99 아누룻다 장로가 아난다 장로를 불러 말하였다.

"친구 아난다여, 쿠시나라에 들어가 쿠시나라의 말라 사람들에게 알리시오. — 바셋타야, 붓다께서 완전한 진리의 세계에 드셨소. 지금이 때인줄 아시오. — 라고."

"예, 어른이시여."라고 하며 아난다 장로는 아누룻다 장로에게 응답한 뒤 아침에 옷을 입고 발우와 법의를 들고 자신의 시자와 함께 쿠시나라에 들어갔다. 그때 실로 쿠시나라의 말라 사람들은 그 일 때문에 회당에 모여 있었다. 아난다 장로는 쿠시나라 말라 사람들의 회당에 다가갔다. 가서 쿠시나라의 말라 사람들에게 알렸다.

"바셋타야, 붓다께서 완전한 진리의 세계에 드셨소. 지금이 때인줄 아시오."

아난다 장로에게서 이야기를 듣고서 말라 사람과 말라 사람의 아들과 며느리와 아내들은 비탄에 잠기고 근심에 빠지고 마음이 괴로워 어떤 사람들은 머리를 풀어 헤쳐 울었고 팔을 내던지며 울었고 땅에 넘어져 엎드리기도 하였고 앞으로 또는 뒤로 구르기도 하였다. "붓다께서는 너무도 빨리 완전한 진리의 세계에 드신 것이다. 잘 가신 붓다께서는 너무도 빨리 완전한 진리의 세계에 드신 것이다. 세상의 눈이 너무도 빨리 사라진 것이다."라고 하며.

24. 붓다의 유해를 공양함

100 쿠시나라의 말라 사람들은 아랫 사람들에게 명령했다.
"그렇다면 여봐라, 쿠시나라의 향과 화환을 모두 모으고 음악가를 모이게 하라."

그리하여 쿠시나라의 말라 사람들은 모든 향과 화환 및 음악가 그리고 500필의 흰천을 가지고 우파바타나 말라 사람들의 살라 숲에 계신 붓다의 유해를 향하여 다가갔다. 와서 춤과 노래와 연주와 화환과 향으로 존경하고 존중하고 공경하고 공양하고 우러렀다. (그리고) 차양을 만들고 둥근 집을 준비하며 하루를 보냈다.

쿠시나라의 말라 사람들은 생각하였다. '오늘 붓다의 유해를 화장하기는 너무 이르다. 내일 붓다의 유해를 화장해야겠다.'라고. 그리하여 쿠시나라의 말라 사람들은 붓다의 유해를 춤과 노래와 연주와 화환과 향으로 존경하고 존중하고 공경하고 공양하고 우러렀다. (그리고) 차양을 만들고 둥근 집을 준비하며 둘째 날도 보내었다. (그렇게) 셋째날도 보냈고, 넷째날도 보냈고, 다섯째 날도 보냈고, 여섯째 날도 보내었다.

일곱째 날 쿠시나라의 말라 사람들은 생각하였다. '우리는 붓다의 유해를 춤과 노래와 연주와 화환과 향으로 존경·존중·공경·공양하면서 도시의 남쪽으로 옮겨가 도시의 남쪽 밖에서 붓다의 유해를 화장해야겠다.'

101 그 때 여덟 명의 말라측의 지도자들이 머리를 씻고, 떨어진 곳이 없는 옷을 입고서 "붓다의 유해를 들어야겠다."라고 하였으나 들 수가 없었다. 쿠시나라의 말과 사람들은 아누룻다 장로에게 말하였다.

"아누룻다 어른이시여, 어떤 원인 어떤 인연으로 여덟 명의 말라 족의 지도자들이 머리를 씻고, 떨어진 곳이 없는 옷을 입고서 '붓다의 유해를 들어야겠다.'라고 하였으나 들 수가 없는 것입니까?"

"바셋타야, 너희들의 의향과 천신들의 의향이 다르기 때문이다."

"어른이시여, 천신들의 의향은 어떠한 것입니까."

"바셋타야, 너희들의 의향은 이와 같다. '우리는 붓다의 유해를 춤과 노래와 연주와 화환과 향으로 존경·존중·공경·공양하면서 도시의 남쪽으로 옮겨가 도시의 남쪽 밖에서 붓다의 유해를 화장해야겠다'. (그런데) 바셋타야, 천신들의 의향은 이와 같다. '우리는 어른의 유해를 하늘의 춤과 노래와 연주와 화환과 향으로 존경·존중·공경·공양하면서 도시의 북쪽으로 옮겨가 북쪽 문으로 도시에 들어간 다음 도시의 한 가운데에 옮긴 후 동쪽 문으로 나와서 도시의 동쪽에 있는 마쿠타반다나라는 말라 사람들의 사당에서 붓다의 유해를 화장해야겠다'."

"어른이시여, 천신들의 의향 대로 하게 하소서."

102 그때 쿠시나라는 쓰레기장의 먼지더미에 이르기까지 무릎 깊이로 만다라꽃이 뿌려져 있었다. 천신들과 쿠시나라의 말라 사람들은 붓다의 유해를 하늘과 인간의 춤과 노래와 연주와 화환과 향으로 존경·존중·공경·공양하면서 도시의 북쪽으로 옮겨가 북쪽 문으로 도시에 들어간 다음 도시의 한 가운데에 옮긴 후 동쪽 문으로 나와서 도시의 동쪽에 있는 마쿠타반다나라는 말라 사람들의 사당에 내려 놓았다.

103 쿠시나라의 말라 사람들은 아난다 장로를 불러 말했다.

"아난다 어른이시여, 우리는 그렇게 오신 붓다의 유해에 대해 어떤 방식을 따라야 합니까."

"바셋타야, 정법통치왕의 유해가 처리되는 방식이 있으니 그렇게 오신 붓다의 유해는 그 방식을 따라야 한다."

"다시 아난다 어른이시여, 정법통치왕의 유해는 어떤 방식을 따릅니까."

"바셋타야, 정법통치왕의 유해는 떨어진 곳이 없는 천으로 둘러싼다. 떨어진 곳이 없는 천으로 둘러싼 뒤, 넓은 무명천으로 둘러싼다. 넓은 무명천으로 둘러싼 뒤, 떨어진 곳이 없는 천으로 둘러싼다. 이런 방식으로 500겹을 정법통치왕의 유해에 둘러싼 뒤 철로 된 기름통에 넣었다가 또 하나의 철로된 기름통으로 덮어 봉한 뒤 모든 향을 갖춘 화장용 장작더미를 만들어 정법통치왕의 유해를 불태운다. 큰 사거리에 정법통치왕의 탑을 세운다. 바셋타야, 정법통치왕의 유해는 이와 같은 방식을 따른다. 바셋타야, 정법통치왕의 유해가 처리되는 방식이 그러하니 그렇게 오신 붓다의 유해는 그 방식을 따라야 한다. 큰 사거리에 정법통치왕의 탑을 만들어 놓았는데, 그곳에 화환, 향, 화장재료 등을 올리고 공손히 절하고 그 마음을 깨끗이 하는 자에게는 긴 밤에 행복이 있고 안락이 있을 것이다."

104 그리하여 쿠시나라의 말라 사람들을 (아랫) 사람에게 명령했다.

"그렇다면 여봐라, 말라 사람들이 지닌 넓은 무명천을 모으도록 해라."

그리하여 쿠시나라의 말라 사람들은 붓다의 유해를 떨어진 곳이 없는 천으로 둘러싼 뒤, 넓은 무명천으로 둘러쌌다. 넓은 무명천으로 둘러싼 뒤, 떨어진 곳이 없는 천으로 둘러쌌다. 이런 방법으로 500겹을 붓다의 유해에 둘러싼 뒤 철로 된 기름통에 넣었다가 또 다른 철로 된 기름통을 덮어 봉한 뒤, 모든 향을 갖춘 화장용 장작더미를 만들어서 붓다의 유해를 장작더미에 올려놓았다.

25. 마하카싸파 장로의 이야기

105 그때 마하카싸파 장로는 파바에서 쿠시나라에 이르는 큰 길을 약 500명 가량의 붓다의 큰 제자 승단과 함께 지나가고 있었다. 마하카싸파 장로는 길에서 나와 어떤 나무뿌리 위에 앉았다. 그때 어떤 인생 긍정론자[67]가 쿠시나라에서 파바로 가는 큰 길에 만다라꽃을 갖고 있었다. 마하카싸파 장로는 그 인생 긍정론자가 멀리서 오는 것을 보았다. 보고서 그 인생 긍정론자에게 말하였다.

"친구여, 우리들의 스승을 아는가."

"친구여, 물론 알고 있다. 수행자 고타마는 완전한 진리의 세계에 드신 지 오늘이 칠일째이다. 나는 그곳에서 이 만다라꽃을 얻었다. 그곳에서 탐착이 아직 제거되지 않은 일부 제자들은 팔을 내던지며 울고 땅에 넘어져 엎드리고 앞으로 또는 뒤로 굴러댔다. '붓다께서는 너무도 빨리 완전한 진리의 세계에 드셨다. 잘 가신 붓다께서는 너무도 빨리 완전한 진리의 세계에 드셨다. 세상의 눈이 너무도 빨리 사라졌다.'라고 하며. 그런데 탐착을 제거한 제자들은 기억과 지혜를 갖춘 채 참고 있었다. '결합(된 것)들은 덧없는 것, (영원한) 것을 어디서 얻겠는가.'라고 하며."

106 그런데 그때 수밧다라는 늙은 출가자가 그 무리 속에 앉아 있었다. 수밧다라는 늙은 출가자는 그 무리에게 이렇게 말하였다.

"됐다. 친구여, 슬퍼하지 말라. 울지 말라. 우리는 그 큰 수행

---

67) ājivaka.

자로부터 잘 벗어났다. '너희들에게 이것은 맞다. 너희들에게 이것은 맞지 않다.'라는 소리에 우리는 귀찮았다. 이제 우리는 하고 싶은 것은 하고 원하지 않는 것은 하지 않을 수 있다."

(그러자) 마하 카싸파 장로는 붓다의 제자들을 불러 말했다.

"됐다. 친구여, 슬퍼하지 말아라. 울지 말아라. 친구여, 붓다께서 이전에 말씀하지 않았느냐. '모든 사랑스럽고 뜻에 맞는 것과는 이곳 저곳 흩어지게 되고 나눠지게 되고 달라지게 된다.'라고. 지금 (영원한) 것을 어디에서 얻겠는가? 그렇게 오신 붓다의 몸이란 생한 것이고 이루어진 것이고 결합된 것이고 부서지는 법이건만 이를 두고 부서지지 말라라고 하는 것은 있을 수 없다."

107 그때 네 명의 말라 족의 지도자들이 머리를 씻고 떨어진 곳이 없는 옷을 입고서 "우리는 붓다의 장작더미에 불을 붙여야겠다."라고 하였으나 불을 붙일 수 없었다.

쿠시나라의 말라 사람들은 아누룻다 장로에게 말하였다.

"아누룻다 어른이시여, 어떤 원인 어떤 인연으로 이 네 명의 말라 족의 지도자들이 머리를 씻고 떨어진 곳이 없는 옷을 입고서 '우리는 붓다의 장작더미에 불을 붙여야겠다.'라고 하였으나 불을 붙일 수 없는 것입니까."

"바셋타야, 천신들의 의향과 다르기 때문이다."

"어른이시여, 천신들의 의향은 어떻습니까."

"바셋타야, 천신들의 의향은 이와 같다. 마하카싸파 장로가 파바에서 쿠시나라에 이르는 큰 길을 500명 가량의 붓다의 큰 제자 승단과 함께 지나가고 있는데, 그 마하카싸파 장로가 머리로써 붓다의 발에 절하기 전에는 붓다의 장작더미는 불꽃을 내며 타는 일이 없을 것이다."

"어른이시여, 천신들의 의향대로 하게 하소서."

108 마하카싸파 장로는 쿠시나라의 마쿠타반다나라는 말라 족의 사당에 있는 붓다의 장작더미로 다가갔다. 가서 한쪽 어깨에 법의를 걸치고 합장을 한 뒤 장작더미를 오른쪽으로 세 번 돌고 머리로써 붓다의 발에 절하였다.[68] 마하카싸파 장로와 약 500명의 제자가 절하고 나자 붓다의 장작더미는 저절로 불을 내며 탔다.

109 붓다의 유해가 타고 있을 때 피부, 살갗, 살, 근육, 관절 등은 결코 재나 검댕을 내지 않았다. 뼈 (등의) 유해만이 남았다. 마치 버터 기름이나 보통 기름이 탈 때, 재나 검댕을 남기지 않듯이 이와 같이 붓다의 유해가 타고 있을 때 피부, 살갗, 살, 근육, 관절 등은 결코 재나 검댕을 내지 않았다. 뼈 (등의) 유해만이 남았다. 500겹의 천들 중 단 두 개의 천만이 안팎이 모두 타지 않았다. 붓다의 유해가 모두 탔을 때, 허공으로부터 물줄기가 나타나 붓다의 장작더미를 꺼 버렸다. 물이 살라나무로부터 솟아나와 붓다의 장작더미를 꺼 버렸다. 쿠시나라의 말라 사람들이 온갖 향을 갖춘 물로 붓다의 장작더미를 껐다. 쿠시나라의 말라 사람들은 붓다의 뼈 (등)의 유해를 칠일째 회당에다 (모시고) 격자무늬 창을 만들고, 활의 벽을 만들어 둘러싼 뒤, 춤과 노래와 연주와 화환과 향으로 존경·존중·공경·공양하였다.

●●●●●●●●●●●●●●

68) 『반니원경』에 의하면 겹겹이 싸 놓은 붓다의 유체가 가섭이 세 번 청하자 "이때에 마침 부처님의 유체를 거듭 담은 관과 관 속으로부터 두 발이 밖으로 나타났다(於是佛尸從重棺裏雙出兩足)"〔大正藏 1. p. 189下〕라는 전설을 전하고 있다. 그러나 보다시피 『대반열반경』은 그 대목을 구체적으로 명시하지는 않고 있다.

26. 뼈 (등)의 유해를 (여러) 계층(으로) 나눔

110 마가다 국왕 아자타삿투 베데히풋타는 "붓다께서 쿠시나라에서 완전한 진리의 세계에 드셨다."라고 들었다. 마가다의 국왕 아자타삿투 베데히풋타는 쿠시나라의 말라 사람들에게 사절을 보냈다. "붓다도 왕족이고 나도 왕족이다. 나는 붓다의 유해를 분배받을 자격이 있다. 나도 붓다의 유해를 모신 큰 탑을 만들 것이다."라고 (전하게 했다.)

베살리의 릿차비 사람들이 "붓다께서 쿠시나라에서 완전한 진리의 세계에 드셨다."라고 들었다. 베살리의 릿차비 사람들은 쿠시나라의 말라 사람들에게 사절을 보냈다. "붓다도 왕족이고 우리도 왕족이다. 우리는 붓다의 유해를 분배받을 자격이 있다. 우리도 붓다의 유해를 모신 큰 탑을 만들 것이다."라고 (전하게 했다.)

카필라밧투에 사는 사캬 족이 "붓다께서 쿠시나라에서 완전한 진리의 세계에 드셨다."라고 들었다. 사캬 족은 쿠시나라의 말라 사람들에게 사절을 보냈다. "붓다께서는 우리의 친족이다. 우리는 붓다의 유해를 분배받을 자격이 있다. 우리도 붓다의 유해를 모신 큰 탑을 만들 것이다."라고 (전하게 했다.)

알라캅파에 사는 불리 족이 "붓다께서 쿠시나라에서 완전한 진리의 세계에 드셨다."라고 들었다. 불리 족은 쿠시나라의 말라 사람들에게 사절을 보냈다. "붓다도 왕족이고 우리도 왕족이다. 우리는 붓다의 유해를 분배받을 자격이 있다. 우리도 붓다의 유해를 모신 큰 탑을 만들 것이다."라고 (전하게 했다.)

라마가마의 콜리야 족이 "붓다께서 쿠시나라에서 완전한 진리의 세계에 드셨다."라고 들었다. 콜리야 족은 쿠시나라의 말라 사람들에게 사절을 보냈다. "붓다도 왕족이고 우리도 왕족이다. 우리는 붓다의 유해를 분배받을 자격이 있다. 우리도 붓다의 유해를 모신 큰 탑을 만들 것이다."라고 (전하게 했다.)

벳타디파에 사는 사제들이 "붓다께서 쿠시나라에서 완전한 진리의 세계에 드셨다."라고 들었다. 벳타디파에 사는 사제들은 쿠시나라의 말라 사람들에게 사절을 보냈다. "붓다께서는 왕족이고 우리는 사제이다. 우리는 붓다의 유해를 분배받을 자격이 있다. 우리도 붓다의 유해를 모신 큰 탑을 만들 것이다."라고 (전하게 했다.)

파바의 말라 족이 "붓다께서 쿠시나라에서 완전한 진리의 세계에 드셨다."라고 들었다. 파바에 사는 말라 사람은 쿠시나라의 말라 사람들에게 사절을 보냈다. "붓다도 왕족이고 우리도 왕족이다. 우리는 붓다의 유해를 분배받을 자격이 있다. 우리도 붓다의 유해를 모신 큰 탑을 만들 것이다."라고 (전하게 했다.)

111 이와 같이 말하였을 때 쿠시나라의 말라 족은 그 무리와 집단에게 주장하였다. "붓다께서는 우리들의 집이 있는 땅에서 완전한 진리의 세계에 드셨다. 우리들은 붓다의 유해를 분배받지 못했다."

112 이와 같이 말하였을 때 도나라는 사제가 그 무리와 집단에게 (다시) 이렇게 말하였다.

"그대들은 나의 한마디를 들으시오.

우리들의 붓다께서 참음을 말씀하셨소.

최상의 사람 유해를 분배함에

싸움이 있다면, 실로 좋지 않은 일이오.

그대들은 모두 합치되고 화합하여
환희하면서, 여덟으로 나누시오.
모든 지역에 탑들이 널려질 것이고
많은 생명이 눈 있는 자에 대해
그 마음을 깨끗이 할 것이오."

113 "그렇다면 사제종성이여, 당신이 붓다의 유해를 정확히 같은 양의 여덟으로 나누시오."

"알겠소."라고 하며, 도나 사제는 그 무리와 집단에게 답하고는 붓다의 유해를 정확히 같은 양의 여덟으로 나눈 뒤 그 무리와 집단에게 이렇게 말하였다.

"그대들은 나에게 이 구리물통을 주시오. 나 또한 이 구리물통을 위한 탑을 크게 짓겠소."

그리하여 도나 사제에게는 구리물통이 주어졌다.

114 피팔리바나의 모리 족은 "붓다께서 쿠시나라에서 완전한 진리의 세계에 드셨다."라고 들었다. 모리 족은 쿠시나라의 말라 사람에게 사절을 보냈다. "붓다도 왕족이고 우리도 왕족이다. 우리는 붓다의 유해를 분배받을 자격이 있다. 우리도 붓다의 유해를 모신 큰 탑을 만들 것이다."라고 (전하게 했다.)

(그런데) "붓다의 유해를 나눠줄 것이 없소. 붓다의 유해는 모두 나눠져서 없소. 여기서 재를 가져 가시오."라는 (소리를 들었다.) (그리하여) 그들은 그곳에서 재를 가져 갔다.

● (여러) 계층(으로 나뉘어진) 뼈 (등의) 유해에 대한 탑 공양

115 마가다의 국왕 아자타삿투 베데히풋타는 라자가하에 붓다의 유해를 위한 큰 탑을 지었다.

베살리에 사는 릿차비 족도 베살리에 붓다의 유해를 위한 큰 탑을 지었다.

카필라밧투에 사는 사캬 족도 카필라밧투에 붓다의 유해를 위한 큰 탑을 지었다.

알라캅파에 사는 불리 족도 알라캅파에 붓다의 유해를 위한 큰 탑을 지었다.

라마가마에 사는 콜리야 족도 라마가마에 붓다의 유해를 위한 큰 탑을 지었다.

벳타디파에 사는 사제들도 벳타디파에 붓다의 유해를 위한 큰 탑을 지었다.

파바에 사는 말라 족도 파바에 붓다의 유해를 위한 큰 탑을 지었다.

쿠시나라에 사는 말라 족도 쿠시나라에 붓다의 유해를 위한 큰 탑을 지었다.

도나 사제도 구리물통을 위한 큰 탑을 지었다. 핍팔리바나의 모리 족도 재를 위한 큰 탑을 지었다. 이리하여 유해(를 모신) 탑이 여덟이고, 아홉째로 구리물통의 탑, 열번째로 재의 탑이 세워졌다. 이와 같은 일이 과거에 있었다.

116 눈 있는 분의 유해 여덟 도나[69]가 있다.

뛰어난 사람 중 가장 높은 분의 유해 일곱 도나는
염부제 중생들이 숭배하고
한 도나는 라마가마에 있는 용왕이 숭배한다.

● ● ● ● ● ● ● ● ● ●
69) 도나(doṇa) : 용적의 단위. 제법 큰 나무통 하나에 찰 만큼의 양을 말한다.

치아 하나는 삼십삼천의 천신들이 공양하고
또 하나의 치아를 간다라 시(市)에서 숭배하고 있다.
칼링가 왕의 영토에서 또 하나를,
또 다른 하나를 용왕이 숭배한다.

부(富)를 낳는 이 대지는 그것의 불빛에 의해,
최승의 희생에 의해 충만해졌다.
눈 있는 분의 이 유해는
존경하고 또 존경하는 이들에 의해 매우 존경되고 있다.

천신들의 왕, 용의 왕, 사람의 왕에 의해 공양되고 있으며
사람들 중 최승한 이들에 의해 역시 그와 같이 공양되고 있다.
뵐 수 있었거든 합장하고 절하라.
붓다는 백 겁이 지나도 만나뵙기 어렵다.

40개의 치아와 머리카락 및 털은
철위산(鉄囲山) 주위에 줄잇고 있는 천신들이
하나씩 하나씩 가져 갔다.[70]

― 8. 대반열반 경 끝 ―

● ● ● ● ● ● ● ● ● ● ● ● ●

70) 『반니원경』에 의하면 이 이후 대가섭·아나율 등이 모여 미륵불에 대한 대화를 나누고, 이어 경전과 율전을 편찬하기를 결의함에 네 가지 아함(阿含)이 성립되는 것을 알 수 있다.

과거의 붓다들*

저 동등하시며
바르고 원만하게 깨달으신 붓다께
절하옵니다.

●●●●●●●●●●●●●●

* 팔리경전은 과거의 붓다들 수를 고타마 붓다를 포함하여 모두 28명으로 규정하고 있다. 실제 『佛種姓經(Buddhavaṁsa)』은 이 중 25명의 붓다에 대해서는 비교적 자세히 언급하고 있고 3명의 붓다는 이름만 거명한다. 그 3명의 붓다는 디팡카라 붓다보다 먼저 거론되는 3명이다. 그러면 차례로 모두의 名字정도는 언급해 보자.

● ● ● ● ● ● ● ● ● ● ●

① Taṇhaṅkara(作愛).
② Medhaṅkara(作慧).
③ Saraṇaṅkara(作歸依).
④ Dīpaṅkara(燃燈, 錠光)…이상 네 분은 同一劫에 출세함.
⑤ Koṇḍañña(콘단냐)…무량 겁이 지난 뒤 출세함.
⑥ Maṅgala(吉祥).
⑦ Sumana(善意).
⑧ Revata(諂曲).
⑨ Sobhita(所照)…콘단냐 붓다 이후 무량 겁이 지나 이상 네 분이 동일 겁에 출세함.
⑩ Anomadassin(高見).
⑪ Paduma(紅蓮).
⑫ Nārada(나라다)…그 이후 다시 무량 겁이 지나 이상 세 분이 동일 겁에 출세함.
⑬ Padumuttara(蓮華上)…그 이후 무량 겁이 지났고, 지금으로부터는 10만 겁 전에 출세함.
⑭ Sumedha(善慧).
⑮ Sujāta(善生)…두 분이 지금부터 3만 겁 전에 출세함.
⑯ Piyadassin(喜見).
⑰ Atthadassin(義見).
⑱ Dhammadassin(法見)…세 분이 지금부터 8천 겁 전에 출세함.
⑲ Siddhattha(義成)…지금부터 94겁 전에 출세함.
⑳ Tissa(티싸).
㉑ Phussa(푸싸)…지금부터 92겁 전에 두 붓다가 출세함.
㉒ Vipassin(비파씬)…지금부터 91겁 전에 출세함.
㉓ Sikhī(시키).
㉔ Vessabhū(베싸부)…지금부터 31겁 전에 출세함.
㉕ Kakusandha(카쿠산다).
㉖ Koṇāgamana(코나가마나).
㉗ Kassapa(카싸파).
㉘ Gotama(고타마).
㉙ Metteyya(멧테야, 慈氏彌勒)…이상의 다섯 붓다는 성스러운 겁(bhadrakappa)인 현재의 겁에 출세한다. 물론 ㉘ Gotama Buddha는 현재의 붓다이고 ㉙ Metteyya Buddha는 미래의 붓다임은 말할 것도 없다. 이 중 Metteyya Buddha 곧 미륵불은 다음 항목에서 살피도록 하고 고타마 붓다는 이미 살폈으며 여기서는 ㉒ Vipassı-Buddha를 중점적으로 살피면서 과거 붓다들의 세계를 음미하도록 하자.

9. 대불전 경 (2)[1]

1. 전생에 관련된 이야기

1 이와 같이 내가 들었다. 한때에 붓다께서는 사밧티 시의 제타 숲에 위치한 아나타핀디카 장자의 동산에 있는 카레리 나무집에서 지내셨다. 그때 수많은 제자들은 걸식을 나가 밥을 먹은 뒤 되돌아와 카레리 나무가 있는 둥근 진흙집에 함께 모여앉아 전생에 관련된 법다운 이야기를 하고 있었다. "전생은 이러하기도 하다. 전생은 또 저러하기도 하다."라고.

---

1) 팔리장니카야(Dīgha Nikāya) 제2권 제1경(Mahāpadāna Sutta)의 번역이다. 이 경의 대응 한역경은 長阿含 1권 『大本經』(大正藏 1, p.1 中~) 『七佛經』(大正藏 1, p.150~) 『毘婆尸佛經』(大正藏1, p.154~) 『增壹阿含』 48권 4경 (大正藏 2, p.790~) 『七佛父母姓字經』(大正藏 1, p.159~) 등이 있다.

2 붓다께서는 인간의 영역을 넘어섰으며 깨끗하며 계층[2]을 지닌 하늘 귀로써 제자들의 대화를 들으셨다. 붓다께서는 자리에서 일어나 카레리 나무가 있는 둥근 진흙집으로 가셨다. 가셔서 준비되어 있는 자리에 앉으셨다. 앉으신 후 붓다께서는 제자들에게 말씀하셨다.

"제자들아, 여기 모여 앉아 어떤 이야기를 하고 있었느냐. 너희들 사이에는 어떤 이야기가 진행 중이었느냐."

이와 같이 말씀하시자 제자들은 붓다께 아뢰었다.

"붓다시여, 지금 저희들은 걸식을 나가 밥을 먹은 뒤 되돌아와 카레리 나무가 있는 둥근 진흙집에 함께 모여 앉아 전생에 관련된 법다운 이야기를 하고 있었습니다. '전생은 이러하기도 하다. 전생은 또 저러하기도 하다.'라고요. 붓다시여, 저희들 사이에는 이러한 이야기가 진행 중이었고 그때 붓다께서 도착하셨습니다."

3 "제자들아, 너희들은 전생에 관련된 법다운 이야기를 듣고자 하는가."

"붓다시여, 지금이 때이옵니다. 잘가신 붓다시여, 지금이 때이옵니다. 붓다께서는 전생에 관련된 법다운 이야기를 해주십시오. 붓다로부터 듣고서 저희들은 지니겠습니다."

"그렇다면 제자들아, 듣고 잘 생각하여라. 내가 설하겠다."

●●●●●●●●●●●

2) 天耳로 알려는 말의 원어는 dibba sotadhātu이다. 즉 天耳界의 구성을 보이는 복합어이다. 天眼의 경우 dibba-cakkhu로서 天耳와 비교할 때 界層을 뜻하는 dhātu는 결합되지 않는다. 따라서 天耳에 독특하게 dhātu라는 술어가 붙어 있음은 간과할 수 없는 듯하다. 그리하여 이 책에서는 dhātu의 의미를 살려서 '계층을 지닌 하늘 귀'로 번역했다.

"예, 붓다시여."라고 하며 제자들은 붓다께 답하였다. 붓다께서는 말씀하셨다.

2. 과거의 붓다들

4 "제자들아, 지금으로부터 91겁 전에 비파씨라는 동등하시며 바르고 원만하게 깨달으신 붓다께서 세상에 나셨다. 제자들아, 지금으로부터 31겁 전에 시키라는 동등하시며 바르고 원만하게 깨달으신 붓다께서 세상에 나셨다. 제자들아, 바로 그 31겁 전에 베싸부라는 동등하시며 바르고 원만하게 깨달으신 붓다께서 세상에 나셨다. 제자들아, 바로 이 경사스러운 겁3)에는 코나가마나라는 동등하시며 바르고 원만하게 깨달으신 붓다께서 세상에 나셨다. 제자들아, 바로 이 경사스러운 겁에는 카싸파라는 동등하시며 바르고 원만하게 깨달으신 붓다께서 세상에 나셨다. 제자들아, 바로 이 경사스러운 겁에서 지금은 내가, 동등하시며 바르고 원만하게 깨달으신 붓다로서 세상에 나와 있다."

●●●●●●●●●●●●●●●

3) 한역에서는 賢劫으로 번역되기도 하는, bhadra kappa의 한글 옮김이다. 여기서 bhadra 또는 bhadda는 '성스러운' '경사스러운' 등의 뜻을 지닌다. 바로 우리가 머물고 있는 이 시간대가 이 겁에 속한다. 왜 이 겁의 이름을 '경사스러운 겁'이라고 했을까. 필자는 이 겁에 무려 4명의 붓다께서 이미 출세하셨고 또 멧테야 붓다(미륵불)까지 출세할 것이므로 어느 겁보다 많은 붓다께서 나타나게 된다. 따라서 '경사스러운 겁'이라고 이름하지 않았나 추측해 본다.

● 출신

5 "제자들아, 비파씨라는 동등하시며 바르고 원만하게 깨달으신 붓다께서는 왕족출신이니 왕족의 가문에서 나셨다. 제자들아, 시키라는 동등하시며 바르고 원만하게 깨달으신 붓다께서는 왕족출신이니 왕족의 가문에서 나셨다. 제자들아, 베싸부라는 동등하시며 바르고 원만하게 깨달으신 붓다께서는 왕족출신이니 왕족의 가문에서 나셨다. 제자들아, 카쿠산다라는 동등하시며 바르고 원만하게 깨달으신 붓다께서는 사제계급출신이니 사제계급의 가문에서 나셨다. 제자들아, 코나가마나라는 동등하시며 바르고 원만하게 깨달으신 붓다께서는 사제계급 출신이니 사제계급의 가문에서 나셨다. 제자들아, 카싸파라는 동등하시며 바르고 원만하게 깨달으신 붓다께서는 사제계급출신이니 사제계급의 가문에서 나셨다. 제자들아, 지금 동등하시며 바르고 원만하게 깨달으신 붓다인 나는 왕족출신이니 왕족의 가문에서 났다."

● 성씨

6 "제자들아, 비파씨라는 동등하시며 바르고 원만하게 깨달으신 붓다께서는 그 성씨가 콘단냐이었다. 제자들아, 시키라는 동등하시며 바르고 원만하게 깨달으신 붓다께서는 그 성씨가 (역시) 콘단냐이었다. 제자들아, 베싸부라는 동등하시며 바르고 원만하게 깨달으신 붓다께서는 그 성씨가 (역시) 콘단냐이었다. 제자들아, 카쿠산다라는 동등하시며 바르고 원만하게 깨달으신 붓다께서는 그 성씨가 카싸파이었다. 제자들아, 코나가마나라는 동등하시며 바르고 원만하게 깨달으신 붓다께서는 그 성씨가 (역시) 카싸파이었다. 제자들아, 카싸파라는 동등하시며 바르고 원만하

게 깨달으신 붓다께서는 그 성씨가 (역시) 카싸파이었다. 제자들아, 지금 동등하시며 바르고 원만하게 깨달으신 붓다인 나는 그 성씨가 고타마이었다."

● 수명
7 "제자들아, 비파씨라는 동등하시며 바르고 원만하게 깨달으신 붓다의 수명은 8만 세이었다. 제자들아, 시키라는 동등하시며 바르고 원만하게 깨달으신 붓다의 수명은 7만 세이었다. 제자들아, 베싸부라는 동등하시며 바르고 원만하게 깨달으신 붓다의 수명은 6만 세이었다. 제자들아, 카쿠산다라는 동등하시며 바르고 원만하게 깨달으신 붓다의 수명은 4만 세이었다. 제자들아, 코나가마나라는 동등하시며 바르고 원만하게 깨달으신 붓다의 수명은 3만 세이었다. 제자들아, 카싸파라는 동등하시며 바르고 원만하게 깨달으신 붓다의 수명은 2만 세이었다. 제자들아, 지금 나의 수명은 작고 적고 가볍다. 오래 살았을 경우 100세 안팎이다."

● 깨달음의 나무[4]
8 "제자들아, 비파씨라는 동등하시며 바르고 원만하게 깨달으신 붓다께서는 파탈리 나무의 뿌리 위에서 잘 깨달으셨다. 제자들

● ● ● ● ● ● ● ● ● ● ● ● ● ●
4) 깨달음의 나무 곧 보리수가 모든 붓다들의 소개에 예외 없이 등장하는 데는 중요한 의미들이 있다고 본다. 그중에서도 수행과 正覺을 위해서는 적절한 '도량'이 있어야 됨을 상징적으로 전해주는 것으로 보인다. 실제 멧테야 붓다의 보리수는 龍華인데 그것을 용화 '도량'이라고도 표현함을 볼 수 있다. 깨달음은 안온한 도량의 외호 속에서 익어 터지는 것이라 생각한다.

아, 시키라는 동등하시며 바르고 원만하게 깨달으신 붓다께서는 푼다리카 나무의 뿌리 위에서 잘 깨달으셨다. 제자들아, 베싸부라는 동등하시며 바르고 원만하게 깨달으신 붓다께서는 사리사 나무의 뿌리 위에서 잘 깨달으셨다. 제자들아, 코나가마나라는 동등하시며 바르고 원만하게 깨달으신 붓다께서는 우둠바라 나무의 뿌리 위에서 잘 깨달으셨다. 제자들아, 카싸파라는 동등하시며 바르고 원만하게 깨달으신 붓다께서는 니그로다 나무의 뿌리 위에서 잘 깨달으셨다. 제자들아, 동등하시며 바르고 원만하게 깨달으신 지금의 나는 아쌋타 나무의 뿌리 위에서 잘 깨달았다."

● 한 쌍의 (큰) 제자
9 "제자들아, 비파씨라는 동등하시며 바르고 원만하게 깨달으신 붓다께서는 칸다와 티싸라는 가장 뛰어나며 상서로운 한 쌍의 제자가 있었다. 제자들아, 시키라는 동등하시며 바르고 원만하게 깨달으신 붓다께서는 아비부와 삼바바라는 가장 뛰어나며 상서로운 한 쌍의 제자가 있었다. 제자들아, 베싸부라는 동등하시며 바르고 원만하게 깨달으신 붓다께서는 소나와 웃타라라는 가장 뛰어나며 상서로운 한 쌍의 제자가 있었다. 제자들아, 카쿠산다라는 동등하시며 바르고 원만하게 깨달으신 붓다께서는 비두라와 산지바라는 가장 뛰어나며 상서로운 한 쌍의 제자가 있었다. 제자들아, 코나가마나라는 동등하시며 바르고 원만하게 깨달으신 붓다께서는 빗요사와 웃타라라는 가장 뛰어나며 상서로운 한 쌍의 제자가 있었다. 제자들아, 카싸파라는 동등하시며 바르고 원만하게 깨달으신 붓다께서는 티싸와 바라드바자라는 가장 뛰어나며 상서로운 한 쌍의 제자가 있었다. 제자들아, 지금 나에게는 사리풋타와 목갈라

나라는 가장 뛰어나며 상서로운 한 쌍의 제자가 있었다."

• 제자의 모임
10 "제자들아, 비파씨라는 동등하시며 바르고 원만하게 깨달으신 붓다께는 제자들의 모임이 세 번 있었다. 첫번째 제자들의 모임은 6백 8십만 명의 제자 (집단)이었고, 두번째 제자들의 모임은 10만 명의 제자 (집단)이었고, 세번째 제자들의 모임은 8만 명의 제자 (집단)이었다. 제자들아, 비파씨라는 동등하시며 바르고 원만하게 깨달으신 붓다께는 이렇게 제자들의 모임이 세 번 있었고 그 (제자)들은 모두 역류하는 번뇌를 다한 자들이었다.

제자들아, 시키라는 동등하시며 바르고 원만하게 깨달으신 붓다께는 제자들의 모임이 (역시) 세 번 있었다. 첫번째 제자들의 모임은 10만 명의 제자 (집단)이었고, 두번째 제자들의 모임은 8만 명의 제자 (집단)이었고, 세번째 제자들의 모임은 7만 명의 제자 (집단)이었다. 제자들아, 시키라는 동등하시며 바르고 원만하게 깨달으신 붓다께는 제자들의 모임이 이렇게 세 번 있었고 그 (제자)들은 모두 역류하는 번뇌를 다한 자들이었다.

제자들아, 벳사부라는 동등하시며 바르고 원만하게 깨달으신 붓다께는 제자들의 모임이 (역시) 세 번 있었다. 첫번째 제자들의 모임은 8만 명의 제자 (집단)이었고, 두번째 제자들의 모임은 7만 명의 제자 (집단)이었고, 세번째 제자들의 모임은 6만 명의 제자 (집단)이었다. 제자들아, 벳사부라는 동등하시며 바르고 원만하게 깨달으신 붓다께는 제자들의 모임이 이렇게 세 번 있었고 그 (제자)들은 모두 역류하는 번뇌를 다한 자들이었다.

제자들아, 카쿠산다라는 동등하시며 바르고 원만하게 깨달으신 붓다께는 한 번의 제자들 모임이 있었다. 4만 명의 제자 (집단)이었다. 제자들아, 카쿠산다라는 동등하시며 바르고 원만하게 깨달으신 붓다께는 제자들의 모임이 이렇게 한 번 있었고 그 (제자)들은 모두 역류하는 번뇌가·다한 자들이었다. 제자들아, 코나가마나라는 동등하시며 바르고 원만하게 깨달으신 붓다께는 한 번의 제자들 모임이 있었다. 3만 명의 제자 (집단)이었으니, 제자들아, 코나가마나라는 동등하시며 바르고 원만하게 깨달으신 붓다께는 제자들의 모임이 이렇게 한 번 있었고 그 (제자)들은 모두 역류하는 번뇌가 다한 자들이었다.

제자들아, 카싸파라는 동등하시며 바르고 원만하게 깨달으신 붓다께는 한 번의 제자들 모임이 있었다. 2만 명의 제자 (집단)이었으니 제자들아, 카싸파라는 동등하시며 바르고 원만하게 깨달으신 붓다께는 제자들의 모임이 이렇게 한 번 있었고 그 (제자)들은 모두 역류하는 번뇌가 다한 자들이었다. 제자들아, 동등하며 바르고 원만하게 깨달은 지금의 나에게는 한 번의 제자들 모임이 있다. 1,250명의 제자들이니 제자들아, 여기 나에게는 제자들의 모임이 이렇게 한 번 있으며 이들은 모두 역류하는 번뇌를 다한 자들이었다."

- 최고의 시자

11 "제자들아, 비파씨라는 동등하시며 바르고 원만하게 깨달으신 붓다께는 아소카라는 제자가 최고의 시자였다. 제자들아, 시키라는 동등하시며 바르고 원만하게 깨달으신 붓다께는 케망카라는 제자가 최고의 시자였다. 제자들아, 베싸부라는 동등하시며 바르고 원만하게 깨달으신 붓다께는 우파산타라는 제자가 최고의

시자이었다. 제자들아, 카쿠산다라는 동등하시며 바르고 원만하게 깨달으신 붓다께는 붓디자라는 제자가 최고의 시자이었다. 제자들아, 코나가마나라는 동등하시며 바르고 원만하게 깨달으신 붓다께는 솟티자라는 제자가 최고의 시자이었다. 제자들아, 카싸파라는 동등하시며 바르고 원만하게 깨달으신 붓다께는 삽바밋타라는 제자가 최고의 시자이었다. 제자들아, 지금의 나에게는 아난다라는 제자가 최고의 시자이다."

● 부모
12 "제자들아, 비파씨라는 동등하시며 바르고 원만하게 깨달으신 붓다께는 반두마라는 왕이 아버지이고, 반두마티라는 왕비가 어머니5) 이었다. 반두마 왕에게는 반두마티라는 왕도가 있었다.

제자들아, 시키라는 동등하시며 바르고 원만하게 깨달으신 붓다께는 아루나라는 왕이 아버지이고, 파바바티라는 왕비가 어머니이었다. 아루나 왕에게는 아루나바티라는 왕도가 있었다.

제자들아, 베싸부라는 동등하시며 바르고 원만하게 깨달으신 붓다께는 숩파티타라는 왕이 아버지이고, 밧사바티라는 왕비가 어머니이었다. 숩파티타 왕에게는 아노마라는 왕도가 있었다.

제자들아, 카쿠산다라는 동등하시며 바르고 원만하게 깨달으신 붓다께는 악기닷타라는 사제가 아버지이고, 비사카라는 사제계급

---

5) 어머니 'mata janetti'로 씌어 있거니와 둘다 母의 뜻을 강조하는 것이 原文인 것이다. 이는 父母라는 복합어를 쓸 때도 mātā-pitā로 하여 항상 母가 앞서고 父가 뒤따른다. 이렇게 母에 대한 강조가 행해지고 있어 흥미롭다.

의 여인이 어머니이었다. 그리고 제자들아, 그때는 케마라는 왕이 있었고 케마 왕에게는 케마바티라는 왕도가 있었다.

제자들아, 코나가마나라는 동등하시며 바르고 원만하게 깨달으신 붓다께는 얀나닷타라는 사제가 아버지이고, 웃타라라는 사제계급의 여인이 어머니이었다. 그리고 제자들아, 그때는 소바라는 왕이 있었고 소바 왕에게는 소바바티라는 왕도가 있었다.

제자들아, 카싸파라는 동등하시며 바르고 원만하게 깨달으신 붓다께는 브라흐마닷타라는 사제가 아버지이고, 다나바티라는 사제계급의 여인이 어머니이었다. 그리고 제자들아, 그때는 키키라는 왕이 있었고 키키 왕에게는 바라나시라는 왕도가 있었다.

제자들아, 지금의 나에게는 숫도다나라는 왕이 아버지이고, 마야라는 왕비가 어머니이었다. 카필라밧투가 왕도이다."

붓다께서는 이렇게 설하셨다. 잘 가신 붓다께서는 이렇게 설하신 뒤 자리에서 일어나 정사의 (안)으로 들어가셨다.

3. 그렇게 오신 붓다의 필연적인 것들

13 붓다께서 떠나신지 오래지 않아 그 제자들은 이렇게 이야기하였다.

"벗들이여, 놀라운 일입니다. 벗들이여, 일찍이 없었던 일입니다. 그렇게 오신 붓다께서는 큰 신통과 큰 위엄을 나타내셨습니다. 실로 그렇게 오신 붓다께서는 과거의 붓다들(에 대해 조목조목 기억하십니다.) 완전한 진리의 세계에 드셨고, 희론을 끊으셨고,

되돌아가는 길을 끊으셨고, 돌고 도는 일을 다 끝내셨고 그리고 모든 괴로움을 극복하신 과거의 붓다들에 대해서 그 출생과 이름과 성씨와 목숨의 길이와 가장 뛰어난 두 제자와 제자들의 모임에 대해서 기억하실 수 있으신 것입니다. 곧 '그 붓다들께서는 이와 같은 출생이셨고, 이와 같은 이름, 이와 같은 성씨, 이와 같은 계율, 이와 같은 법, 이와 같은 지혜[6], 이와 같은 삶, 이와 같은 해탈을 이루셨다.'라고 (기억하고 계시니 큰 신통이며 큰 위엄을 나타내신 것입니다.)

벗들이여, 그렇게 오신 붓다께서는 법의 계층을 잘 꿰뚫으셨기에 과거의 붓다들에 대해서 기억하실 수 있으신 것일까요. 곧 완전한 진리의 세계에 드셨고, 희론을 끊으셨고, 되돌아가는 길을 끊으셨고, 돌고 도는 일을 다 끝내셨고 그리고 모든 괴로움을 극복하신 과거의 붓다들에 대해서 그 출생과 이름과 성씨와 목숨의 길이와 가장 뛰어난 두 제자와 제자들의 모임을 기억하시니, '그 붓다들께서는 이와 같은 출생이셨고, 이와 같은 이름, 이와 같은 성씨, 이와 같은 계율, 이와 같은 법, 이와 같은 지혜, 이와 같은 삶, 이와 같은 해탈을 이루셨다.'라고 기억하실 수 있으신 것일까요. 아니면 천신들이 그렇게 오신 붓다께 과거의 붓다들에 대해서 기억하실 수 있게 그 내용을 알려 준 것일까요. 곧 완전한 진리의 세계에 드셨고, 희론을 끊으셨고, 되돌아가는 길을 끊으셨

●●●●●●●●●●●
6) 지혜 : 우리 말로만 옮겨 본다면 '알아냄'이다. Paññā(Sk. prajñā), 般若. 이 단어는 pra-√jñā의 구조로써 이때 接頭辭 pra는 우리말에서는 이른바 전통문법에서의 보조어간으로 표현된다. 따라서 jñā(알다)-pra(내다)의 구조로 이해해 '알아내다'의 뜻이 된다. 명사형이므로 '알아냄'으로 이해해 볼 수 있는 것이다.

고, 돌고 도는 일을 다 끝내셨고 그리고 모든 괴로움을 극복하신 과거의 붓다들에 대해 그 출생과 이름과 성씨와 목숨의 길이와 가장 뛰어난 두 제자와 제자들의 모임을 기억하시니 '그 붓다들께서는 이와 같은 출생이셨고, 이와 같은 이름, 이와 같은 성씨, 이와 같은 계율, 이와 같은 법, 이와 같은 지혜, 이와 같은 삶, 이와 같은 해탈을 이루셨다.'라고 기억할 수 있으신 것일까요."

14 제자들 사이에는 이러한 이야기가 진행 중이었다. 붓다께서는 저녁에 좌선[7]에서 일어나셔서는 카레리 나무가 있는 둥근 진흙집으로 가셨다. 가서서 준비된 자리에 앉으셨다. 앉으신 후 붓다께서는 제자들에게 물으셨다.

"제자들아, 여기 모여 앉아 어떤 이야기를 하고 있었느냐. 너희들 사이에는 어떤 이야기가 진행 중이었느냐."

이와 같이 말씀하시자 그 제자들은 붓다께 아뢰었다.

"붓다시여, 지금 저희들은 붓다께서 떠나신지 오래지 않아 이렇게 이야기 하였습니다.

벗들이여, 놀라운 일입니다. 벗들이여, 일찍이 없었던 일입니다. 그렇게 오신 붓다께서는 큰 신통과 큰 위엄을 나타내셨습니다. 실로 그렇게 오신 붓다께서는 과거의 붓다(에 대해 조목조목 기억하십니다.) 곧 완전한 진리의 세계에 드셨고, 희론을 끊으셨고, 되돌아가는 길을 끊으셨고, 돌고 도는 일을 다 끝내셨고 그리

---

7) 坐禪 : paṭisallāna(prati-sam-√li) 語源的 分析을 좀 더 천착해 보면 이 paṭisallāna라는 단어는 '어떤 주제에 대하여 ('paṭi °) 다리를 맺고 (Saṁ °) 잠기는 것 (√li)'으로 이해해 봄직하다. 禪은 'dhyāna'라는 述語가 따로 있지만 坐禪이라고 한다면 바로 이 'paṭisallāna'의 의미를 알아야 한다고 본다.

고 모든 괴로움을 극복하신 과거의 붓다들에 대해서 그 출생과 이름과 성씨와 목숨의 길이와 가장 뛰어난 두 제자와 제자들의 모임에 대해서 기억하실 수 있으신 것입니다.

곧 '그 붓다들께서는 이와 같은 출생이셨고, 이와 같은 이름, 이와 같이 성씨, 이와 같은 계율, 이와 같은 법, 이와 같은 지혜, 이와 같은 삶, 이와 같은 해탈을 이루셨다.'라고 (기억하고 계시니 큰 신통이며 큰 위엄을 나타내신 것입니다.)

벗들이여, 그렇게 오신 붓다께서는 법의 계층을 잘 꿰뚫으셨길래 과거의 붓다들에 대해서 기억하실 수 있으신 것일까요. 곧 완전한 진리의 세계에 드셨고, 희론을 끊으셨고, 되돌아가는 길을 끊으셨고, 돌고 도는 일을 다 끝내셨고 그리고 모든 괴로움을 극복하신 과거의 부처님들에 대해서 그 출생과 이름과 성씨와 목숨의 길이와 가장 뛰어난 두 제자와 제자들의 모임에 대해서 기억하시니, '그 붓다들께서는 이와 같은 출생이셨고, 이와 같은 이름, 이와 같은 성씨, 이와 같은 계율, 이와 같은 법, 이와 같은 지혜, 이와 같은 삶, 이와 같은 해탈을 이루셨다.'라고 기억하실 수 있으신 것일까요. 아니면 천신들이 그렇게 오신 붓다께 과거의 붓다들에 대해서 기억하실 수 있게 그 내용을 알려준 것일까요. 곧 완전한 진리의 세계에 드셨고, 희론을 끊으셨고, 되돌아가는 길을 끊으셨고, 돌고 도는 일을 다 끝내셨고 그리고 모든 괴로움을 극복하신 과거의 붓다들에 대해서 그 출생과 이름과 성씨와 목숨의 길이와 가장 뛰어난 두 제자와 제자들의 모임에 대해서 기억하시니, '그 붓다들께서는 이와 같은 출생이셨고, 이와 같은 이름, 이와 같은 성씨, 이와 같은 계율, 이와 같은 법, 이와 같은 지혜, 이와 같은 삶, 이와 같은 해탈을 이루셨다.'라고 기억하실 수 있으신 것일까요.
 붓다시여, 저희들 사이에는 이러한 이야기가 진행 중이었고 그 때 붓다께서 도착하셨습니다."
15 "제자들아, 그렇게 오신 붓다는 법의 계층을 잘 꿰뚫었기에 과거의 붓다들에 대해서 기억한다. 곧 완전한 진리의 세계에 드셨고, 희론을 끊으셨고, 되돌아가는 길을 끊으셨고, 돌고 도는 일을 다 끝내셨고 그리고 모든 괴로움을 다 극복하신 과거의 붓다들에 있어서의 그 출생과 이름과 성씨와 목숨의 길이와 가장 뛰어난 두 제자와 제자들의 모임에 대해서 '그 붓다들께서는 이와 같은 출생이셨고, 이와 같은 이름, 이와 같은 성씨, 이와 같은 계율, 이와 같은 법, 이와 같은 지혜, 이와 같은 삶, 이와 같은 해탈을 이루셨다.'라고 기억한다. 그리고 천신들도 그렇게 오신 붓다께 과거의 붓다들에 대해서 기억할 수 있게 그 내용을 알려준다. 곧 완전한 진리의 세계에 드셨고, 희론을 끊으셨고, 되돌아가는 길을 끊으셨고, 돌고 도는 일을 다 끝내셨고 그리고 모든 괴로움을 다 극복하신 과거의 붓다들에 있어서의 그 출생과 이름과 성씨와 목숨의 길이와 가장 뛰어난 두 제자와 제자들의 모임에 대해서 '그 붓다들께서는 이와 같은 출생이셨고, 이와 같은 이름, 이와 같은 성씨, 이와 같은 계율, 이와 같은 법, 이와 같은 지혜, 이와 같은 삶, 이와 같은 해탈을 이루셨다.'라고 알려 주었다.
 제자들아, 너희들은 전생에 관련된 법다운 이야기를 더 듣고자 하는가."
 "붓다시여, 지금이 때이옵니다. 잘가신 붓다시여, 지금이 때이옵니다. 붓다께서는 전생에 관련된 법다운 이야기를 더 해주십시오. 붓다로부터 듣고서 저희들은 지니겠습니다."

"그렇다면 제자들아, 듣고 잘 생각하여라. 내가 설하겠다."

"예, 붓다시여."하며 제자들은 붓다께 답하였다. 붓다께서는 말씀하셨다.

● 비파씨 붓다[8]

16 "제자들아, 비파씨라는 동등하시며 바르고 원만하게 깨달으신 붓다께서 지금으로부터 91겁 전에 세상에 나셨다. 제자들아, 비파씨라는 동등하시며 바르고 원만하게 깨달으신 붓다께서는 왕족 출신이시니 왕족의 가문에서 나셨다.

제자들아, 비파씨라는 동등하시며 바르고 원만하게 깨달으신 붓다께서는 그 성씨가 콘단냐이었다. 제자들아, 비파씨라는 동등하시며 바르고 원만하게 깨달으신 붓다의 수명은 8만 세이었다. 제자들아, 비파씨라는 동등하시며 바르고 원만하게 깨달으신 붓다께서는 파탈리 나무의 뿌리 위에서 잘 깨달으셨다. 제자들아, 비파씨라는 동등하시며 바르고 원만하게 깨달으신 붓다께서는 칸다와 티싸라는 가장 뛰어나며 상서로운 한 쌍의 제자가 있었다.

제자들아, 비파씨라는 동등하시며 바르고 원만하게 깨달으신 붓다께는 제자들의 모임이 세 번 있었다. 한 번의 제자들 모임은 6백 8십만 명의 제자 (집단)이었고 또 한 번의 제자들 모임은 10만 명의 제자 (집단)이었고 또 한 번의 제자들 모임은 8만 명

---

8) 붓다 : 원문은 bhagava로 세존, 어른의 뜻인데 '비파씨 세존' 또는 '비파씨 어른'이 모두 어색한 듯 느껴져 '비파씨 붓다'라고 하였다. 法門施設의 측면에서 볼 때 이 부분의 해석은 '비파씨 붓다'라 하여 原意를 해치는 것 같지는 않다.

의 제자 (집단)이었다.

제자들아, 비파씨라는 동등하시며 바르고 원만하게 깨달으신 붓다께서는 제자들의 모임이 이렇게 세 번 있었고 이들은 모두 역류하는 번뇌가 다한 자들이었다. 제자들아, 비파씨라는 동등하시며 바르고 원만하게 깨달으신 붓다께서는 아소카라는 제자가 최고의 시자였다. 제자들아, 비파씨라는 동등하시며 바르고 원만하게 깨달으신 붓다께서는 반두마라는 왕이 아버지이고, 반두마티라는 왕비가 어머니이었다. 반두마 왕에게는 반두마티라는 왕도가 있었다.

17 제자들아, 구도자 비파씨는 도솔천 천신의 몸으로 있다 죽은 뒤 기억과 지혜를 갖춘 채 어머니 태에 들었다. 여기서 이것이 필연적인 것이다.[9]"

4. 위대한 사람의 32가지 특징

18 "그리고 제자들아, 비파씨 동자가 태어났을 때 사람들은 반두마 왕에게 '천왕이여, 당신의 아들이 태어났습니다. 천왕께서는 그를 보십시오.'라고 알렸다.

제자들아, 반두마 왕은 비파씨 동자를 보았다. 보고는 관상 보

---

9) 고타마 붓다의 항목 중 제 2 『대불전경』의 내용은 오직 이 부분의 번역이다. 따라서 그곳을 찾아 꼭 다시 읽어 보길 바란다. 단 '구도자'를 '구도자 비파씨'로 고쳐서 읽으면 된다.

는 사제들을 부르게 한 다음 말하였다. '관상가 사제들은 동자를 보시오.'라고. 제자들아, 관상가 사제들이 비파씨 동자를 보았다. 보고는 반두마 왕에게 말하였다.

'천왕이여, 기뻐 하소서. 큰 위력을 갖춘 아드님이 태어났습니다. 대왕이여, 당신께 이득되는 일입니다. 대왕이여, 당신께 크게 이득되는 일입니다. 당신의 가문에 이와 같은 아드님이 태어났다는 것은 (크게 이득되는 일입니다.) 천왕이여, 실로 이 동자는 위대한 사람의 32가지 특징을 갖추고 있는데 이 특징을 갖춘 위대한 사람에게는 두 가지 거취만이 있을 뿐 다른 거취는 없습니다. 만약 집에서 산다면 법다운 정법통치왕이 될 것이니 법의 왕이며, 대륙의 네 끝을 지니며, 정복자이며, 전 대륙을 안전하게 하며, 일곱 보배를 갖춥니다. 곧 그에게는 일곱 보배가 있으니 보배 바퀴, 보배 코끼리, 보배 말, 마니 보배, 보배 여인, 보배 거사, 일곱째 보배 신하가 있습니다. 또 영웅이며, 인드라 신과 같은 팔 다리를 지니고 있으며, 능히 적군을 쳐부술 만한 아들이 천 명을 넘습니다. 그리고 그는 바다로 둘러싸인 이 땅을 매도 칼도 쓰지 않고 법으로 다스리며 살아갑니다. 그러나 실로 출가 한다면 세상의 덮힌 것을 벗겨내는 동등하며 바르고 원만하게 깨달은 붓다가 됩니다.

19 천왕이여, 이 동자는 위대한 사람의 어떤 32가지 특징을 갖추고 있길래, 이 특징을 갖춘 위대한 사람에게는 두 가지 거취만이 있을 뿐 다른 거취는 없으니……세상의 덮힌 것을 벗겨 내는 동등하며 바르고 원만하게 깨달은 붓다가 되는가(하고 물을 것입니다.)

20 천왕이여, 실로 이 동자는 발이 평평합니다.[10] 천왕이여, 이 동자의 발이 평평하다는 것이 위대한 사람의 특징입니다.

천왕이여, 실로 이 동자의 발바닥 밑에는 천 개의 바퀴살과 바퀴의 테와 바퀴통을 지니며 모든 요소를 두루 갖춘 바퀴가 생겨나 있습니다.[11]

천왕이여, 이 동자의 발바닥 밑에는 천 개의 바퀴살과 바퀴의 테와 바퀴통을 지니며 모든 요소를 골고루 갖춘 바퀴가 생겨나 있다는 것 이것도 또한 위대한 사람의 특징입니다. 천왕이여, 실로 이 동자는 발꿈치가 깁니다.[12]…천왕이여, 실로 이 동자는 손가락 발가락이 깁니다.[13]…천왕이여, 실로 이 동자는 손발이 부드럽고 여립니다.[14]…천왕이여, 실로 이 동자는 손과 발에 그물(같은 무늬)가 있습니다.[15]…천왕이여, 실로 이 동자는 발목이 둥근 조개 껍질과 같습니다.[16]…천왕이여, 실로 이 동자는 정강이가 영양(羚羊)과 같습니다.[17]…천왕이여, 실로 이 동자는 굽히

●●●●●●●●●

10) 一者 足安平 (大正藏 1, p.5上~中) 이하의 漢譯도 마찬가지임.
11) 二者 足下相輪, 千輻成就光光相照.
12) 六者 足跟充滿 觀視無厭.
13) 五者 手足指纖長 無能反者.
14) 四者 手足柔軟猶如天衣.
15) 三者 手足網縵猶如鵝鳥.
16) Ussaṅkhapada 해당하는 漢譯의 相을 보기 어렵다. パーリ 辭典에는 ud-saṅkha-pāda로 보아 踝(足首)高し(발목의 높음)으로 譯하고 있으며 P.T.S.의 辭典은 長部註에 근거해 "the ankles are not over the heels but midway in the length of the foot"으로 설명하고 있음.
17) 七者 鹿膞腸上下月 庸直(?)과 비슷한 듯하나 일치 하지 않음.

지 않고 선 채로 두 손바닥이 무릎마디를 만지고 문지릅니다.[18]
…천왕이여, 실로 이 동자는 음경이 덮개에 싸여 있습니다.[19]…
천왕이여, 실로 이 동자는 피부가 황금빛으로 금을 닮았습니다.[20]
…천왕이여, 실로 이 동자는 피부가 섬세합니다. 피부가 섬세하
여 먼지와 땀이 몸에 묻지 않습니다.[21]…천왕이여, 실로 이 동자
는 털구멍마다 하나의 털이 나 있습니다.[22]…천왕이여, 실로 이
동자는 털의 끝이 아름답습니다. 털의 그 끝은 아름답고 색깔은
푸르고 광택이 나고 둥글게 오른쪽으로 돌고 있습니다.[23]…천왕
이여, 실로 이 동자는 몸이 범신처럼 곧 바릅니다.[24] …천왕이여,
실로 이 동자는 일곱 가지가 충실합니다.[25]…천왕이여, 실로 이
동자는 상반신이 사자와 같습니다.[26]…천왕이여, 실로 이 동자는
어깨의 홈이 매워져 있습니다.[27]…천왕이여, 실로 이 동자는 니
그로다 나무처럼 균형이 잡혀 있으니 몸의 길이는 양팔의 길이와

●●●●●●●●●●
18) 十者 平立垂手過膝.
19) 九者 陰馬藏.
20) 十三 身黃金色.
21) 十四 皮膚細軟 不受塵穢.
22) 十一 一一孔一毛生.
23) 十二 毛生右旋紺色仰靡.
24) 十七 身長倍人(?).
25) P.T.S. 사전은 'having 7 protuberance(돌기)'로 설명하는데 漢譯의 長·中阿
含은 十八七處平滿, 또는 七處滿者兩手兩足兩肩及頸 (大正藏1, p.494 上)으
로 譯하고 있는 부분임.
26) 二十一 胸膺方整如師子.
27) 十五 兩肩齊亭充滿圓好.

같고 양팔의 길이는 몸의 길이와 같습니다.[28]…천왕이여, 실로 이 동자는 어깨가 둥급니다.[29]…천왕이여, 실로 이 동자는 미각(의 예민함)이 최고도 입니다.[30]…천왕이여, 실로 이 동자는 턱이 사자와 같습니다.[31]…천왕이여, 실로 이 동자는 40개의 치아가 있습니다.[32]…천왕이여, 실로 이 동자는 치아가 고릅니다.[33]…천왕이여, 실로 이 동자는 치아가 가늘지 않습니다.[34]…천왕이여, 실로 이 동자는 긴 치아가 매우 휩니다.[35]…천왕이여, 실로 이 동자는 혀가 깁니다.[36] 천왕이여, 실로 이 동자는 음성이 범신과 같고 인도 뻐꾸기처럼 말합니다.[37]…천왕이여, 실로 이 동자는 눈이 매우 푸릅니다.[38]…천왕이여, 실로 이 동자는 어린 암소의 속눈썹처럼 긴 속눈썹을 지니고 있습니다.[39]…천왕이여, 이 동자의 두 눈썹 사이의 털은 하얀색이며 부드러운 솜털을 닮았습니다.[40] 천왕이여, 이 동자의 두 눈썹 사이의 털은 하얀색이며 부드러운 솜털을 닮았다는 것이 위대한 사람의 특징입니다.

●●●●●●●●●●●

28) 十九 身長廣等 如尼拘盧樹.
29) 八者 鉤鎖骨 骨節相鉤猶如鎖連.
30) 二十六 咽喉清淨(?).
31) 二十 頰車如師子.
32) 二十二 口四十齒.
33) 二十三 方整齊平.
34) 二十四 齒密無間.
35) 二十五 齒白鮮明.
36) 二十七 長廣舌左右舐耳.
37) 二十八 梵音清徹.
38) 二十九 眼紺青色.
39) 三十 眼如牛王(?).
40) 三十一 眉間百毫….

천왕이여, 실로 이 동자는 머리에 육계(肉髻)가 있습니다.[41] 천왕이여, 이 동자의 머리에 육계가 있다는 것이 또한 위대한 사람의 특징입니다.

21 천왕이여, 실로 이 동자는 이러한 위대한 사람의 32가지 특징을 갖추고 있습니다. 이 특징을 갖춘 위대한 사람에게는 두 가지 거취만이 있을 뿐 다른 거취는 없습니다. 만약 집에서 산다면 법다운 전륜왕이 될 것이니 법의 왕이며, 대륙의 네 끝을 지니며, 정복자이며, 전 대륙을 안전하게 하며, 일곱 보배를 갖춥니다. 곧 그에게는 일곱 보배가 있으니 보배 바퀴, 보배 코끼리, 보배 말, 마니 보배, 보배 여인, 보배 거사, 일곱째 보배 신하가 있습니다. 또 영웅이며, 인드라 신과 같은 팔 다리를 지니고 있으며, 능히 적군을 쳐부술 만한 아들이 천 명을 넘습니다. 그리고 그는 바다로 둘러싸인 이 땅을 매도 칼도 쓰지 않고 법으로 다스리며 살아갑니다. 그러나 실로 출가한다면 세상의 덮힌 것을 벗겨내는 동등하며 바르고 원만하게 깨달은 붓다가 됩니다.'

---

41) 三十二. 頂有肉髻 32相 중 尼柯耶의 第7相과 漢譯의 第16相 胸有萬字相은 서로 대응을 보기 어렵다. 순서·내용 및 字間出入 등 漢巴는 서로 다르고 또 하나의 한역본인 中阿含의 經文도 차이 있음『大正藏1, p.494 참조』.

5. 구도자 비파씨

22 제자들아, 반두마 왕은 관상가 사제들에게 새 옷을 입혀주고 온갖 애욕으로 기쁘게 해주었다. 그리고 제자들아, 반두마 왕은 비파씨 동자를 위해서는 여러 명의 유모를 곁에 세웠다. 어떤 유모는 젖을 먹이고, 어떤 유모는 목욕을 시키고, 어떤 유모는 옷을 입히고, 어떤 유모는 무릎 위에서 놀게 하였다. 그리고 제자들아, 탄생한 비파씨 동자를 위해서는 낮·밤으로 하얀 덮개가 씌어져 있었다. 그것은 추위, 더위, 풀, 먼지, 이슬 등이 동자를 괴롭히지 못하도록 하기 위해서이다.

비파씨 동자가 탄생하자 많은 사람들이 사랑하고 마음에 들어했다. 제자들아, 마치 물백합이나 홍련이나 백련을 많은 사람들이 사랑하고 마음에 들어하듯이 이와 같이 제자들아, 비파씨 동자를 많은 사람들이 사랑하고 마음에 들어했다. 그리하여 이 사람 저 사람이 그를 무릎 위에서 놀게 하였다.

그리고 제자들아, 탄생한 비파씨 동자의 목소리는 매력적이고 귀엽고 취할 만하고 사랑스러웠다. 마치 제자들아, 설산에 사는 카라비카라는 새의 소리가 매력적이고 귀엽고 취할 만하고 사랑스러운 것처럼 이와 같이 제자들아, 비파씨 동자의 목소리는 매력적이고 귀엽고 취할 만하고 사랑스러웠다.

그리고 제자들아, 탄생한 비파씨 동자에게는 (전생) 업의 과보로서 하늘 눈이 나타났다. 그 하늘 눈은 낮·밤으로 주위 1요자나를 보는 (눈이다.)

그리고 제자들아, 탄생한 비파씨 동자는 눈을 깜짝이지 않고 보아내니 마치 33천의 천신과 같았다. '눈을 깜짝이지 않고 동자는 보아낸다.'라고 하여 제자들아, 비파씨 동자에게는 '비파씨, 비파씨[42]'라는 명칭이 생겼다.

23 제자들아, 반두마 왕은 사건을 판결하며 앉아 있을 때 비파씨 동자를 무릎 위에 앉힌 뒤 사건의 판결에 대해 가르쳐 주었다. 그때 실로 제자들아, 비파씨 동자는 아버지의 무릎에 앉아 이리 저리 조사한 뒤 사건의 판결을 이치에 맞게 이끌었다. '동자는 이리 저리 조사하여 사건의 판결을 이치에 맞게 이끈다.'라고 하여 제자들아, 비파씨 동자에게는 더욱더 '비파씨, 비파씨'라는 명칭이 생겨났다.

24 그리고 제자들아, 반두마 왕은 비파씨 동자에게 세 가지 궁전을 지어 주었다. 곧 하나는 우기(雨期)를 위한 것, 하나는 겨울을 위한 것, 하나는 여름을 위한 것으로 다섯 가지의 애욕(거리)를 구비해 놓은 곳이었다. 그때 실로 제자들아, 비파씨 동자는 우기를 위한 궁전에서 4개월을 지냈는데 남자 없이 오직 여자들과 함께 그리고 음악과 함께 즐기면서 궁전 아래로 내려오지 않았다."

― 제 일 송분 끝 ―

● 네 가지 모습

25 "제자들아, 비파씨 동자는 수 년, 수백 년, 수천 년이 지난

● ● ● ● ● ● ● ● ● ●

42) 'Vipassi Vipassi' Vipassa-in(觀을-갖춘)이라는 뜻의 단어가 겹쳐 쓰이면서 비파씨라는 이름의 뜻을 설해주고 있다.

뒤 마부를 불렀다. '착한 마부야, 매우 훌륭한 수레들을 준비하라. 아름다운 땅을 보고 싶으니 공원으로 가자.' '예, 천자시여.'[43] 라고 하며 제자들아, 마부는 비파씨 동자에게 답한 뒤 매우 훌륭한 수레들을 준비하여 비파씨 동자에게 알렸다. '천자시여, 매우 훌륭한 수레들이 준비되었습니다. 지금이 때이옵니다.' 그리하여 제자들아, 비파씨 동자는 매우 훌륭한 수레들을 올라타고 공원으로 출발하였다.

26 제자들아, 공원으로 나가던 비파씨 동자는 늙은 사람을 보았는데 그는 서까래처럼 휘었고 구부정하고 떨면서 걸어가고 불쌍하고 젊음은 이미 사라져 버린 사람이었다. 보고서 마부를 불렀다.

'착한 마부야, 그런데 이 사람은 무엇을 하는 사람이냐. 그의 머리가 남과 같지 않고, 그의 몸이 남과 같지 않구나.'

'천자시여, 이 사람은 늙은이입니다.'

'착한 마부야, 늙은이란 무엇인가.'

'천자시여, 이 사람은 늙은이이니 그는 지금 이후로 오래 살 수 없을 것입니다.'

'착한 마부야, 나 또한 필연적으로 늙어야 하건만 아직 늙음이 지나가지 않았을 뿐인가?'

'천자시여, 당신께서도 그리고 저도 모두가 필연적으로 늙게 되나 아직 늙음이 지나가지 않았을 뿐입니다.'

●●●●●●●●●●●●●●

43) 'deva'의 한글 옮김이다. 王(Bandhuma)도 'deva(天神)'라고 부르고 있다. 극존칭의 호격으로 '하늘이시여'라고 옮겨도 좋은 부분이다. 이 책에서는 王에 대한 deva의 호칭은 '天王'으로, 동자(Vipassi)에 대한 deva의 호칭은 '天子'로 일단 譯하고자 한다.

'이것으로 실로 착한 마부야, 오늘 공원에서의 일은 충분하다. 여기서 궁전 안으로 되돌아가자.'

'예, 천자시여.'라고 하며, 마부는 비파씨 동자에게 답한 뒤 궁전 안으로 되돌아갔다. 제자들아, 그때 실로 궁전 안으로 되돌아간 비파씨 동자는 괴롭게 그리고 좋지 않은 마음으로 시간을 보냈다. '아, 삶이란 혐오스러운 것. 실로 삶에는 언젠가 늙음이 나타날 것인데.'라고 하며 (괴로워했다.)

27 제자들아, 반두마 왕이 마부를 불러 말하였다.

'착한 마부야, 동자가 어떻게 공원에서 즐거워하더냐. 착한 마부야, 동자가 어떻게 공원에서 뜻한 바를 얻었다더냐.'

'천왕이시여, 실로 동자는 공원에서 즐거워하지 않았습니다. 천왕이시여, 실로 동자는 공원에서 뜻한 바를 얻지 못했습니다.'

'착한 마부야, 공원으로 가던 동자가 무엇을 보았느냐.'

'천왕이시여, 공원으로 가던 동자는 늙은 사람을 보았습니다. 그는 서까래처럼 휘었고 구부정하고 떨면서 걸었고 불쌍하였고 젊음은 이미 사라져 버린 사람이었습니다. 보고서 (비파씨 동자는) 저에게 말하였습니다.

—착한 마부야, 이 사람은 무엇을 하는 사람이냐. 그의 머리는 남과 다르고 그의 몸도 남과 다르다.

—천자시여, 이 사람은 늙은이입니다.

—착한 마부야, 늙은이란 무엇인가.

—천자시여, 이 사람은 늙은이이니 그는 지금 이후로 오래 살 수 없을 것입니다.

—착한 마부야, 나 또한 필연적으로 늙어야 하건만 아직 늙음이 지나가지 않았을 뿐인가.

―천자시여, 당신께서도 그리고 저도 모두가 필연적으로 늙게 되나 아직 늙음이 지나가지 않았을 뿐입니다.

―이것으로 실로 착한 마부야, 오늘 공원에서의 일은 충분하다. 여기서 궁전 안으로 되돌아가자.

―예, 천자시여. 라고 하며 실로 저는 천왕이시여, 비파씨 동자에게 답한 뒤 그곳에서 되돌아왔습니다. 천왕이시여, 궁전 안으로 온 비파씨 동자는 괴롭게 그리고 좋지 않은 마음으로 시간을 보내고 있습니다.

―아, 삶이란 혐오스러운 것. 실로 삶에는 언젠가 늙음이 나타날 것인데!―라고 하며 (괴로워합니다.)'

28 제자들아, 반두마 왕은 생각하였다.

'실로 비파씨 동자는 왕위를 이어받아야 한다. 실로 비파씨 동자는 출가해서는 안 된다. 실로 관상가 사제들의 말이 맞아서는 안 된다.'라고.

그래서 제자들아, 반두마 왕은 비파씨 동자에게 더욱 더한 다섯 가지 애욕을 갖추어 주었다. '비파씨 동자가 왕위를 이어받도록 하기 위해서, 비파씨 동자가 출가하지 않도록 하기 위해서, 관상가 사제들의 말이 맞지 않도록 하기 위해서 (이렇게 한다.)'라고 하며.

제자들아, 바야흐로 비파씨 동자는 다섯 가지 애욕을 소유하고 구비하여 즐기게 되었다. 그리하여 제자들아, 비파씨 동자는 수년...[44]).

●●●●●●●●●●●●●

44) 本譯 앞 부분에 譯된 제25단락의 내용이 그대로 계속됨을 줄여서 '…' 표시하고 있다.

29 제자들아, 공원으로 나가던 비파씨 동자는 병든 사람을 보았다. 그는 괴로워하고 병이 깊었으며 어떤 사람은 그를 일으켜 세우기도 하고 어떤 사람을 옆으로 눕히기도 하였지만 (결국) 자신의 똥·오줌 위에 빠진 채 누워 있었다. 동자는 마부를 불렀다.

'착한 마부야, 이 사람은 무엇을 하는 사람이냐? 그의 눈도 남과 다르고 그의 머리도 남과 다르구나.'

'천자시여, 이 사람은 병자입니다.'

'착한 마부야, 병자란 무엇인가.'

'천자시여, 이 사람은 병자이니 그는 병으로부터 일어나고 싶으나 (일어날 수 없습니다.)'

'착한 마부야, 나 또한 필연적으로 병들어야 하건만 아직 병이 지나가지 않았을 뿐인가?'

'천자시여, 당신께서도 그리고 저도 필연적으로 병들게 되나 아직 병이 지나가지 않았을 뿐입니다.'

'이것으로 실로 착한 마부야, 오늘 공원에서의 일을 충분하다. 여기서 궁전 안으로 되돌아가자.'

'예, 천자시여.'라고 하며 제자들아, 마부는 비파씨 동자에게 응답한 뒤 궁전 안으로 되돌아갔다. 제자들아, 그때 실로 궁전 안으로 되돌아간 비파씨 동자는 괴롭게 그리고 좋지 않은 마음으로 시간을 보냈다. '아, 삶이란 혐오스러운 것, 실로 삶에는 언젠가 늙음이 나타날 것인데 병이 나타날 것인데!'라고 하며 (괴로워했다.)

30 제자들아, 반두마 왕이 마부를 불러 말하였다.

'착한 마부야, 동자가 어떻게 공원에서 즐거워하더냐. 착한 마부야, 동자가 어떻게 공원에서 뜻한 바를 얻었다더냐.'

'천왕이시여, 실로 동자는 공원에서 즐거워하지 않았습니다. 천왕이시여, 실로 동자는 공원에서 뜻한 바를 얻지 못했습니다.'

'착한 마부야, 공원으로 가던 동자가 무엇을 보았느냐.'

'천왕이시여, 공원으로 가던 동자는 병든 사람을 보았습니다. 그는 괴로워하고 병이 깊었으며 어떤 사람은 그를 일으켜 세우기도 하고, 어떤 사람은 옆으로 눕히기도 하였지만 결국 자신의 똥·오줌 위에 빠진 채 누워 있었습니다. (비파씨 동자는) 저에게 말하였습니다.

─착한 마부야, 이 사람은 무엇을 하는 사람이냐. 그의 눈은 남과 다르고 그의 머리도 남과 다르다.

─천자시여, 이 사람은 병자입니다.

─착한 마부야, 병자란 무엇이냐.

─천자시여, 이 사람은 병자이니 그는 병으로부터 일어나고 싶으나 일어날 수 없습니다.

─착한 마부야, 나 또한 필연적으로 병들어야 하건만 아직 병이 지나가지 않았을 뿐인가.

─천자시여, 당신께서도 그리고 저도 필연적으로 병들게 되나 아직 병이 지나가지 않았을 뿐입니다.

─이것으로 실로 착한 마부야, 오늘 공원에서의 일은 충분하다. 여기서 궁전 안으로 되돌아가자.

─예, 천자시여. 라고 하며 실로 저는 천왕이시여, 비파씨 동자에게 답한 뒤 그곳에서 되돌아왔습니다. 천왕이시여, 궁전 안으로 온 비파씨 동자는 괴롭게 그리고 좋지 않은 마음으로 시간을 보내고 있습니다. ─아, 삶이란 혐오스러운 것, 실로 삶에는 언젠가 늙음이 나타날 것인데 병이 나타날 것인데.라고 하며 (괴로워

합니다.)'

31 그리하여 제자들아, 반두마 왕은 생각하였다. '실로 비파씨 동자는 왕위를 이어받아야 한다. 실로 비파씨 동자는 출가해서는 안 된다. 실로 관상가 사제들의 말이 맞아서는 안 된다!'라고.

그래서 제자들아, 반두마 왕은 비파씨 동자에게 더욱 더한 다섯 가지 애욕을 갖추어 주었다. '비파씨 동자가 왕위를 이어받도록 하기 위해서, 비파씨 동자가 출가하지 않도록 하기 위해서, 관상가 바라문들의 말이 맞지 않도록 하기 위해서 (이렇게 한다.)'라고 하며.

제자들아, 바야흐로 비파씨 동자는 다섯 가지 애욕을 소유하고 구비하여 즐기게 되었다. 그리하여 제자들아, 비파씨 동자는 수년……."

- 죽음

32 "제자들아, (공원으로 가던) 비파씨 동자는 여러 색깔의 옷을 입은 많은 사람들이 화장용 장작더미를 만들며 모여 있는 것을 보았다. 보고서 마부를 불렀다.

'착한 마부야, 어찌하여 여러 색깔의 옷을 입은 많은 사람들이 화장용 장작더미를 만들며 모여 있는가.'

'천자시여, 이 사람은 죽은 자 입니다.'

'그렇다면 착한 마부야, 그 죽은 자가 있는 곳으로 수레를 몰아라.'

'예, 천자시여.'라고 하며 제자들아, 마부는 비파씨 동자에게 응답한 뒤 죽은 자가 있는 곳으로 수레를 몰았다. 제자들아, 비파씨 동자는 (목숨이) 사라져 버린 주검을 보았다. 보고서 마부에게 말했다.

'착한 마부야, 죽은 자란 무엇인가.'

'천자시여, 이 사람은 죽은 자이니 이제는 어머니와 아버지 그리고 다른 모든 친척이 그를 볼 수 없습니다. 그 또한 어머니와 아버지 그리고 다른 모든 친척을 볼 수가 없습니다.'

'착한 마부야, 나 또한 필연적으로 죽어야만 하는데 죽음이 아직 지나가지 않았을 뿐인가. 천왕과 왕비 그리고 다른 모든 친척이 나를 볼 수 없게 되는가. 나 또한 천왕과 왕비 그리고 다른 모든 친척을 볼 수가 없게 되는가.'

'천자시여, 당신께서도 저도 모두 필연적으로 죽어야만 하는데 죽음이 아직 지나가지 않았을 뿐입니다. 천왕과 왕비 그리고 다른 모든 친척이 당신을 볼 수 없게 됩니다. 당신께서도 천왕과 왕비 그리고 다른 모든 친척을 볼 수가 없게 됩니다.'

'착한 마부야, 이것으로 실로 오늘 공원에서의 일은 충분하다. 여기서 궁전 안으로 되돌아가자.'

'예, 천자시여.'라고 하며 제자들아, 마부는 비파씨 동자에게 응답한 뒤 그곳에서 궁전 안으로 되돌아갔다. 그때 실로 제자들아, 궁전 안으로 되돌아간 비파씨 동자는 괴롭게 그리고 좋지 않은 마음으로 시간을 보냈다. ─아, 삶이란 혐오스러운 것, 실로 삶에는 언젠가 늙음이 나타날 것인데, 병이 나타날 것인데, 죽음이 나타날 것인데!─라고 하며 (괴로워했다.)

33 제자들아, 반두마 왕이 마부를 불러 말하였다.

'착한 마부야, 동자가 어떻게 공원에서 즐거워하더냐. 착한 마부야, 동자가 어떻게 공원에서 뜻한 바를 얻었다더냐.'

'천왕이시여, 실로 동자는 공원에서 즐거워하지 않았습니다. 천

왕이시여, 실로 동자는 공원에서 뜻한 바를 얻지 못했습니다.'
'착한 마부야, 공원으로 가던 동자가 무엇을 보았느냐.'
'천왕이시여, 공원으로 가던 비파씨 동자는 여러 색깔의 옷을 입은 많은 사람들이 화장용 장작더미를 만들며 모여 있는 것을 보았습니다. 보고서 저에게 말하였습니다.
　-착한 마부야, 어찌하여 여러 색깔의 옷을 입은 많은 사람들이 화장용 장작더미를 만들며 모여 있는가.
　-천자시여, 이 사람은 죽은 자입니다.
　-그렇다면 착한 마부야, 저 죽은 자가 있는 곳으로 수레를 몰아라.
　-예, 천자시여. 라고 하며 천왕이시여, 비파씨 동자에게 답한 뒤 죽은 자가 있는 곳으로 수레를 몰았습니다. 천왕이시여, 동자는 (목숨이) 사라져 버린 주검을 보았습니다. 보고서 저에게 말하였습니다.
　-착한 마부야, 죽은 자란 무엇인가.
　-천자시여, 이 사람은 죽은 자이니 이제는 어머니와 아버지 그리고 다른 모든 친척이 그를 볼 수 없습니다. 그 또한 어머니와 아버지 그리고 다른 모든 친척을 볼 수가 없습니다.
　-착한 마부야, 나 또한 필연적으로 죽어야만 하는데 죽음이 아직 지나가지 않았을 뿐인가. 천왕과 왕비 그리고 다른 모든 친척이 나를 볼 수 없게 되는가. 나 또한 천왕과 왕비 그리고 다른 모든 친척들을 볼 수가 없게 되는가.
　-천자시여, 당신께서도 저도 모두 필연적으로 죽어야만 하는데 죽음이 아직 지나가지 않았을 뿐입니다. 천왕과 왕비 그리고 다른 모든 친척이 당신을 볼 수 없게 됩니다. 당신께서도 천왕과

왕비 그리고 다른 모든 친척을 볼 수가 없게 됩니다.
 ―이것으로 실로 착한 마부야, 오늘 공원에서의 일은 충분하다. 여기서 궁전 안으로 되돌아 가자.
 ―예, 천자시여. 라고 하며 실로 저는 천왕이시여, 비파씨 동자에게 답한 뒤 그곳에서 되돌아왔습니다.
 천왕이시여, 궁전 안으로 되돌아온 비파씨 동자는 괴롭게 그리고 좋지 않은 마음으로 시간을 보내고 있습니다. ―아, 삶이란 혐오스러운 것, 실로 삶에는 언젠가 늙음이 나타날 것인데 병이 나타날 것인데 죽음이 나타날 것인데!―라고 하며 (괴로워합니다.)'

34 그리하여 제자들아, 반두마 왕은 생각하였다. '실로 비파씨 동자는 왕위를 이어받아야 한다. 실로 비파씨 동자는 출가해서는 안 된다. 실로 관상가 사제들의 말이 맞아서는 안 된다.'
 그래서 제자들아, 반두마 왕은 비파씨 동자에게 더욱 더한 다섯 가지 애욕을 갖추어 주었다. '비파씨 동자가 왕위를 이어받도록 하기 위해서, 비파씨 동자가 출가하지 않도록 하기 위해서, 관상가 사제들의 말이 맞지 않도록 하기 위해서 이렇게 한다.'라고 하며."

- 출가

"제자들아, 바야흐로 비파씨 동자는 다섯 가지 애욕을 소유하고 구비하여 즐기게 되었다. 그리하여 제자들아, 비파씨 동자는 수 년, 수 백년, 수 천년이 지난 뒤 마부를 불렀다.
 '착한 마부야, 매우 훌륭한 수레들을 준비하라. 아름다운 땅을 보고 싶으니 공원으로 가자.' '예, 천자시여.'라고 하며 제자들아,

마부는 비파씨 동자에게 답한 뒤 매우 훌륭한 수레들을 준비하여 비파시 동자에게 알렸다. '천자시여, 매우 훌륭한 수레들이 준비되었습니다. 지금이 때이옵니다.'라고.

그리하여 제자들아, 비파씨 동자는 매우 훌륭한 수레를 올라타고 공원으로 출발하였다.

35 공원으로 나가던 동자는 머리를 깎고 가사의를 입은 출가자를 보았다. 보고서 마부를 불렀다.

'착한 마부야, 이 사람은 무엇을 하는 사람인가. 그의 머리가 남과 다르고 그의 옷이 남과 다르구나.'

'천자시여, 이 사람은 출가자입니다.'

'착한 마부야, 출가자란 무엇인가.'

'천자시여, 이 사람은 출가자이니 법다운 행위를 하여 좋고, 올바른 행위를 하여 좋고, 선한 행위를 하여 좋고, (남에게) 복이 되어 주므로 좋고, (남을) 해치지 않아 좋고, 존재를 동정하므로 좋은 사람입니다.'

'착한 마부야, 출가자란 좋은 사람이구나. 착한 마부야, 법다운 행위를 하므로 좋고, 바른 행위를 하므로 좋고, 선한 행위를 하므로 좋고, (남에게) 복이 되어 주므로 좋고, 남을 해치지 않으므로 좋고, 존재를 동정하므로 좋구나. 그렇다면 착한 마부야, 그 출가자가 있는 곳으로 수레를 몰아라.'

'예, 천자시여.'라고 하며 제자들아, 마부는 비파씨 동자에게 답한 뒤 그 출가자가 있는 곳으로 수레를 몰았다. 제자들아, 비파씨 동자는 그 출가자에게 말하였다.

'여보시오, 당신은 무엇을 하는 사람이오. 머리도 남과 다르고 옷도 남과 다르군요.'

'천자시여, 저는 출가자입니다.'

'여보시오, 출가자란 무엇이오.'

'천자시여, 저는 출가자이니 법다운 행위를 하여 좋고, 바른 행위를 하여 좋고, 선한 행위를 하여 좋고, (남에게) 복이 되어 주므로 좋고, (남을) 해치지 않아 좋고, 존재를 동정하므로 좋습니다.'

'여보시오, 출가자란 좋은 사람이오. 법다운 행위를 하므로 좋고, 바른 행위를 하므로 좋고, 선한 행위를 하므로 좋고, (남에게) 복이 되어 주므로 좋고, (남을) 해치지 않으므로 좋고, 존재를 동정하므로 좋은 것이오.'

36 그리하여 제자들아, 비파씨 동자는 마부를 불렀다. '착한 마부야, 너는 수레를 가지고 여기에서 궁전 안으로 되돌아가도록 하라. 나는 머리와 수염을 깎고 가사의를 입은 뒤 출가하도록 하겠다.'

'예, 천자시여.'라고 하며 제자들아, 마부는 비파씨 동자에게 응답한 뒤 수레를 가지고 그곳에서 궁전 안으로 되돌아갔다. 그리고 비파씨 동자는 바로 그곳에서 머리와 수염을 깎고 가사의를 입은 뒤 출가하였다."

- 많은 사람이 비파씨 님을 따라 출가함

37 "제자들아, 반두마티 왕도에 살던 8만 4천의 많은 사람들은 '비파씨 동자가 머리와 수염을 깎고 가사의를 입고 출가하였다.'라는 이야기를 들었다. 듣고서 생각하였다. '비파씨 동자가 머리와 수염을 깎고 가사의를 입고 출가하게 된 그러한 법과 계율은 낮은 것이 아니다. 그러한 출가는 낮은 것이 아니다. 실로 비파씨 동자가 머리와 수염을 깎고 가사의를 입고 출가할 정도라면 우리

는 무엇을 더 생각하겠는가.'라고.

그리하여 제자들아, 8만4천의 많은 사람들은 머리와 수염을 깍고 가사의를 입은 뒤 구도자 비파씨[45]를 따라 출가하였다. 제자들아, 구도자 비파씨는 그 대중들에 둘러싸여 마을과 시읍과 지방과 나라를 이리저리 다녔다.

38 제자들아, 홀로 고요한 곳에서 좌선을 하던 구도자 비파씨는 마음속으로 이와 같이 사색하였다. '내가 이렇게 붐비는 가운데서 지내는 것은 좋지 않다. 나는 무리로부터 떨어져 혼자 지내야겠다.'라고. 그리하여 제자들아, 얼마 지나서 구도자 비파씨는 무리로부터 떨어져 혼자 지내게 되었다. 그 8만 4천의 출가자들과 구도자 비파씨는 서로 다른 길로 간 것이다."

• 비파씨의 지혜 꿰뚫음[46]

39 "제자들아, 홀로 고요한 곳에서 좌선을 하던 구도자 비파씨는 마음속으로 이와 같이 사색하였다. '이 세간은 실로 들어가기 어렵구나. 나고, 늙고, 죽고, 죽어서는 다시 태어나는구나. 이 늙고, 죽음의 괴로움을 벗어날줄 모르는구나. 도대체 언제 이 늙고, 죽는 괴로움으로부터 벗어나는 것이 알려질까.'

제자들아, 구도자 비파씨에게는 (그때) 이러한 (의문)이 있었

●●●●●●●●●

45) 지금까지 비파씨 동자(Vipassī Kumara)로 표기되던 것이, 구도자 비파씨(Vipassībodhisatta)로 바뀐다. 깨달음을 향해 출가하는 순간부터 구도자 곧 보살로 호칭되는 것이다.
46) 꿰뚫음(Paṭivedha): 이 말은 깨달음(bodhi, anubodha)이라는 말과 가장 밀접한 관계가 있는 말이다. 그리하여 때에 따라서는 동의어로 쓰이기도 한다.

다. '무엇이 있을 때 늙음과 죽음이 있으며 무엇에 기대어 늙음과 죽음이 있는가.'라고. 제자들아, 근원적인 사유와 지혜를 통해 구도자 비파씨는 '태어남이 있을 때 늙고, 죽음이 있고, 태어남에 기대어 늙고, 죽음이 있다.'라는 (사실)에 이르렀다.

 제자들아, 구도자 비파씨에게 이러한 (의문)이 있었다. '무엇이 있을 때 태어남이 있으며, 무엇에 기대어 태어남이 있는가.'라고. 제자들아, 근원적인 사유와 지혜를 통해 구도자 비파씨는 '됨이 있을 때 태어남이 있고, 됨에 기대어 태어남이 있다.'라는 사실에 이르렀다.

 제자들아, 구도자 비파씨에게 이러한 (의문)이 있었다. '무엇이 있을 때 됨이 있고, 무엇에 기대어 됨이 있는가.'라고 제자들아, 근원적인 사유와 지혜를 통해 구도자 비파씨는 '취함이 있을 때 됨이 있고, 취함에 기대어 됨이 있다.'라는 사실에 이르렀다.

 제자들아, 구도자 비파씨에게 이러한 (의문)이 있었다. '무엇이 있을 때 취함이 있고, 무엇을 기대어 취함이 있는가.'라고. 제자들아, 근원적인 사유와 지혜를 통해 구도자 비파씨는 '갈애가 있을 때 취함이 있고, 갈애에 기대어 취함이 있다.'라는 사실에 이르렀다.

 제자들아, 구도자 비파씨에게 이러한 (의문)이 있었다. '무엇이 있을 때 갈애가 있고, 무엇에 기대어 갈애가 있는가?'라고. 제자들아, 근원적인 사유와 지혜를 통해 구도자 비파씨는 '느낌이 있을 때 갈애가 있고, 느낌에 기대어 갈애가 있다.'라는 사실에 이르렀다.

 이어 제자들아, 구도자 비파씨에게 이러한 (의문)이 있었다. '무엇이 있을 때 느낌이 있고, 무엇에 기대어 느낌이 있는가.'라고. 제자들아, 근원적인 사유와 지혜를 통해 구도자 비파씨는 '부딪침이 있을 때 느낌이 있고, 부딪침에 기대어 느낌이 있다.'라는 사실에 이르렀다.

제자들아, 구도자 비파씨에게 이러한 (의문)이 있었다. '무엇이 있을 때 부딪침이 있고, 무엇에 기대어 부딪침이 있는가.'라고. 제자들아, 근원적인 사유와 지혜를 통해 구도자 비파씨는 '여섯 포섭처가 있을 때 부딪침이 있고, 여섯 포섭처에 기대어 부딪침이 있다.'라는 사실에 이르렀다.

제자들아, 구도자 비파씨에게 이러한 의문이 있었다. '무엇이 있을 때 여섯 포섭처가 있고, 무엇에 기대어 여섯 포섭처가 있는가.'라고. 제자들아, 근원적인 사유와 지혜를 통해 구도자 비파씨는 '이름과 색이 있을 때 여섯 포섭처가 있고, 이름과 색에 기대어 여섯 포섭처가 있다.'라는 사실에 이르렀다.

제자들아, 구도자 비파씨에게 이러한 의문이 있었다. '무엇이 있을 때 이름과 색이 있고, 무엇에 기대어 이름과 색이 있는가.'라고. 제자들아, 근원적인 사유와 지혜를 통해 구도자 비파씨는 '식별이 있을 때 이름과 색이 있고, 식별에 기대어 이름과 색이 있다.'라는 사실에 이르렀다.

제자들아, 구도자 비파씨에게 이러한 (의문)이 있었다. '무엇이 있을 때 식별이 있고, 무엇에 기대어 식별이 있는가.'라고. 제자들아, 근원적인 사유와 지혜를 통해 구도자 비파씨는 '이름과 색이 있을 때 식별이 있고, 이름과 색에 기대어 식별이 있다.'라는 사실에 이르렀다.

40 이어 제자들아, 구도자 비파씨에게 이러한 것이 있었다. '실로 이 식별은 이름과 색으로부터 다시 되돌아가니 더 나아

가지 않는다.[47] 이와 같이 하여 나거나 늙거나 죽으며 죽어서는 다시 태어날 것이다. 곧 이름과 색에 기대어 식별이 있고, 식별에 기대어 이름과 색이 있고, 이름과 색에 기대어 여섯 포섭처가 있고, 여섯 포섭처에 기대어 부딪침이 있고, 부딪침에 기대어 느낌이 있고, 느낌에 기대어 갈애가 있고, 갈애에 기대어 취함이 있고, 취함에 기대어 됨이 있고, 됨에 기대어 태어남이 있고, 태어남에 기대어 늙음·죽음과 슬픔·눈물·괴로움·근심·번민이 아울러 있게 된다. 이와 같이 온전한 괴로움 근간의 집기가 있다.'

41 제자들아, 구도자 비파씨에게는 '집기, 집기[48]'라고 하는 전에는 들어보지 못한 법들에서 눈이 생겼고 앎이 생겼고 지혜가 생겼고 밝힘이 생겼고 빛이 생겼다.

42 이어 제자들아, 구도자 비파씨에게는 이러한 (의문)이 있었다. '무엇이 없을 때 늙음과 죽음이 없으며, 무엇이 멸하므로 늙음과 죽음이 멸하는가.'라고. 제자들아, 근원적인 사유와 지혜를 통해 구도자 비파씨는 '태어남이 없을 때 늙음과 죽음이 없으며, 태어남이 멸하므로 늙음과 죽음이 멸한다.'라는 사실에 이르렀다.

이어 제자들아, 구도자 비파씨에게는 이러한 (의문)이 있었다.

●●●●●●●●●●●●●

47) 지금의 『대불전경』에서는 이른바 名色(이름과 색, Nāma-rūpa)과 識(식별, Viññāṇa)이 서로 의지하며 더 나아가지 않는다. 그러나 동일한 배경의 『비파씨경 (Vipassī Sutta)』이 상응니카야(Saṁyutta-Nikāya, 제2권 제12상응 제4경)에서 발견되는데, 여기에 의하면 識(식별)을 지나 行(결합)과 無明(밝힘 아닌 것)까지 나아가 12연기의 완전한 모습을 꿰뚫는 것으로 되어 있다. 참고하기 바란다.
48) 集起 : sam-ud-aya, '합쳐 일어남'의 뜻이다. 괴로움의 세계는 단일자(monad)로서의 괴로움이 獨存하는 것이 아니라 여러 가지 괴로움의 요인들이 '합쳐서 일어난'것임을 암시하는 술어이다. 과연 무엇과 무엇이 합쳐서 일어나는 것인지 심사숙고할 만하다.

'무엇이 없을 때 태어남이 없고, 무엇이 멸하므로 태어남이 멸하는가.'라고. 제자들아, 근원적인 사유와 지혜를 통해 구도자 비파씨는 '됨이 없을 때 태어남이 없으며, 됨이 멸하므로 태어남이 멸한다.'라는 사실에 이르렀다.

이어 제자들아, 구도자 비파씨에게는 이러한 (의문)이 있었다. '무엇이 없을 때 됨이 없고, 무엇이 멸하므로 됨이 멸하는가.'라고. 제자들아, 근원적인 사유와 지혜를 통해 구도자 비파씨는 '취함이 없을 때 됨이 없고, 취함이 멸하므로 됨이 멸한다.'라는 사실에 이르렀다.

이어 제자들아, 구도자 비파씨에게는 이러한 (의문)이 있었다. '무엇이 없을 때 취함이 없고, 무엇이 멸하므로 취함이 멸하는가.'라고. 제자들아, 근원적인 사유와 지혜를 통해 구도자 비파씨는 '갈애가 없을 때 취함이 없고, 갈애가 멸하므로 취함이 멸한다.'라는 사실에 이르렀다.

이어 제자들아, 구도자 비파씨에게는 이러한 (의문)이 있었다. '무엇이 없을 때 갈애가 없고, 무엇이 멸하므로 갈애가 멸하는가.'라고. 제자들아, 근원적인 사유와 지혜를 통해 구도자 비파씨는 '느낌이 없을 때 갈애가 없고, 느낌이 멸하므로 갈애가 멸한다.'라는 사실에 이르렀다.

이어 제자들아, 구도자 비파씨에게는 이러한 (의문)이 있었다. '무엇이 없을 때 느낌이 없고, 무엇이 멸하므로 느낌이 멸하는가.'라고. 제자들아, 근원적인 사유와 지혜를 통해 구도자 비파씨는 '부딪침이 없을 때 느낌이 없고, 부딪침이 멸하므로 느낌이 멸한다.'라는 사실에 이르렀다.

이어 제자들아, 구도자 비파씨에게는 이러한 (의문)이 있었다.

'무엇이 없을 때 부딪침이 없고, 무엇이 멸하므로 부딪침이 멸하는가.'라고. 제자들아, 근원적인 사유와 지혜를 통해 구도자 비파씨는 '여섯 포섭처가 없을 때 부딪침이 없고, 여섯 포섭처가 멸하므로 부딪침이 멸한다.'라는 사실에 이르렀다.

이어 제자들아, 구도자 비파씨에게는 이러한 (의문)이 있었다. '무엇이 없을 때 여섯 포섭처가 없고, 무엇이 멸하므로 여섯 포섭처가 멸하는가.'라고. 제자들아, 근원적인 사유와 지혜를 통해 구도자 비파씨는 '이름과 색이 없을 때 여섯 포섭처가 없고, 이름과 색이 멸하므로 여섯 포섭처가 멸한다.'라는 사실에 이르렀다.

이어 제자들아, 구도자 비파씨에게는 이러한 (의문)이 있었다. '무엇이 없을 때 이름과 색이 없고, 무엇이 멸하므로 이름과 색이 멸하는가.'라고. 제자들아, 근원적인 사유와 지혜를 통해 구도자 비파씨는 '식별이 없을 때 이름과 색이 없고, 식별이 멸하므로 이름과 색이 멸한다.'라는 사실에 이르렀다.

이어 제자들아, 구도자 비파씨에게는 이러한 (의문)이 있었다. '무엇이 없을 때 식별이 없고, 무엇이 멸하므로 식별이 멸하는가.'라고. 제자들아, 근원적인 사유와 지혜를 통해 구도자 비파씨는 '이름과 색이 없을 때 식별이 없고, 이름과 색이 멸하므로 식별이 멸한다.'라는 사실에 이르렀다.

43 이어 제자들아, 구도자 비파씨에게는 이러한 것이 있었다. '원만한 깨달음[49]'에 의해 나는 이 길에 도달했다. 곧 이름과 색

---

49) 비파씨 붓다의 깨달음 내용이 緣起說과 가장 직접적으로 관계됨을 선언하는 것이라고 보아도 좋은 대목이다.

이 멸하므로 식별이 멸하고, 식별이 멸하므로 이름과 색이 멸하고, 이름과 색이 멸하므로 여섯 포섭처가 멸하고, 여섯 포섭처가 멸하므로 부딪침이 멸하고, 부딪침이 멸하므로 느낌이 멸하고, 느낌이 멸하므로 갈애가 멸하고, 갈애가 멸하므로 취함이 멸하고, 취함이 멸하므로 됨이 멸하고, 됨이 멸하므로 태어남이 멸하고, 태어남이 멸하므로 늙음·죽음과 슬픔·눈물·괴로움·근심·번민이 멸한다. 이와 같이 온전한 괴로움의 근간의 멸함이 있다.'

44 제자들아, 구도자 비파씨에게는, '멸함, 멸함'이라고 하는 전에는 들어보지 못한 법들에서 눈이 생겼고 앎이 생겼고 지혜가 생겼고 밝힘이 생겼고 빛이 생겼다.

45 그리하여 제자들아, 구도자 비파씨는 뒤이어 취착된 다섯 근간에서 일어남과 흩어짐을 보며 지냈다. '색은 이러하고 색의 집기는 이러하고 색의 끝남은 이러하다. 느낌은 이러하고 느낌의 집기는 이러하고 느낌의 끝남은 이러하다. 생각은 이러하고 생각의 집기는 이러하고 생각의 끝남은 이러하다. 여러 결합[50]은 이러하고 여러 결합의 집기는 이러하고 여러 결합의 끝남은 이러하다. 식별은 이러하고 식별의 집기는 이러하고 식별의 끝남은 이러하다.'라고 하며, 취착된 다섯 근간에서 일어남과 흩어짐을 보며 지내던 구도자 비파씨의 마음은 오래지 않아 취착함 없이 여러 역류하는 번뇌로부터 해탈하였다." 　 　 －제 이 송분 끝－

---

50) 여러 결합 : saṅkhara, 五蘊 중 다른 온과 달리 行蘊은 반드시 복수로 쓰인다. 어원 상 Saṅ(合)-khāra(作)의 뜻이므로 結合으로 譯했다. 여기서도 集(sam)-起(udaya)처럼 saṁ(合)의 뜻을 충분히 고려하여야 한다.

6. 바르고 원만하게 깨달으신 비파씨 붓다

• 범신의 간청 이야기

46~53 "제자들아, 동등하시며 바르고 원만하게 깨달으신 비파씨 붓다께서는 이렇게 생각하셨다. '나는 법을 설해야겠다.' 이어 제자들아, 동등하시며 바르고 원만하게 깨달으신 비파씨 붓다께서는 이렇게 생각하셨다.[51]

'……귀 있는 자들에게 불사의 문은 열렸다.
망자에 대한 근거없는 의례는 그만둬라.
범신이여, 해롭다는 생각이 내재했기에, 사람들에게
덕스럽고 고상한 법을 말하지 못하였다.'

그리하여 제자들아, 그 위대한 범신은 '동등하시며 바르고 원만하게 깨달으신 비파씨 붓다께서 설법을 허락하셨다.'라고 알아차렸다. 그리하여 동등하시며 바르고 원만하게 깨달으신 비파씨 붓다께 공손히 절하고 오른쪽으로 돈 후 그곳에서 사라졌다."

---

51) 제4 『파사라시경』의 제16~18 단락과 같은 내용이므로 그곳을 읽어주길 바란다. 단 그곳과 차이나는 것은, 그곳은 붓다가 고타마 붓다로서 '나'라는 대명사로 표기된다. 그리고 사함파티 범신이 그곳에서 청하는 자였는데 여기서는 '어떤 위대한 범신'으로 나타난다. 또 그곳에는 사함파티 범신이 한 번 청하고 붓다께서 세상을 관찰하는데 여기서는 어떤 위대한 범신과 비파씨 붓다가 세 번을 청하고 거절하며 대화한다. 그리고 그곳의 제17단락의 시는 고타마 붓다가 세상을 살피기 전에 나오는데 여기서는 비파씨 붓다가 세상을 살펴본 뒤에 설해진다.
그러나 내용전개상 전혀 문제되지 않으므로 지면을 절약하고자 하니 그곳을 꼭 참고하기 바란다.

● 가장 뛰어난 한 쌍의 제자

54 "제자들아, 동등하시며 바르고 원만하게 깨달으신 비파씨 붓다께서는 생각하셨다. '누구에게 처음으로 법을 설할까. 누가 이 법을 재빨리 이해할까.' 이어 제자들아, 동등하시며 바르고 원만하게 깨달으신 비파씨 붓다께서는 생각하셨다. '칸다라는 왕자와 티싸라는 최선임 사제의 아들이 반두마티 왕도에 사는데 그들은 현자이고 명민하고 지적이고 오랜 세월 동안 먼지가 덜 쌓인 사람들이다. 나는 왕자 칸다와 최선임 사제[52]의 아들 티싸에게 처음으로 법을 설해야겠다. 그들은 이 법을 재빨리 이해할 것이다.'

55 제자들아, 동등하시며 바르고 원만하게 깨달으신 비파씨 붓다께서는 마치 힘센 사람이 굽혔던 팔을 펴고 펴진 팔을 굽히듯이 재빠르게 보리수 나무 뿌리 위에서 사라진 뒤 반두마티 왕도의 평온한 사슴동산에 나타나셨다. 이어 제자들아, 동등하시며 바르고 원만하게 깨달으신 비파씨 붓다께서는 동산지기를 부르셨다.

'착한 동산지기야, 이리 오너라. 너는 반두마티 왕도에 들어가 왕자 칸다와 최선임 사제의 아들 티싸에게 이와 같이 말하여라. ─어른이시여, 동등하시며 바르고 원만하게 깨달으신 비파씨 붓다께서 반두마티 왕도에 도달하셔서 평온한 사슴동산에서 지내십니다. 그분은 당신들을 보고자 하십니다.─라고.'

'예, 붓다시여.'라고 하며 제자들아, 동산지기는 동등하시며 바

---

[52] 최선임 사제 : purohita, 국왕을 보좌하는 '우두머리의 사제(head priest)'를 일컫는 말이다. 이 위치의 사제는 국정 수행에 있어 수상(首相)이나 총리(總理)의 역할을 맡기도 한다.

르고 원만하게 깨달으신 비파씨 붓다께 응답한 뒤 반두마티 왕도로 들어가 왕자 칸다와 최선임 사제의 아들 티싸에게 말하였다. '어른이시여, 동등하시며 바르고 원만하게 깨달으신 비파씨 붓다께서 반두마티 왕도에 도달하시어 평온한 사슴동산에서 지내십니다. 그분은 당신들을 보고자 하십니다.'라고.

56 제자들아, 왕자 칸다와 최선임 사제의 아들 티싸는 매우 훌륭한 수레를 준비한 다음 그 수레에 올라타 수레로 반두마티 왕도를 나섰다. 그리고 평온한 사슴동산이 있는 곳으로 나아갔다. 수레가 갈 수 있는 땅까지 수레로 간 다음, 수레에서 내려 도보로 사슴동산에 이르러 동등하시며 바르고 원만하게 깨달으신 붓다께 공손히 절한 뒤 한쪽에 앉았다.

57 동등하시며 바르고 원만하게 깨달으신 비파씨 붓다께서는 그들에게 차례에 입각하여 설하셨다. 곧 보시와 계율과 천상에 대해 설하셨고, 여러 애욕에는 곤란함과 허영과 때가 있음을, (애욕에서) 벗어나면 공덕이 있음을 드러내셨다. 붓다께서는 그들의 마음이 때가 되고, 부드러워지고, 덮개가 벗겨지고, 고매해지고, 깨끗해졌음을 알았을 때, 여러 붓다께서 칭찬하며 설하신 법을 드러내셨다. 곧 괴로움·집기·멸함·길이 그것이다. 그러자 마치 검은 때가 빠진 하얀 천이 곧바로 색을 받아들이듯이 그 자리에서 먼지와 얼룩이 사라진 법의 눈을 일으켰다. 곧 '집기한 법은 어떤 것이나 모두 멸하는 법이다.'라고 (알아내었다.) 법을 보고, 법에 이르고, 법을 알고, 법을 꿰뚫고, 의혹을 건너고, 의심을 제거하고, 자기 확신에 이르고, 스승의 가르침에서 남에게 의존할 필요가 없게 된 그들은 동등하시며 바르고 원만하게 깨달으신 비파씨 붓다께 아뢰었다.

'붓다시여, 뛰어나십니다. 붓다시여, 뛰어나십니다. 붓다시여, 마치 뒤집힌 것을 바로 세우고 덮힌 것을 벗겨내고 모르는 자에게 길을 안내하는 것 같습니다. 어둠속에서 기름등을 켜, 눈 있는 자라면 색을 보게끔 이와 같이 붓다께서는 여러 단계로 법을 드러내셨습니다. 붓다시여, 저희는 붓다와 법에 귀의하옵니다. 붓다시여, 저희들은 붓다의 곁에서 출가하기를 바라오며 구족(계)를 받고자 합니다.'

58 제자들아, 왕자 칸다와 최선임 사제의 아들 티싸는 동등하시며 바르고 원만하게 깨달으신 비파씨 붓다의 곁에서 출가를 허락받았고 구족계를 받았다. 동등하시며 바르고 원만하게 깨달으신 비파씨 붓다께서는 그들에게 법의 이야기를 교시하고, 법의 이야기를 받아지니게 하고, 격려하고, 기쁘게 하였다. 여러 결합(된 것)에는 곤란함과 허영과 때가 있음을, (결합에서) 벗어나면 공덕이 있음을 드러내셨다. 동등하시며 바르고 원만하게 깨달으신 비파씨 붓다로부터 법의 이야기로 교시받고, 법의 이야기를 받아지니게 되고, 격려받고 기뻐하게 된 그들의 마음은 오래지 않아 취착함 없이 여러 역류하는 번뇌로부터 해탈하였다.[53]"

• 많은 군중의 출가

59 "제자들아, 반두마티 왕도의 8만 4천 명의 많은 군중은 들

---

53) 이른바 次第說法의 정형적인 예이다. '애욕(Kāma)에서의 벗어남 → 붓다에의 귀의 → 결합(saṁkhāra)에서의 벗어남' 또는 '施·戒·生天 → 欲界의 초월 → 四諦法의 証得' 등의 3단계 과정은 우리로 하여금 붓다의 설법방식을 이해하게 하는 데 주요한 근거가 된다.

었다.

'동등하시며 바르고 원만하게 깨달으신 비파씨 붓다께서 반두마티 왕도에 이르러 평온한 사슴동산에서 지내신다. 그리고 왕자 칸다와 최선임 사제의 아들 티싸가 동등하시며 바르고 원만하게 깨달으신 비파씨 붓다의 곁에서 머리와 수염을 깎고 가사의를 입은 뒤 출가하였다.'

듣고서 그들은 생각하였다.

'왕자 칸다와 최선임 사제의 아들 티싸가 머리와 수염을 깍고 가사의를 입은 뒤 출가할 정도라면 그 법과 계율은 열등한 것이 아니다. 그 출가는 열등한 것이 아니다. 왕자 칸다와 최선임 사제의 아들 티싸가 머리와 수염을 깎고 가사의를 입고 출가한 정도인데 하물며 우리들이야.'

그리하여 제자들아, 8만 4천 명의 많은 군중은 반두마티 왕도에서 나와 동등하시며 바르고 원만하게 깨달으신 비파씨 붓다께서 계시는 평온한 사슴동산으로 다가왔다. 와서는 동등하시며 바르고 원만하게 깨달으신 비파씨 붓다께 공손히 절하고는 한끝에 앉았다.

60 동등하시며 바르고 원만하게 깨달으신 비파씨 붓다께서는 그들에게 차례에 입각하여 설하셨다. 곧 보시와 계율과 천상에 대해 설하셨고, 여러 애욕에는 곤란함과 허영과 때가 있음을, 벗어남에는 공덕이 있음을 드러내셨다. 붓다께서는 그들의 마음이 때가 되고, 부드러워지고, 덮개가 벗겨지고, 고매해지고, 깨끗해졌음을 알았을 때 여러 붓다께서 칭찬하며 설하신 법을 드러내셨다. 곧 괴로움 · 집기 · 멸함 · 길이다. 그러자 마치 검은 때가 빠진 하얀 천이 곧바로 색을 받아들이 듯이 그 자리에서 먼지와 얼

룩이 사라진 법의 눈을 일으켰다. 곧 '집기한 법은 어느 것이나 멸하는 법이다.'라고 (알아내었다.)

법을 보고, 법에 이르고, 법을 알고, 법을 꿰뚫고, 의혹을 건너고, 의심을 제거하고, 자기 확신에 이르고, 스승의 가르침에서 남에게 의존할 필요가 없게 된 그들은 동등하시며 바르고 원만하게 깨달으신 비파씨 붓다께 아뢰었다.

'붓다시여, 뛰어나십니다. 붓다시여, 뛰어나십니다. 붓다시여, 마치 뒤집힌 것을 바로 세우고 덮힌 것을 벗겨내고 모르는 자에게 길을 안내하는 것 같습니다. 어둠 속에서 기름등을 켜, 눈 있는 자라면 색을 보게끔 이와 같이 붓다께서는 여러 단계로 법을 드러내셨습니다. 붓다시여, 저희는 붓다와 법과 제자 승단에 귀의하옵니다. 붓다시여, 저희들은 붓다의 곁에서 출가하기를 바라오며 구족계를 받고자 합니다.'

61 제자들아, 그 8만 4천 명의 사람들이 동등하시며 바르고 원만하게 깨달으신 비파씨 붓다의 곁에서 출가를 허락받았고 구족계를 받았다. 동등하시며 바르고 원만하게 깨달으신 비파씨 붓다께서는 그들에게 법의 이야기로 교시하고, 법의 이야기를 받아지니게 하고, 격려하고, 기쁘게 하였다. 여러 결합(된 것)에는 곤란함과 허영과 때가 있음을, (그것에서) 벗어나면 공덕이 있음을 드러내셨다. 동등하시며 바르고 원만하게 깨달으신 비파씨 붓다로부터 법의 이야기로 교시받고, 법의 이야기를 받아지니게 되고, 격려받고, 기뻐하게 된 그들의 마음은 오래지 않아 취착함 없이 여러 역류하는 번뇌로부터 해탈하였다."

• 앞서 출가한 자들이 원만히 법에 이르다[54]

62 "제자들아, 앞서 출가하였던 8만 4천 명의 출가자[55]들이 '동등하시며 바르고 원만하게 깨달으신 비파씨 붓다께서 반두마티 왕도에 이르러 평온한 사슴동산에서 지내신다. 그리고 법을 설하신다.'라고 들었다. 그리하여 제자들아, 그 8만 4천의 출가자들은 동등하시며 바르고 원만하게 깨달으신 비파씨 붓다께서 계시는 반두마티 왕도의 평온한 사슴동산으로 다가갔다. 가서는 동등하시며 바르고 원만하게 깨달으신 비파씨 붓다께 공손히 절하고는 한끝에 앉았다.

63 동등하시며 바르고 원만하게 깨달으신 비파씨 붓다께서는 그들에게 차례에 입각하여 설하셨다. 곧 보시와 계율과 천상에 대해 설하셨고, 여러 애욕에는 곤란함과 허영과 때가 있음을, 벗어남에는 공덕이 있음을 드러내셨다. 붓다께서는 그들의 마음이 때가 되고, 부드러워지고, 덮개가 벗겨지고, 고매해지고, 깨끗해졌음을 알았을 때, 여러 붓다들께서 칭찬하며 설하신 법을 드러내셨다. 곧 괴로움·집기·멸함·길이 그것이다.

그러자 마치 검은 때가 빠진 하얀 천이 곧바로 색을 받아들이듯이 그 자리에서 그들은 먼지와 얼룩이 사라진 법의 눈을 일으켰다. 곧 '집기한 법은 어느 것이나 멸하는 법이다.'라고 (알아내었다.) 법을 보고, 법에 이르고, 법을 알고, 법을 꿰뚫고, 의혹을

---

54) 원만히 법에 이르다 : dhamma-abhi-sam-aya "法의 現觀"으로 흔히 번역되나 語原的 분석을 통해 '원만히(sam-) 法(dhamm)에 (-abhi) 이르다(-aya)'로 해석하였다.
55) 비파씨 붓다의 출가와 함께 출가한 자들을 말한다. 제37단락을 참조하기 바람.

건너고, 의심을 제거하고, 자기 확신에 이르고, 스승의 가르침에서 남에게 의존할 필요가 없게 된 그들은 동등하시며 바르고 원만하게 깨달으신 비파씨 붓다께 아뢰었다.

'붓다시여, 뛰어나십니다. 붓다시여, 뛰어나십니다. 붓다시여, 마치 뒤집힌 것을 바로 세우고 덮힌 것을 벗겨내고 모르는 자에게 길을 안내하는 것 같습니다. 어둠 속에서 기름등을 켜, 눈 있는 자라면 색을 보게끔 이와 같이 붓다께서는 여러 단계로 법을 드러내셨습니다. 붓다시여, 저희는 붓다와 법과 제자 승단에 귀의하옵니다. 저희들은 붓다의 곁에서 출가하기를 바라오며 구족계를 받고자 합니다.'

64 제자들아, 그 8만 4천의 출가자들(도) 동등하시며 바르고 원만하게 깨달으신 비파씨 붓다의 곁에서 출가를 허락받았고 구족계를 받았다. 동등하시며 바르고 원만하게 깨달으신 비파씨 붓다께서는 그들에게 법의 이야기를 교시하고, 법의 이야기를 받아지니게 하고, 격려하고, 기쁘게 하였다. 여러 결합(된 것들)에는 곤란함과 허영과 때가 있음을, (그곳에서) 벗어나면 공덕이 있음을 드러내셨다. 동등하시며 바르고 원만하게 깨달으신 비파씨 붓다로부터 법의 이야기로 교시받고, 법의 이야기를 받아지니게 되고, 격려받고, 기뻐하게 된 그들의 마음은 오래지 않아 취착함 없이 여러 역류하는 번뇌로부터 해탈하였다."

• 유행의 허락

65 "제자들아, 그때 반두마티 왕도에는 6백 8십만의 커다란 제자 승단이 살고 있었다. 제자들아, 낮 동안 좌선에 들어 계시던 동등하시며 바르고 원만하게 깨달으신 비파씨 붓다께서는 마음으

로 원만한 사색을 진행하셨다.

'지금 반두마티 왕도에는 6백 8십만이나 되는 커다란 제자 승단이 살고 있다. 나는 제자들에게 -제자들아, 세상을 동정하여 많은 사람에게 도움이 되고 즐거움이 되도록, 여러 천신과 인간에게 이익되고 도움되고 즐거움이 되도록 유행을 떠나라. 둘이 가지 말고 혼자서 가라. 제자들아, 처음도 좋고 가운데도 좋고 끝도 좋은, 의미와 문구를 갖춘 법을 설하라. 온통 가득 차고 깨끗하고 청정한 수행을 드러내라. 그 품성에 먼지가 적은 중생이 있는데 법을 듣지 못하면 쇠퇴하고 만다. 법을 알게 되는 자들이 있을 것이다. 그리고 파티목카 계본[56]을 가르치려 하니, 6년이 지날 때마다 반두마티 왕도로 와야만 한다.-라고 허락해야겠다.'

66 제자들아, 어떤 위대한 범신이 자신의 마음으로 동등하시며 바르고 원만하게 깨달으신 비파씨 붓다의 마음 속의 원만한 사색을 알고서는 마치 힘센 사람이 굽혀진 팔을 펴고 펴진 팔을 굽히는 것같이 재빨리 범신의 세상으로부터 사라져 동등하시며 바르고 원만하게 깨달으신 비파씨 붓다의 면전에 나타났다. 이어 제자들아, 그 위대한 범신은 한쪽 어깨에 상의를 걸치고[57] 동등하

●●●●●●●●●●●

56) 파티목카 계본 : Pāṭimokkha의 역어이다. Pāṭimokkha는 pati-√muc의 사역 미래 수동분사 형태이다. "~에 대하여 벗어나게 할 수 있는 것"이라는 기본적인 의미를 지닌다. 그래서 '令解脫'로 번역되기도 한다. 惡하고 不善한 法들에 대하여 벗어나게 할 수 있는 것이 계율들이다. 그리하여 律藏(vinaya piṭaka) 중 經分別 (Suttavibhaṅga)의 기초를 형성하는 여러 가지 계율의 조목들을 묶어 놓은 한 무리의 戒本을 Pāṭimokkha라고 명명하기도 한다. 그래서 파티목카 계본이라고 옮겨 보았다.

57) 대개 '오른쪽 무릎을 땅에 꿇은 다음'이 연결되는데 여기서는 보이지 않고 있다.

시며 바르고 원만하게 깨달으신 비파씨 붓다를 향하여 합장한 후 동등하시며 바르고 원만하게 깨달으신 비파씨 붓다께 말하였다.

'그렇습니다, 붓다시여, 그렇습니다. 잘 가신 붓다이시여, 지금 붓다시여, 반두마티 왕도에는 6백 8십만이나 되는 커다란 제자 승단이 살고 있습니다. 붓다시여, 붓다께서는 제자들에게 ―제자들아, 세상을 동정하여 많은 사람에게 도움이 되고 즐거움이 되도록, 여러 천신과 인간에게 이익되고 도움되고 즐거움이 되도록 유행을 떠나라. 둘이 가지 말고 혼자서 가라. 제자들아, 처음도 좋고 가운데도 좋고 끝도 좋은, 의미와 문구를 갖춘 법을 설하라. 온통 가득 차고 깨끗하고 청정한 수행을 드러내라. 그 품성에 먼지가 적은 중생이 있는데 법을 듣지 못하면 쇠퇴하고 만다. 법을 알게 되는 자들이 있을 것이다. 그리고 파티목카 계본을 가르치려고 하니, 6년이 지날 때마다 반두마티 왕도로 와야만 한다.― 라고 허락하십시오.'

제자들아, 그 위대한 범신은 그렇게 말하였다. 그렇게 말하고는 동등하시며 바르고 원만하게 깨달으신 비파씨 붓다께 공손히 절한 다음 오른쪽으로 돈 뒤 그곳에서 사라졌다.

67 그리하여 제자들아, 동등하시며 바르고 원만하게 깨달으신 비파씨 붓다께서는 저녁 때 좌선으로부터 일어나신 뒤 제자들을 부르셨다.

'제자들아, 낮동안 좌선에 들어있던 나에게는 마음 속으로 다음과 같은 원만한 사색이 진행되었다. ―지금 반두마티 왕도에는 6백 8십만이나 되는 커다란 제자 승단이 살고 있다. 나는 제자들에게 허락해야겠다. 제자들아, 세상을 동정하여 많은 사람에게 도움이 되고 즐거움이 되도록, 여러 천신과 인간에게 이익되고 도움되고 즐거움이 되도록 유행을 떠나라. 둘이 가지 말고 혼자서 가라. 제자들아, 처음도 좋고 가운데도 좋고 끝도 좋은, 의미와 문구를 갖춘 법을 설하라. 온통 가득 차고 깨끗하고 청정한 수행을 드러내라. 그 품성에 먼지가 적은 중생이 있는데 법을 듣지 못하면 쇠퇴하고 만다. 법을 알게 되는 자들이 있을 것이다. 그리고 파티목카 계본을 가르치려 하니 6년이 지날 때마다 반두마티 왕도로 와야만 한다.-

68 그러자 제자들아, 어떤 위대한 범신이 자신의 마음으로, 나의 마음 속의 원만한 사색을 알고서는 마치 힘센 사람이 굽혀진 팔을 펴고 펴진 팔을 굽히는 것 같이 재빨리 범신의 세상으로부터 사라져 나의 면전에 나타났다. 이어 제자들아, 그 위대한 범신은 한쪽 어깨에 상의를 걸치고 나를 향하여 합장한 다음 나에게 이렇게 말하였다.

-그렇습니다. 붓다시여, 그렇습니다. 잘 가신 붓다시여, 지금 붓다시여, 반두마티 왕도에는 6백 8십만이나 되는 커다란 제자 승단이 살고 있습니다. 붓다시여, 붓다께서는 제자 승단에게 허락하십시오. 세상을 동정하여, 많은 사람에게 도움이 되고 즐거움이 되도록, 여러 천신과 인간에게 이익되고 도움되고 즐거움이 되도록 유행을 떠나라. 둘이 가지 말고 혼자서 가라. 제자들아, (처음도 좋고 가운데도 좋고 끝도 좋은)… 법을 설하라.… 그 품성에 먼지가 적은 중생이 있는데 법을 듣지 못하면 쇠퇴하고 만다. 법을 알게 되는 자들이 있을 것이다. 그리고 파티목카 계본을 가르치려 하니 6년이 지날 때마다 반두마티 왕도로 와야만 한다 (라고 허락하십시오).- 제자들아, 그 위대한 범신은 그렇게 말하였다. 그렇게 말하고는 나에게 공손히 절한 다음 오른쪽으로

돈 뒤 그곳에서 사라졌다.

69 '제자들아, 나는 허락하노니, 세상을 동정하여, 많은 사람에게 도움이 되고 즐거움이 되도록, 여러 천신과 인간에게 이익되고 도움되고 즐거움이 되도록 유행을 떠나라. 둘이 가지 말고 혼자서 가라. 제자들아, 처음도 좋고 가운데도 좋고 끝도 좋은, 의미와 문구를 갖춘 법을 설하라. 온통 가득 차고 깨끗하고 청정한 수행을 드러내라. 그 품성에 먼지가 적은 중생이 있는데 법을 듣지 못하면 쇠퇴하고 만다. 법을 알게 되는 자들이 있을 것이다. 그리고 파티목카 계본을 가르치려 하니 6년이 지날 때마다 반두마티 왕도로 와야만 한다.'

그리하여 제자들아, 그 제자들은 대부분 하루만에 지방으로 유행을 떠났다.

70 그때 잠부디파[58]에는 8만 4천의 거주처가 있었다. 일 년이 지났을 때 천신들이 소리내어 알렸다. '큰 도인들이여,[59] 일 년이 지났습니다. 오 년이 남았습니다. 오 년이 지난 뒤에는 파티목카 계본을 들으러 반두마티 왕도로 가야만 합니다.'라고. 이 년이 지났을 때……삼 년이 지났을 때……사 년이 지났을 때……오 년이 지났을 때 천신들이 소리내어 알렸다.

●●●●●●●●●●●●●●●

58) 잠부디파 : jambu-dīpa 閻浮提. 남섬부주.
59) 큰도인 : mārisa의 번역이다. mārisa(mā-dṛśa)는 '나와 같은 이(Like me)'의 뜻이어서 친구(Friend)로 곧잘 번역된다. 그런데 이 단어가 漢譯에서는 大仙人으로 옮겨지는 경우가 보인다. 이는 mārisa를 mahā-ṛṣi로 읽은 데 기인하지 않는가 생각해 본다. 이 책에서도 그런 경향을 받아들이고, 아울러 仙人(ṛṣi)을 道人으로 옮겨서 '큰 도인이여'라고 최종적으로 번역했다.

'큰 도인들이여, 오 년이 지났습니다. 일 년이 남았습니다. 일 년이 지난 뒤에는 파티목카 계본을 들으러 반두마티 왕도로 가야만 합니다.'라고.

육 년이 지났을 때 천신들이 소리내어 알렸다. '큰 도인들이여, 육 년이 지났습니다. 지금은 파티목카 계본을 들으러 반두마티 왕도로 돌아가야 할 때입니다.'라고.

그리하여 제자들아, 그 제자들 중 일부는 자신들이 닦은 신통력으로, 일부는 천신들이 닦은 신통력으로 실로 하루만에 반두마티 왕도로 파티목카 계본을 들으러 돌아갔다.

71 제자들아, 그때 실로 동등하시며 바르고 원만하게 깨달으신 비파씨 붓다께서는 다음과 같은 파티목카 계본을 가르치셨다.

참음, 고행, 견딤이 최상이며,
진리의 세계가 최상이라고 붓다들은 말한다.
실로 출가자는 남을 죽여서는 안 되니
수행자라면 남을 해쳐서는 안 된다.
모든 악은 짓지 말고 (모든) 선은 갖추어서
자신의 마음을 깨끗이 하는 것,
이것이 여러 붓다들의 가르침이다.
비방하지 않고 죽이지 않고 파티목카 계본에서 지켜져야 하고
먹는 데서 양을 알고 떨어져 눕고 앉아야 한다.
마음에 대한 참된 수행, 이것이 여러 붓다들의 가르침이다."

● 천신들이 알려줌

72 "제자들아, 한때 나는⁶⁰⁾ 욱캇타에 있는 수바가바나 숲의 살라라자 나무의 뿌리 위에서 지냈다. 제자들아, 낮동안 좌선에 들어 있던 나의 마음 속에서는 다음과 같은 원만한 사색이 진행되었다.

'여러 청정 거주(천신들의 하늘) 외에는 과거 긴 세월 동안 내가 살아 본 하늘이란 없어서 그러한 중생들의 거주처에는 쉽게 갈 만하지 않구나.⁶¹⁾ 그러니 청정 거주 천신들에게로 가보자.'라고.

제자들아, 나는 마치 힘센 사람이 굽혀진 팔을 펴고 펴진 팔을 굽히는 것처럼 (재빨리) 욱캇타의 수바가바나 숲의 살라라자 나무 뿌리에서 사라진 뒤 무번천⁶²⁾ 천신들 앞에 나타났다. 제자들아, 그 천신들의 무리 가운데서 수 백 수 천⁶³⁾의 천신들이 나에게 다가왔다. 다가와서는 나에게 공손히 절하고는 한쪽에 섰다. 한쪽에 서 있던 그 천신들은 나에게 이렇게 말하였다.

'큰 도인이시여, 지금으로부터 91겁 전에 동등하시며 바르고 원만하게 깨달으신 비파씨 붓다께서 세상에 나셨습니다. 큰 도인이시여, 비파씨라는 동등하시며 바르고 원만하게 깨달으신 붓다

●●●●●●●●●●●●●

60) 여기서 '나'는 설법주인 고타마 붓다를 말한다.
61) (原文)Na kho so sattāvāso sulabharūpo, yo mayā anajjhāvuṭṭhapubbo iminā dīghena andhunā aññatra suddhāvā devehi.
　　(P.T.S.의 번역문) Dialogue of Buddha Ⅱ. p.39) "There is but one abode of beings easily accessible that I have not dwelt in for a very long time and that is among the gods of the pure Mansions."
62) 무번천(無煩天) : aviha-deva Bsk. avṛha, abṛha-deva(색계 제14천).
63) 수백 수천 : 미얀마本에서는 수천 수십만으로 되어 있다.

께서는 왕족 출신이시니 왕족의 가문에서 나셨습니다. 큰 도인이시여, 비파씨라는 동등하시며 바르고 원만하게 깨달으신 붓다께서는 그 성씨가 콘단냐이었습니다. 큰 도인이시여, 비파씨라는 동등하시며 바르고 원만하게 깨달으신 붓다의 나이는 8만 세이었습니다.

큰 도인이시여, 비파씨라는 동등하시며 바르고 원만하게 깨달으신 붓다께서는 파탈리 나무의 뿌리 위에서 잘 깨달으셨습니다. 큰 도인이시여, 비파씨라는 동등하시며 바르고 원만하게 깨달으신 붓다께는 칸다와 티싸라는 가장 뛰어나며 상서로운 한 쌍의 제자가 있었습니다.

큰 도인이시여, 비파씨라는 동등하시며 바르고 원만하게 깨달으신 붓다께는 제자들의 모임이 세 번 있었습니다. 한 번의 제자들 모임은 6백 8십만 명의 제자들이었고, 또 한 번의 제자들 모임은 10만 명의 제자들이었고, 또 한 번의 제자들 모임은 8만 명의 제자들이었습니다.

큰 도인이시여, 비파씨라는 동등하시며 바르고 원만하게 깨달으신 붓다께는 제자들의 모임이 이렇게 세 번 있었고, 이들은 모두 역류하는 번뇌가 다하였습니다. 큰 도인이시여, 비파씨라는 동등하시며 바르고 원만하게 깨달으신 붓다께서는 아소카라는 제자가 최고의 시자였습니다.

큰 도인이시여, 비파씨라는 동등하시며 바르고 원만하게 깨달으신 붓다께서는 반두마라는 왕이 아버지이고, 반두마티라는 왕비가 어머니이었습니다. 반두마 왕에게는 반두마티라는 왕도가 있었습니다. 큰 도인이시여, 동등하시며 바르고 원만하게 깨달으신 비파씨 붓다께서는 이와 같이 출가하였고, 이와 같이 출가생활을 하셨고, 이와 같이 수행[64] 하셨고, 이와 같이 훌륭하고 원만한 깨달음[65]을 얻으셨고, 이와 같이 법의 바퀴를 굴리셨습니다. 큰 도인이시여, 저희들은 비파씨 붓다에게서 청정한 수행을 닦아 애욕과 욕심을 여윈 뒤[66] 여기에 태어난 것입니다.(············)[67]'

그리고 제자들아, 그 천신들의 무리 가운데 수천 수십만의 천신들이 나에게로 다가왔다. 다가와 나에게 공손히 절한 다음 한쪽에 섰다. 제자들아, 한쪽에 선 그 천신들은 나에게 말하였다.

'큰 도인이시여, 바로 지금의 이 경사스러운 겁에는 동등하시며 바르고 원만하게 깨달으신 (고타마) 붓다께서 세상에 나셨습니다. 큰 도인이시여, (그) 붓다께서는 왕족 출신이니 왕족의 가문에서 나셨습니다. 큰 도인이시여, (그) 붓다께서는 성씨가 고타마입니다. 큰 도인이시여, (그) 붓다의 나이는 작고 적고 가볍습니다. 오래 살 경우 100세 안팎입니다.

큰 도인이시여, (그) 붓다께서는 아쌋타 나무의 뿌리 위에서 잘 깨달았습니다. 큰 도인이시여, (그) 붓다께는 사리풋타와 목갈라나라는 가장 뛰어나고 상서로운 한 쌍의 제자가 있습니다.

●●●●●●●●●●●●●

64) 修行, padhāna, '정진·노력'의 뜻.
65) 훌륭하고 - 원만한 - 깨달음 ; abhi-sam-bodhi.
66) 애욕과 욕심과 탐착을 없앤 뒤 : "kāmesu kāma-cchandaṁ virājetvā"는 '여러 애욕에서 애욕과 욕심을 離貪한 뒤'로 직역된다. 그런데 "여러 애욕에서 애욕…"의 표현은 同語反復이므로 여러 애욕을 빼보았다. 그리고 離貪(virājati)은 '탐착을 여읜다'라는 뜻인데 貪着(rāga)은 애욕·욕심보다 훨씬 깊은 차원의 心理的 述語이므로, 애욕 등과 같이 쓸 수 없어서 '여의다'로만 옮겼다.
67) 원문에는 없지만 문맥상 시키(2)~카싸파(6)까지의 붓다들에 대한 정보를 전해주는 천신들의 이야기가 있다고 봐야 한다.

큰 도인이시여, 붓다께는 한 번의 제자들 모임이 있습니다. 1,250
명의 제자들이니 큰 도인이시여, 붓다께는 제자들의 모임이 이렇
게 한 번 있으며, 이들은 모두 역류하는 번뇌가 다하였습니다. 큰
도인이시여, 붓다께는 아난다라는 제자가 최고의 사자입니다. 큰
도인이시여, 붓다께는 숫도다나라는 왕이 아버지이고 마야라는
왕비가 어머니입니다. 그리고 카필라밧투라는 도시가 왕도입니
다. 큰 도인이시여, 붓다께서는 이와 같이 출가하셨고, 이와 같이
출가생활을 하셨고, 이와 같이 수행하셨고, 이와 같이 원만하고
훌륭한 깨달음을 얻으셨고, 이와 같이 법의 바퀴를 굴리셨습니
다.

큰 도인이시여, 저희들은 (바로) 그 붓다(인 당신)에게서 청
정한 수행을 닦아 애욕과 욕심을 여읜 뒤 여기에 태어난 것입니
다.'

73 그 뒤 나는 제자들아, 무번천 천신들과 함께 무열천[68] 천신
들에게로 갔다.……그리고 나는 제자들아, 무번천·무열천 천신
들과 함께 선현천[69] 천신에게로 갔다.(……) 그리고 나는 제자들
아, 무번천·무열천·선현천 천신들과 함께 선견천[70] 천신에게로
갔다.(……) 그리고 나는 제자들아, 무번천·무열천·선현천·선
견천 천신들과 함께 아카니타천[71] 천신에게로 갔다. 그 천신들의

●●●●●●●●●●●●
68) 무열천 : 無熱天, atappa (색계 제15천).
69) 선현천 : 善現天, sudassa (색계 제16천).
70) 선견천 : 善見天, sudassin (색계 제17천).
71) 아카니타천 : 阿迦膩吒天, akaniṭṭha (B.S.K. Akamṣṭha) 色究竟天,(색계 제18
천).

무리 가운데 수천 수십만의 천신들이 나에게 다가왔다. 다가와서 나에게 공손히 절하고 한쪽에 섰다. 제자들아, 한쪽에 선 그 천신들은 나에게 말하였다.

'큰 도인이시여, 지금으로부터 91겁 전에 동등하시며 바르고 원만하게 깨달으신 비파씨 붓다께서 세상에 나셨습니다. 큰 도인이시여, 비파씨라는 동등하시며 바르고 원만하게 깨달으신 붓다께서는 왕족출신이시니 왕족의 가문에서 나셨습니다. 큰 도인이시여, 비파씨라는 동등하시며 바르고 원만하게 깨달으신 붓다께서는 그 성씨가 콘단냐이었습니다. 큰 도인이시여, 비파씨라는 동등하시며 바르고 원만하게 깨달으신 붓다의 나이는 8만 세이었습니다. 큰 도인이시여, 비파씨라는 동등하시며 바르고 원만하게 깨달으신 붓다께서는 파탈리 나무의 뿌리 위에서 잘 깨달으셨습니다. 큰 도인이시여, 비파씨라는 동등하시며 바르고 원만하게 깨달으신 붓다께는 칸다와 티싸라는 가장 뛰어나며 상서로운 한 쌍의 제자가 있었습니다.

큰 도인이시여, 비파씨라는 동등하시며 바르고 원만하게 깨달으신 붓다께는 제자들의 모임이 세 번 있었습니다. 한 번의 제자들 모임은 6백8십만 명의 제자들이었고, 또 한 번의 제자들 모임은 10만 명의 제자들이었고, 또 한 번의 제자들 모임은 8만 명의 제자들이었습니다. 큰 도인이시여, 비파씨라는 동등하시며 바르고 원만하게 깨달으신 붓다께는 제자들의 모임이 이렇게 세 번 있었고 이들은 모두 역류하는 번뇌가 다하였습니다.

큰 도인이시여, 비파씨라는 동등하시며 바르고 원만하게 깨달으신 붓다께는 아소카라는 제자가 최고의 시자이었습니다. 큰 도인이시여, 비파씨라는 동등하시며 바르고 원만하게 깨달으신 붓다께는 반두마라는 왕이 아버지이고, 반두마티라는 왕비가 어머니이었습니다. 반두마 왕에게는 반두마티라는 왕도가 있었습니다. 큰 도인이시여, 동등하시며 바르고 원만하게 깨달으신 비파씨 붓다께서는 이와 같이 출가하셨고, 이와 같이 출가생활을 하셨고, 이와 같이 수행하셨고, 이와 같이 훌륭하고 원만한 깨달음을 얻으셨고, 이와 같이 법의 바퀴를 굴리셨습니다. 큰 도인이시여, 저희들은 비파씨 붓다에게서 청정한 수행을 닦아 애욕과 욕심을 여읜 뒤 이곳에 태어난 것입니다.'

그리고 또 제자들아, 그 천신들의 무리 가운데 (다른) 수천 수십만의 천신들이 나에게 다가왔다. 다가와서 공손히 절하고는 한쪽에 섰다. 제자들아, 한쪽에 선 그 천신들은 나에게 말하였다.

'큰 도인이시여, 지금으로부터 31겁 전에 시키 붓다께서…… 큰 도인이시여, 저희들은 시키 붓다에게서(……). 큰 도인이시여, 그 31겁 전에 베싸부 붓다께서……큰 도인이시여, 저희들은 베싸부 붓다에게서…….

큰 도인이시여, 이 경사스러운 겁에 카쿠산다(…)[72] 코나가마나(…) 카싸파 붓다께서……큰 도인이시여, 저희들은 카쿠산다(…)코나가마나(…) 카싸파 붓다에게서 청정한 수행을 닦아 애욕과 욕심을 여읜 뒤 이곳에 태어난 것입니다.'

74 그리고 또 제자들아, 그 천신들의 무리 가운데 (다른) 수천 수십만의 천신들이 나에게로 다가왔다. 다가와서는 나에게 공손

●●●●●●●●●●●●●●●●

72) (…)표시는 실제 原文에는 생략 '…pe…' 표시가 없으나 문맥상 들어가야 할 것으로 보고 넣은 것임.

히 절한 뒤 한쪽에 섰다. 제자들아, 한쪽에 선 그 천신들은 나에게 말하였다.

'큰 도인이시여, 바로 지금의 이 경사스러운 겁에는 동등하시며 바르고 원만하게 깨달으신 (고타마) 붓다께서 세상에 나셨습니다. 큰 도인이시여, (그) 붓다께서는 왕족 출신이니 왕족의 가문에서 나셨습니다. 큰 도인이시여, (그) 붓다께서는 성씨가 고타마 입니다. 큰 도인이시여, (그) 붓다의 나이는 작고 적고 가볍습니다. 오래 사실 경우 100세 안팎입니다. 큰 도인이시여, (그) 붓다께서는 아쌋타 나무의 뿌리 위에서 잘 깨달았습니다. 큰 도인이시여, 붓다께는 사리풋타와 목갈라나라는 가장 뛰어나고 상서로운 한 쌍의 제자가 있습니다.

큰 도인이시여, 붓다께는 한 번의 제자들 모임이 있습니다. 1,250명의 제자들이니 큰 도인이시여, 붓다께서는 제자들의 모임이 이렇게 한 번 있으며 이들은 모두 역류하는 번뇌가 다하였습니다. 큰 도인이시여, (그) 붓다께는 아난다라는 제자가 최고의 시자입니다. 큰 도인이시여, 붓다께는 숫도다나라는 왕이 아버지이고 마야라는 왕비가 어머니입니다. 그리고 카필라밧투라는 도시가 왕도입니다. 큰 도인이시여, (그) 붓다께서는 이와 같이 출가하셨고, 이와 같이 출가생활을 하셨고, 이와 같이 수행하셨고, 이와 같이 원만하고 훌륭한 깨달음을 얻으셨고, 이와 같이 법의 바퀴를 굴리셨습니다. 큰 도인이시여, 저희들은 (그) 붓다(인 당신)에게서 청정한 수행을 닦아 애욕과 욕심을 여읜 뒤 여기에 태어난 것입니다.'

75 이와 같이 제자들아, 그렇게 온 분은 법의 계층을 잘 꿰뚫었길래 과거의 붓다들에 대해서 기억하니 완전한 진리의 세계에 드

셨고 희론을 끊으셨고 되돌아가는 길을 끊으셨고 돌고 도는 일을 다 끝내셨고 그리고 모든 괴로움을 다 극복하신 과거의 붓다들에 대해서 (조목조목 기억한다.) 곧 그 출생과 이름과 성씨와 목숨의 길이와 가장 뛰어난 두 제자와 제자들의 모임에 대해서 '그 붓다들께서는 이와 같은 출생이셨고, 이와 같은 이름, 이와 같은 성씨, 이와 같은 계율, 이와 같은 법, 이와 같은 지혜, 이와 같은 삶, 이와 같은 해탈을 이루셨다.'라고 기억한다.

그리고 천신들도 그렇게 오신 붓다께 과거의 붓다들에 대해서 기억할 수 있게 그 내용을 알려주니 완전한 진리의 세계에 드셨고, 희론을 끊으셨고, 되돌아가는 길을 끊으셨고, 돌고 도는 일을 다 끝내셨고 그리고 모든 괴로움을 다 극복하신 과거의 붓다들에 대해서 (조목조목 알려 주었다.) 곧 그 출생과 이름과 성씨와 목숨의 길이와 가장 뛰어난 두 제자와 제자들의 모임에 대해서 '그 붓다들께서는 이와 같은 출생이셨고 이와 같은 이름, 이와 같은 성씨, 이와 같은 계율, 이와 같은 법, 이와 같은 지혜, 이와 같은 삶, 이와 같은 해탈을 이루셨다.'라고 알려 주었다."

붓다께서는 이렇게 설하셨다. 뜻을 알게 된 그 제자들은 붓다의 말씀에 매우 기뻐하였다.

— 9. 대불전 경(2) 끝 —

미래의 붓다 멧테야*

저 동등하시며
바르고 원만하게 깨달으신 붓다께
절하옵니다.

● ● ● ● ● ● ● ● ● ● ● ●

* 팔리경전은 원시불교의 자료들 중에서도 그 고유의 원전성과 이른 성립시기 등으로 인하여 그 가치가 높다. 그 중 성립시기가 이른 것은 중요한 측면인데, 그것은 전체 불교경전 중 가장 이른 시기에 성립되었음을 의미한다. 이러한 초기의 경전에서 미륵불(彌勒佛)로 알려진 멧테야 붓다(Metteyya Buddha)를 만날 수 있다는 것은 주목할 만하다. 전체 팔리경전 중 본 『정법통치왕경』과 『불종성경』에 잠시 언급되고 있는 것에 불과하지만 결코 지나칠 수 없는 대목임에 틀림없다. 그리하여 작은 양이지만 소개하기로 한다.

10. 정법통치왕 경[1]

1 이와 같이 내가 들었다. 한때에 붓다께서는 마가다 국의 마툴라에서 지내셨다. 그곳에서 붓다께서는 "제자들아."라고 하시며 제자들을 부르셨다. "붓다시여."라고 하며 제자들은 붓다께 답하였다. 붓다께서는 말씀하셨다.

"제자들아, 스스로를 등불로 삼아 지내거라. 스스로를 피난처로 삼고 남을 피난처로 삼지 말아라. 법을 등불로 삼아 지내거라. 법을 피난처로 삼고 남을 피난처로 삼지 말아라."

●●●●●●●●●●●●

1) 『정법통치왕경』은, 장니카야 제3권 제3경 Cakkavattisutta를 말한다. 원래 이 경은 경 제목처럼 정법으로 통치하는 전륜성왕에 대한 경전으로서 전륜왕을 중심으로 한 인류의 역사에 대한 소개가 그 주제이다. 그 말미에 멧테야 붓다가 언급되거니와 흥망성쇠를 거듭하는 인류의 역사가 멧테야 붓다의 출현으로 마무리 되는 인상깊은 내용을 전한다. 이 경의 전체 내용은 역시 『원전의 세계』[3]에서 한글 역으로 소개될 것이다.

5. 상카라는 정법통치왕이 나타나다[2]

29 "제자들아, 8만 세의 사람들에게는 세 가지 병이 있다. 곧 지나친 소망·식사를 금함·늙음 등의 세 가지 병이 있다. 제자들아, 사람들이 8만 세가 될 때 이 잠부디파 섬은 풍부하고 충만하게 되니 마을과 시읍과 왕도가 닭장처럼 이웃하게 된다. 제자들아, 사람들이 8만 세가 될 때 이 잠부디파 섬은 마치 아비치의 세계처럼 사람으로 충만하게 되니 마치 대나무 숲과 같고, 사라 숲과 같다. 제자들아, 사람들이 8만 세가 될 때 이 바라나시는 케투마티라는 왕도로서 풍부하고 충만하여 사람이 많고 사람으로 뒤섞이며 음식도 좋은 곳이다. 제자들아, 사람들이 8만 세가 될 때 이 잠부디파에는 케투마티라는 왕도를 비롯한 8만 4천의 도

●●●●●●●●●●●●
2) 증일아함경 44권〔大正藏 2, p. 787 下~〕에는 미륵불에 대한 주요한 경전이 실려 있다. 이 경전의 줄거리를 비교적 자세히 소개함으로써 팔리경전에 입각한 멧테야 붓다의 기사를 보충하고자 한다.
특히, 팔리경전의 케투마티(Ketumatī)라는 도시가 증일아함경 해당 경에 계두(鷄頭)시로 음사되어 나타나 상호간에 일치하고 있다. 따라서 두 경전의 내용을 상호 보완적으로 살피는 것은 의미 있는 일로 본다. 그러면 『증일아함경』의 해당 줄거리를 소개하겠다.

이와 같이 내가 들었다. 한때에 붓다께서는 코살라 국의 수도 사밧티 시 외곽의 제타 숲에 있는 아나타핀티카 장자의 정원에서 지내셨다. 그때는 500명의 제자들과 함께 계셨는데 그 중 아난다 장로가 붓다께 아뢰었다.
"붓다께서는 그윽한 도를 깨달으셔서 모르심이 없습니다. 그리하여 과거, 미래, 현재의 세월을 모두 밝게 아십니다. 붓다께서는 과거 일곱 붓다들의 이름과 호칭에 대해서 말씀하셨고 그 붓다들의 제자와 대중들의 많고 적음에 대해서도 조목 조목 상세히 말씀하셨던 것입니다.

시가 있게 된다.

제자들아, 사람들이 8만 세가 될 때 케투마티 왕도에는 상카라고 하는 법다운 정법통치왕이 나게 된다. 그는 법의 왕이고, (대륙의) 네 끝을 가지고, 정복자이고, 전 대륙에 안전을 가져오고, 일곱 보배를 갖춘다. 곧 그에게는 일곱 보배가 있으니 보배 바퀴, 보배 코끼리, 보배 말, 마니 보배, 보배 여인, 보배 거사, 일곱째 보배장군이 있다. 그에게는 또 영웅이며 인드라신과 같은 팔, 다리를 가지고 있으며 능히 적군을 패퇴시킬 만한 아들이 천 명이 넘는다. 그는 바다로 둘러싸인 이 땅을 매도 칼도 쓰지 않고 법으로 다스리며 살아간다.”

●●●●●●●●

그리고 이제 오랜 세월이 지난 미래에 미륵이라는 붓다께서 출현하여, (진리와) 동등하며 (진리를) 바르고 원만히 깨달은 붓다가 된다고 하셨으니 그에 대한 것을 들었으면 합니다.”

붓다께서 말씀하셨다.

"아난다야, 잘 들어라. 오랜 세월이 지난 먼 미래에 한 도시가 있을 터이니 그 도시의 이름은 계두이다. 이 계두 시는 동서로 12 나유타이고 남북이 7 나유타에 이르는 거대한 도시이다. 그 속에 곡식은 풍족하고 사람들은 번창하여 거리마다 사람들로 넘실댄다. 그때 그 도시에는 한 용왕이 있었는데 밤에는 향기로운 비를 내리고, 낮이 되면 비를 거두고 맑고 청화한 날씨가 되도록 한다. 또 수호신이 한 명 있었는데 매우 공명정대한 자이다. 그는 사람들이 잠든 후에는 더럽고 부정한 것을 청소하고 또 향수를 땅에 뿌려 매우 깨끗하게 만드는 일도 한다.

6. 멧테야 붓다의 출현

30 "제자들아, 사람들이 8만 4천 세가 될 때 멧테야라는 그렇게 온·동등한·바르고 원만하게 깨달은·밝힘에의 진행을 완성한·잘 간·세간을 아는·더 이상 없는·사람을 길들이는·천신과 인간의 스승인·깨달은 붓다께서 세상에 탄생하신다. 마치 지금은 내가 그렇게 온·동등한·바르고 원만하게 깨달은·밝힘에의 진행을 완성한·잘 간·세간을 아는·더 이상 없는·사람을 길들이는·천신과 인간의 스승인·깨달은 붓다로서 세상에 탄생한 것과 같다.

● ● ● ● ● ● ● ● ● ● ●

아난다야, 그때 이 지구의 땅은 동서남북이 10만 나유타인데 모든 산천과 절벽이 저절로 없어져서 그 땅은 지극히 평평하여 거울과 같다. 지구 안의 살림살이는 매우 풍부하고 번창하여 모든 도시와 촌락들은 서로 연결되어서 닭소리가 들릴 정도이다. 나쁜 꽃과 과일은 없고 더러운 것은 자연히 소멸되고 오직 달고 향긋한 과일과 특별히 좋은 것만 땅에서 생산된다.
그때의 기후는 화창하고 사계절은 순조롭다. 사람의 몸에는 온갖 걱정이 사라지고, 그 마음에는 욕심·분노·어리석음이 또한 일어나지 않는다. 인심은 훈훈하고 마음들이 서로 같아서, 더불어 사는 것이 기쁘고 즐겁기만 하다. 대소변을 볼 때는 땅이 저절로 열렸다가 일이 끝난 뒤에는 오므러져 버린다. 쌀은 저절로 생기되 껍질도 없는 것이 매우 향기로워 먹기에 여간 좋은 것이 아니다.
금과 은, 진주와 유리, 호박과 루비 등 온갖 보화가 땅에 널려 있으나 사람들은 거들떠 보지도 않는다. 그 때 사람들은 손으로 그 보물들을 집어들어 서로 말하곤 한다. '옛날 사람들은 이것을 보배라고 생각하여 얻으려고 서로 해치고 죽이고 옥에 갇히며 온갖 괴로움을 겪었지만 지금 이런 것은 자갈이나 돌멩이와 같은 것이다. 아무도 거들떠보지 않는다.' 그리고 이 땅에는 자연히 나무 위에서 의복이 열리되 매우 곱고 부드러워 사람들은 마음껏 가져다 입는다.
바로 이러한 곳에 정법통치왕이 나타나니 이름은 상카이다. 그는 바른 법으로 세상을 통치하는데 일곱 가지 참다운 보배를 얻는다. 곧 보배 바퀴·보배 코끼리·보배 말·보배 구슬·보배 여인·보배 남자·보배 신하가 그것이다. 이 보배들을 통하여 세간을 통치하니 칼과 무기를 쓰지 않고도 충분히 바른 법으로써 다스려 간다.

그분은 천신, 마신, 범신을 포함한 이 세계와 수행자, 사제를 포함한 사람 등 모든 천신과 사람을 포함한 세계를 스스로 잘 알고 똑똑히 보아 가르치신다. 마치 지금의 내가 천신, 마신, 범신을 포함한 이 세계와 수행자, 사제를 포함한 사람 등 모든 천신과 사람을 포함한 세계를 스스로 잘 알고 똑똑히 보아 가르치고 있는 것과 같다.

그분은 처음도 좋고 가운데도 좋고 끝도 좋으며 의미와 문구를 갖춘 법을 가르친다. 그리고 온통 충족되고 순결하고 청정한 수행을 드러내신다. 마치 지금의 내가 처음도 좋고 가운데도 좋고 끝도 좋으며 의미와 문구를 갖춘 법을 가르치며 그리고 온통 충

●●●●●●●●●●●●●

이 왕에게 대신이 있었는데 이름은 수범마이다. 왕은 어린 시절부터 그를 좋아하고 공경하였다. 그리고 수범마에게는 처가 있었는데 이름은 범마월이다. 수범마의 얼굴은 단정하고 키는 적당하고 몸매도 준수하며, 살빛은 희지도 검지도 않고 나이는 늙지도 젊지도 않다. 또 아내 범마월은 오묘한 여인으로서 입에는 우담바라 꽃 향기가 나고 몸에는 전단이라는 향의 내음이 은은히 풍기며 병과 근심이 없는 여인이다. 이들이 바로 앞으로 붓다가 될 구도자 미륵의 부모이다.

그때 구도자 미륵은 도솔천이라는 하늘에서 부모의 조건을 관찰한 뒤, 그들의 몸에 잉태하여 이윽고 오른쪽 옆구리로 태어난다. 그는 32가지 위대한 사람의 특징과 그외 80가지 훌륭한 모습을 띤 채 황금색 몸을 하고 태어난다. 그 때 사람들의 수명은 매우 길다. 병이 없어 8만 4천 세를 산다. 여인은 500살이 되어야 비로소 시집을 간다. 그때 미륵은 집에 얼마있지 않고 출가한다. 출가하여 구도의 길을 걷던 미륵은 계두시에서 멀지 않은 곳에 있는 용화라는 보리수 밑으로 가게 된다. 이 나무는 높이가 1나유타이고 넓이가 500걸음 정도이다. 구도자 미륵은 바로 이 나무 아래에서 진리에 대한 원만한 깨달음을 얻는다.

이어 가르침을 전할 결심을 한 붓다이신 미륵은 차례에 입각해 사람들에게 진리를 설파한다. 사람들의 마음이 진리 앞에 열려 있는 것을 알게 된 붓다이신 미륵은 모든 붓다들이 항상 설파하는 진리인 '괴로움·일어남·사라짐·길'의 진리를 가르친다. 여러 사람들을 위하여 널리 그 뜻을 분석하고 설명하고 해석해 준다. 그리하여 그 자리에 있는 8만 4천 명의 사람은 모두 번뇌를 다하고 법의 눈을 얻는다.

족되고 순결하고 청정한 수행을 드러내고 있는 것과 같다.

그분은 수천의 제자 승단을 보살핀다. 마치 지금의 내가 수백의 제자 승단을 보살피는 것과 같다.

31 제자들아, 상카 왕은 마하파다나 왕이 건축한 누각을 찬양하고 (그곳에 들어가) 보시하였다. 그리고 동등하시며 바르고 원만하게 깨달으신 멧테야 붓다의 곁에서 머리와 수염을 깎고 가사의를 걸친 뒤 출가하게 된다. 그는 출가하여 홀로 떨어져 게으르지 않고 열중하고 노력하며 지내게 된다. 그리하여 오래지 않아 선남자가 올바로 출가할 때 지녔던 목적인 더 이상 없는 청정한 수행의 완성을 현재의 상태에서 스스로 잘 알고 똑똑히 보아 지내게 된다."

— 10. 정법통치왕 경 끝 —

●●●●●●●●●●●

그때 상카 왕은 미륵이 이미 붓다가 되었다는 소식을 듣고 곧 붓다이신 미륵이 있는 곳으로 나아간다. 그리고 진리에 대한 가르침을 듣고자 한다. 그리하여 붓다이신 미륵은 상카 왕에게 처음도 좋고 가운데도 좋고 끝도 좋은, 의미와 문구를 갖춘 가르침을 베푼다. 그러자 왕은 자신의 태자에게 왕위를 물려주고 8만 4천의 대중을 거느리고 출가한다. 곧 미륵 붓다에게 와서 수행자가 되어 열심히 수행한 뒤 역시 도를 이루어 진리와 동등한 자가 된다.

아난다야, 그때 붓다이신 미륵에게는 카싸파라는 장로가 있어 항상 미륵을 도와 사람들을 교화한다. 마치 지금 나에게 카싸파가 있는 것과 같다. 이때 카사파 장로는 붓다로부터 멀지 않은 곳에서 명상에 잠겨 있었다. 붓다께서는 카싸파 장로에게 말씀하셨다. '나는 이제 벌써 늙었다. 80살을 향하고 있다. 그런데 나에게는 네 명의 큰 제자가 있어 나대신 교화를 맡음직하다. 그들은 지혜롭고 덕이 있다. 그 네 명은 카싸파 (너)와 군도발한과 핀두루와 라훌라이다. 너희들 네 명의 제자는 일찍 죽지 말고 나의 가르침이 세상에서 사라질 때 그때에 진리의 세계에 들도록 하라. 그리고 카싸파는 나의 가르침이 세상에서 사라진 뒤에도 계속 남아 있다가 미륵 붓다가 세상에 나타나는 것을 반드시 기다려라.

●●●●●●●●●●
　카싸파야, 그대는 마가다 국의 비제라는 촌락 근처의 한 산중에서 살도록 해라. 미륵 붓다는 우수한 대중을 거느리고 그 산중에 가서 너의 모습을 보게 될 것이다. 그때 미륵 붓다는 오른 손을 펴서 카싸파를 가르키며 모든 대중들에게 말할 것이다.
　-과거 한없이 먼 세월 전에 고타마 붓다께서 계셨는데 바로 그분의 제자이다. 이름은 카싸파로서 오늘날까지도 수행에 있어 제일이다.-
　그러자 모든 대중들은 카싸파를 보고 경탄해 마지 않다가 번뇌를 다하여 법의 눈을 얻게 된다. 이것이 미륵 붓다의 제1회 가르침으로서 96억 인이 모두 (진리와) 동등한 자가 된다. 그때 미륵 붓다는 마땅히 카싸파에게서 옷을 받아 입을 것이고, 카싸파의 몸은 홀연히 별과 같이 흩어질 것이다. 미륵 붓다는 흩어지는 카싸파를 향하며 온갖 꽃과 향으로써 정성을 드릴 것이다. 그 까닭은 모든 붓다는 바른 법을 공경하는 까닭이며, 미륵도 또한 지금의 나에게서 바른 진리의 교화를 받아 배워, 진리를 바르고 원만히 깨닫게 된 까닭이다.'
　아난다야, 미륵 성자는 그 뒤 2회의 가르침을 더 베풀어 각각 94억 인과 92억 인을 (진리와) 동등한 자가 되게 한다. 그리고 8만 4천 세를 살다가 진리의 세계에 들어간다. 그가 진리의 세계에 들어간 뒤에도 그의 가르침은 다시 8만 4천 년을 계속할 것이다…."

에필로그

 붓다의 경전은 마치 베토벤의 교향곡과 같다. 만약 베토벤의 교향곡을 강요의 음악이라고 규정할 수 있다면 말이다. 베토벤은 자신이 생성해낸 주제를 우리에게 강요한다. 끝도 없고 가도 없이 집요하게 자신의 주제를 거듭 거듭 듣는 자에게 전달한다. 끝났는가 싶으면 또 다시 그 주제가 되풀이 된다. 이제 그만해도 좋을 듯한데 또 다시 그 주제가 처음인 것처럼 울려 퍼진다. 완벽한 수용을 강요하는 것이다.
 붓다의 경전도 그러하다. 붓다께서 발견하신 진리의 주제〔法〕는 거듭 거듭 되풀이 되며 우리에게 수용할 것을 강요한다. 이 경전에서 설해진 법이 고스란히 저 경전에서도 설해진다. 한 경전 내에서도 여러 차례 동일한 내용이 반복된다. 심지어 한 단락 내에서조차 대화를 통해 같은 말씀이 글자 한 자 틀리지 않고 되풀이 되는 경우가 있는 것이다.
 이 책에서 필자는 제8 대반열반 경과 제9 대불전 경을 원문 그대로 완역(完譯)하였다. 다른 경들이 필자의 번역이론에 따라 생략간결형의 번역임에 비해 특별하다. 그런데 완역하였다함은 벌써 반복과 되풀이와 거듭됨에 대한 강요를 말하는 것이 된다. 어쩐지 이 두 경만큼은 간결하게 생략하는 것이 불경스럽게 여겨졌다. 또한 이 두 경만큼은 이 경의 원전을 연구하는 이들이 참고할 수 있게 해야겠다는 의도도 있었기 때문이다.

그리하여 완역하고 나니, 끝까지 탐독한 이들은 느끼겠지만, 완벽한 수용을 강요하게 되고 말았다. 마치 베토벤의 교향곡처럼. 이 책을 끝까지 탐독하고 난 뒤라면 베토벤의 교향곡을 한 곡쯤 들어 보길 바라면서 이 책을 마친다.

최봉수

1961년 부산에서 출생하였으며, 동국대학교 불교대학 불교학과와 동 대학원 석·박사과정을 수료했다. 1989년도 전기 同校에서 철학박사 학위를 취득했다. 저서에 「原始佛教資料論」 「原始佛教의 緣起思想研究」 「原始佛教와 形而上學」 「원시불교 원전의 이해」 등과 팔리원전 편역서 「춤과 사색의 한가운데」가 있으며, 그외 논문 10여 편이 발표되었다.

저자와의
협의하에
인지생략

원전의 세계 ①
팔리경전이 들려주는 **고타마 붓다**

초판발행 —— 1994년 3월 12일
초판3쇄 —— 2006년 6월 5일

옮 긴 이 —— 최봉수
펴 낸 이 —— 박인출(慧潭至常)

펴 낸 곳 —— 불광출판사
　　　　　138·844 서울시 송파구 석촌동 160-1
　　　　　대표전화 (02) 420-3200
　　　　　팩스밀리 (02) 420-3400

등 록 일 —— 1979년 10일 10일
등록번호 —— 제1-183호

● 잘못된 책은 바꾸어 드립니다.

값 9,000원

ISBN 89-7479-751-8